Wie ich nach Santiago de Compostela ging und ganz woanders ankam

Die Geschichte:

Was hat ein oberes Etagenbett mit Selbstwert zu tun und wann sind Kompromisse nicht mehr gut? Was bedeutet Sternenweg, und wie fühlt es sich an, mit 80 fremden Menschen in einem Raum zu schlafen? Wie lang sind 25 Wanderkilometer bei 35 Grad schattenloser Hitze und wie schwer kann ein Sieben-Kilo-Rucksack werden? Wodurch wächst Mut und vergeht Angst? Wie fühlt sich Einsamkeit an und Nähe, wie führt Zusammensein zur Erkenntnis? Wie schmerzhaft und wie schwer ist es, zu akzeptieren und wie entsteht aus allem Selbstliebe?

Wäre ich nicht auf den Jakobsweg gegangen, hätten sich mir diese Fragen wohl nie gestellt, doch ich bekam auch die Antworten – und sogar noch viele mehr und damit einen einzigartigen Schatz für meine Zukunft.

Die Autorin:

HanneLore Hallek, geb. 1947 in Lübeck, ist verheiratet und Mutter von vier Söhnen. Neben ihrer Familien- und Erwerbsarbeit beschäftigt sie sich seit langem mit der Frage nach dem Sinn ihres Lebens. Yoga, Bioenergetische Körperarbeit und Ausbildung zur Entspannungs- und Sporttrainerin waren Entwicklungsschritte hin zum Jakobsweg. Sie lebt und arbeitet in einem ökologisch-sozialen Wohnprojekt am Rande Hamburgs und wandert seit 2003 jedes Jahr auf spanischen Jakobswegen, bisher 2.400 Kilometer.

HanneLore Hallek

Wie ich nach Santiago de Compostela ging und ganz woanders ankam

Ein Frauen-Jakobsweg

Bibliografische Information der Deutschen Bibliothek:
Die Deutsche Bibliothek verzeichnet diese Publikation
in der Deutschen Nationalbibliografie.
Detaillierte bibliografische Daten sind im Internet über
<http://dnb.ddb.de> abrufbar

ISBN -10: 3-8334-6740-1
ISBN -13: 978-3-8334-6740-0

Herstellung und Verlag:
Books on Demand GmbH, Norderstedt

Einbandgestaltung:
Erdmute Prautzsch

Für meine Mutter Elfriede

Hallo Wiebke,

wo steckst du schon wieder? Ich hab es satt, nur deinen Anrufbeantworter zu hören – wie fast immer in letzter Zeit! Dabei hab ich dir so viel zu erzählen, und weil heute Abend etwas wirklich Witziges passiert ist, schreib ich dir schnell diese E-Mail.
Max hat mich eben angerufen, kaum guten Tag gesagt, nur: „Rate, was ich in der Hand habe?", und ich hab natürlich erst mal gefragt, wie es ihm geht und wo er grad ist, schließlich hab ich seit mindestens einer Woche nichts von ihm gehört. Als er sagte, „in Rabanal, aber nun rate endlich", hat es bei mir gefunkt: Stell dir vor, er hat tatsächlich meine Zigarettendose! Die alte, mit einer Haarnadel reparierte Blechbüchse, die ich so liebe und seit 20 oder 30 Jahren mit mir rumschleppe!! 47 Tage nachdem ich sie in einer namenlosen Kneipe in einem Minidorf irgendwo in der Wildnis 2200 Kilometer von hier liegen ließ, hat er sie dort wiedergefunden! Und ich wusste nicht mal wie der Ort heißt, nur dass er ein bis zwei Stunden zu Fuß hinter Astorga liegt. Er ist wohl einfach in die erste geöffnete Bar, und das war zufällig die richtige, und der Barmensch hatte die Dose beiseite gelegt und ihn nur gefragt, was da drin ist! Ist das nicht irre?
Aber das fügt sich eigentlich nahtlos an diese ganze verrückte Geschichte, an das, was ich auf meiner Reise erlebt hab, und passt dazu, dass Max jetzt unterwegs ist; Herr ‚Unabkömmlich' der nie spontan ein langes Wochenende frei nehmen konnte – jetzt hat er sechs Wochen Auszeit. Von einer Stunde zur anderen hat er sich entschieden, plötzlich ging's, und er ist acht Tage nach meiner Rückkehr losgefahren. Im November!! Und wandert jetzt auf meinen Wegen und versucht zu verstehen, warum mein siebenwöchiger Pilgerweg mich so sehr verändert hat, dass er mich trotz zwanzigjähriger Beziehung nicht mehr erkennen konnte.
Ach Wiebkeschatz, vielleicht sollte ich dir die ganze Geschichte einfach schreiben, ich fürchte wir werden nie genug Zeit haben, um dir alles zu erzählen.

Kannst du dich an unsere Gespräche vor zwei Jahren über den Jakobsweg erinnern? Als ich Paolo Coelhos Buch gelesen hatte und davon so begeistert war, dass ich am liebsten gleich losgegangen wäre, mir sogar schon einen Wanderführer gekauft hatte und alle abwimmelte, die mitwollten? Ich wollte niemanden mithaben. Damals. Aber als ich in diesem August nach meinem Radunfall wieder laufen konnte, mich aus irgendeiner Eingebung heraus entschloss loszuwandern, vom Arbeitsamt Urlaub bekam, und dann Max erzählte, dass ich jetzt gehen würde, war mir doch mulmig. Ganz allein los - nee, wenigstens den Anfang wollte ich mit jemand zusammen gehen. Da fiel mir Maja ein. Du kennst sie von meinen Geburtstagen, meine alte Bioenergetikgenossin. Ihr sollte ich Bescheid sagen, wenn ich mich irgendwann entschließe - sie traut sich auch nicht allein. Mit ihr konnte ich mir die Wanderung gut vorstellen. Sie hat auch nur kurz gezögert, schon eine Woche später haben wir unsere gemeinsame Fahrkarte gekauft. „Und wenn wir uns trennen?", hab ich gefragt, und sie hat geantwortet „Wir trennen uns nicht".

Dann bin ich Probe gewandert, ums Dorf und durch den Wald, zwei bis drei Stunden täglich, mit Thommys Rucksack und meinen alten Walkingschuhen. Hab jeden Tag meine Füße gecremt, tausend Tipps gehört und mir von Rasmus Mut machen lassen „– wenn du es nicht probierst, weißt du nicht ob's geht" – hatte noch die eine oder andere schlaflose Nacht, und dann sind wir los.

Aufbruch

Hamburg - St.-Jean-Pied-de-Port - Huntto > 1725 km

Du weißt, dass ich Abschiede hasse.

Unser Zug fährt erst um 22.41 Uhr, das bedeutet entweder einen langen, wehmütigen Abend oder - besser - Party. In einer urigen Kneipe am Bahnhof, mit Mann und Kindern, fröhlich, laut und wunderschön.

Aufgeregt präsentieren Maja und ich unsere Rucksäcke und diskutieren die Ausrüstung: „... meinst Du, dass ich den Becher brauche oder soll ich ihn hier lassen?“, verstauen Geschenke und Briefe für unterwegs: „... aber lies das bitte erst im Zug“, lachen, futtern, überspielen unsere Anspannung. Timpe hält eine Abschiedsrede und überreicht mir verschwörerisch ein rosiges, zahnpastatubengroßes Etwas. Ein Plastikschwein. „Mama, das ist Oinki, das rotierende Familienreiseglücksschwein. Es wird Dich unterwegs beschützen, nimm es bitte mit, es wiegt auch nur 25 Gramm.“ Wie lieb! Ich weiß, dass er mich nicht dafür verspottet, weil ich jedes Teil meines Gepäcks abgewogen, jedes mögliche Gramm gespart habe, damit der Rucksack nicht mehr als 7 Kilo wiegt - natürlich darf Oinki mit.

Doch jetzt müssen wir zum Zug. „Kinder, geht bitte nach Haus, ich möchte mich nicht auf dem Bahnhof verabschieden.“ „Tschüs, Mama, komm heil wieder. Pass auf dich auf. Sei vorsichtig. Fahr lieber mit einem Bus, bevor du dich überanstrengst. Aufgeben ist nicht schlimm. Ruf mindestens einmal in der Woche an. Mach dir um uns keine Sorgen. Kümmere dich nur um dich. Vertragt euch gut.“ Welch herzlicher Abschied! „Adieu, ihr Lieben, danke für die guten Ratschläge, aber jetzt geht, auch ihr Letzten, unser Zug wartet.“ Schnell noch ein paar Küsse und Umarmungen - doch warum hat Max Tränen in den Augen? „Sei bitte nicht traurig.“ Er drückt mich an sich: „Ich bin nicht traurig, ich freue mich nur so für Dich.“ Was für ein Schatz! Er lässt mich ziehen, obwohl mein Entschluss für ihn ein Schock war, und freut sich sogar für mich! Aber als wir uns ansehen, ist klar, dass wir beide Angst haben. Was wird die lange Trennung mit uns machen? Wir ahnen, dass ich nicht so wiederkommen werde, wie ich jetzt bin. Hoffentlich! Schon lange bin ich unzufrieden und krank und wünsche mir Veränderung. Darum fällt mir der Abschied leicht. Ich bin zwar nervös, aber fühle mich auch mutig - und ziemlich neben der Spur.

Maja und ich quetschen uns in unser Liegewagenabteil und wissen nicht wohin mit den Rucksäcken. Sie müssen dicht bei uns bleiben, denn von jetzt an sind sie alles, was wir haben. Doch irgendwann haben wir uns eingerichtet und lassen uns vom Rattern der Räder einschläfern.

Während ich durch Frankreich rollend meinen Morgenkaffee trinke, den der nette Schlafwagenschaffner gekocht hat, überschlagen sich in meinem Kopf Gedanken und Phantasien. Heute Nachmittag werden wir in Südfrankreich sein. Und dann? Dann will ich 800 Kilometer zu Fuß nach Santiago de Compostela gehen, durch ganz Nordspanien, wie Millionen Menschen vor mir. Zum Grab des Heiligen Jakobus, einem Jünger Jesu, von dem niemand weiß, ob er wirklich in Spanien missioniert hat und ob seine Gebeine nach seinem Märtyrertod in Jerusalem tatsächlich auf wundersame Weise nach Westspanien gelangt sind. Angeblich sind sie dort im neunten Jahrhundert in einer römischen Nekropole entdeckt worden. Aber lebte dieser Einsiedler Pelagius überhaupt, von dem die Legende erzählt, dass er der Erste war, den geheimnisvolle Lichtzeichen zur vergessenen Ruhestätte leiteten? Immerhin ist die Existenz von Bischof Theodemir von Iria durch seinen Grabstein aus dem Jahr 847 erwiesen, er ließ das Grab freilegen. König Alfons II. von Asturien errichtete darüber die erste Jakobuskapelle. Der Ort erhielt den Namen ‚Sternenfeld' = ‚Campus Stella'. Doch ob Legende oder Wahrheit: Seit über tausend Jahren pilgern Menschen in der Hoffnung auf Wunder oder Heilung, Vergebung ihrer Sünden oder schlicht aus Liebe zu Gott zu diesem Grab.

Solche Motive scheinen nicht mehr zeitgemäß, doch dem Weg nach Santiago de Compostela wird auch heute noch eine ganz besondere Kraft zugesprochen: Ist er die Spiegelung der himmlischen Milchstraße mit ihrer überirdischen Energie, wie manche meinen? Oder folgt er den Kraftlinien der Erde, wie andere sagen? Ist die ostwestliche Ausrichtung eine Wiederholung unserer Lebenswege, vom Morgen zum Abend, von der Geburt zum Tod? Mag sein, dass es so ist; ich weiß nicht, ob ich daran glaube, doch bin mir sicher, dass mich in den nächsten Wochen ungeahnte Abenteuer erwarten.

Das erste ist unser Umsteigen in Paris. Majas Tochter hat uns genaue Pläne dafür mitgegeben, doch wir machen uns schon eine Stunde vorher gegenseitig verrückt: „Was ist, wenn unser Zug Verspätung hat?" „Werden wir auch wirklich den anderen Bahnhof finden?" Es ist unglaublich, dass wir zwei gestandenen Frauen uns vor ganz Alltäglichem fürchten. Bin ich wirklich so? Natürlich gibt es überhaupt keine Probleme. Wir brauchen nur einen Fahrkartenautomaten zu begreifen, eine Schranke zu passieren, ein paar Minuten mit der Metro zu fahren und unseren Fußweg am Umsteigebahnhof zu finden. Da betrete ich das erste Mal nach 28 Jahren wieder eine Pariser Straße, atme Pariser Luft und schwelge in Erinnerungen. Schade, dass der nächste Zug schon wartet. Endlos lang ist er und bequem, rast mit uns nach Süden, durchquert in wenigen Stunden das Land und bringt uns nach Bayonne, dem nächsten Umsteigebahnhof.

Die Kleinbahn zu unserem Ziel St.-Jean-Pied-de-Port fährt schon in ein paar Minuten, wir brauchen neue Tickets. Das ist kein Problem für einen schnellen Menschen wie mich, ich sprinte in die Bahnhofshalle – um eine erste Lektion in Gelassenheit zu lernen: Am einzigen Schalter steht eine wartende Menschenschlange. Nervös schließe ich mich an, hüpfe von einem Fuß auf den anderen. Wie lange dauert das denn bloß? Völlig hektisch erreiche ich in letzter Minute den Zug, in dem Maja mich entspannt empfängt: „Du hättest dich nicht so zu hetzen brauchen, der Schaffner verkauft auch Fahrkarten."

Die beiden stickigen Waggons des Zuges sind voller unruhiger Menschen und praller Rucksäcke. Wo wollen die alle hin? Pilgern? Das kann nicht sein, wer geht denn jetzt im

September noch los? Viele. Sie steigen mit uns an der Endstation aus und strömen vor und hinter uns hinauf zum Zentrum von St.-Jean-Pied-de-Port. Dutzende. Vorbei an blühenden Gärten Richtung Stadtmauer, wir mittendrin, und ich weiß nicht, ob ich mich freuen soll oder fürchten, denn mit St.-Jean ist für mich ein Albtraum verknüpft.

Von hier aus müssen wir über die Pyrenäen, über den Cisa-Pass in 1430 Meter Höhe, 27 Kilometer weit bis Roncesvalles auf der anderen Gebirgsseite. Obwohl ich weiß, dass auf uns ein gut begehbarer Weg wartet, gruselt es mich vor der Anstrengung. Es beruhigt mich nicht, dass Hunderttausende von Jakobspilgern, Karl der Große und Napoleon das Gebirge auf dieser ‚Route de Napoleon' überquert haben sollen, ich bin noch niemals einen Berg hinauf gegangen! Aber es gab für mich nie einen Zweifel, keine Alternative, hier soll mein Camino beginnen, auf dem historischen navarrischen Weg der Nordeuropäer. Dass es bei Kilometer 5,7 neuerdings eine Unterkunft gibt und der Weg leichter wird, wenn wir dort übernachten, vermindert meine Angst nur wenig. Aber wir wollen es schaffen, auch wenn die Berge von hier unten unüberwindlich aussehen, also Schluss mit dem Gezeter.

Wie Schafe in einer Herde folgen wir müde und aufgeregt rucksackbepackten Gestalten durch ein steinernes Tor in die mittelalterliche Altstadt. Die werden schon wissen, wo es lang geht, wollen bestimmt auch ins Pilgerbüro, die Anlaufstelle für alle Ankommenden und Durchreisenden. Manche wollen sicher über Nacht hier bleiben und sich eine Unterkunft vermitteln lassen, andere brauchen Hilfe, wie wir. Wir wissen so gar nichts, vielleicht bekommen wir dort Ratschläge, denn da arbeiten gut informierte Einheimische und Freiwillige aus Jakobusgesellschaften in ganz Europa, die es sich seit einigen Jahrzehnten zur Aufgabe gemacht haben, die Tradition der Pilgerhilfe wieder zu beleben.

Rue de la Citadelle. Wir sind da und schieben uns ins Gedränge, zwischen Gepäck, Wanderstöcke und umlagerte Schreibtische; in nervöse Hektik und spanisch-französisches Stimmengewirr im zentralen Raum eines alten Gemäuers. Hoffentlich finden wir jemanden, mit dem wir uns verstän-

digen können! Wir haben Glück, Helmut spricht Deutsch. „Habt ihr schon Credenciale?" Ja, wir haben uns Pilgerpässe von den Santiagofreunden aus Köln schicken lassen. Sie werden unser wichtigstes Reiseutensil sein, ‚Eintrittskarte' in die Herbergen und Nachweis über die zurückgelegte Strecke. An jeder markanten Station und in jeder Herberge werden wir einen Stempel hinein bekommen. Von Helmut gibt es den ersten, und dann bittet er uns Fragebögen für seine Statistik auszufüllen:
Was ist das Motiv für Deine Reise?
Sport? Nein. Ich bin froh, wenn ich es überhaupt schaffe.
Kultur? Ist sicher auch wichtig. Aber Motiv? Nein.
Religion? Ja. Natürlich glaube ich als Protestantin nicht an die Kraft von Reliquien, und mein Verhältnis zur Institution Kirche ist nicht besonders eng, doch ich glaube an Gott und bete, wenn ich Hilfe brauche oder danken will. Vielleicht ist Gott auf diesem Weg eher zu spüren als im Alltag und meine Verbindung zu ihm wird klarer und enger. – Ja, ein Kreuzchen hier.
Spirituelles? Ist das nicht eine andere Definition für Religion? Eine Erweiterung des Glaubens über den Gottesbegriff der Kirchen hinaus? Glaube an eine Kraft, die alles verbindet und Wachstum möglich macht, wie immer sie heißt? Und hoffe ich nicht auch auf ein verändertes Bewusstsein? Das ist doch spirituell! – Noch ein Kreuzchen.

Dann bekommen wir gute Ratschläge, einen Plan für den schwer zu findenden Weg auf der ersten Etappe, und eine Liste aller Herbergen von hier bis Santiago. Brauchen wir die? Ich stecke sie ein.

„Wo schlaft ihr heute Nacht?" Helmut denkt an alles. Wir haben noch nicht darüber gesprochen, aber ich brenne darauf, heute Abend die ersten Kilometer bis Huntto zu gehen. Doch ich kann nicht für mich allein entscheiden, wir müssen eine Absprache treffen, und ich fürchte mich, Maja zu fragen. Sie hat im Zug schlecht geschlafen und ist noch müder als ich, doch ich traue mich: „Gehen wir heute noch nach Huntto hinauf?" Sie überlegt nicht lange: „Wenn uns dort ein Bett sicher ist, ja." Der gute Helmut telefoniert und lacht uns an:

„Ja, es klappt, sie reservieren euch Betten. Geht rechts entlang, durch die Pilgergasse aus der Stadt hinaus, dann könnt ihr den markierten Weg nicht verfehlen. Von hier bis nach Santiago de Compostela findet ihr gelbe Pfeile oder Muschelsymbole. Folgt ihnen einfach. Habt ihr zu Essen? Bis Roncesvalles gibt es nichts zu kaufen, nur Wasser gibt es. Überall sind Brunnen."

Maja und ich schauen uns skeptisch an und rauchen eine letzte Zigarette. Himmel, jetzt wird es ernst Was haben wir uns bloß vorgenommen? Ab jetzt gibt es kein Zurück mehr, unsere Wanderung beginnt. Ich schnüre meine Schuhe fester und rücke den Rucksack zurecht. Auf geht's, die Pilgergasse hinunter, in der zwischen malerischen Häusern eine Jakobuskirche steht. „Halt!" Ich muss da jetzt hinein und beten, Gott um seinen Schutz und seine Hilfe bitten.

Danach bin ich zuversichtlicher, wir füllen unsere Wasserflaschen am ersten der vielen Pilgerbrunnen, kaufen Baguettestangen, überqueren einen Fluss auf einer alten Steinbrücke und verlassen den Ort. Der Weg ist gut, aber steil, es geht richtig steil bergauf. Und diese wenigen Kilometer sind sehr lang. Nach mehr als zwei Stunden und einer schrecklich steilen letzten Kurve sehen wir über uns endlich einige Häuser: Huntto.

Erschöpft und glücklich steigen wir eine wackelige Leiter zu den letzten freien Liegen auf einer hölzernen Galerie im Stall hinauf, direkt unterm Blechdach. Egal, wir haben die ersten Kilometer hinter uns gebracht, und besser als im Zug ist es allemal. Dass es nur eine Toilette, zwei Duschen und ein Waschbecken für 30 Schläfer gibt, macht auch nichts. Die Warnung unserer Bettnachbarn, „Steckt euer Brot gut weg, hier laufen Mäuse herum", kann uns nicht erschüttern. Nichts hat Bedeutung als die Pyrenäenüberquerung. Für alle, denn sie ist Hauptthema beim köstlichen fünfgängigen französischen Abendessen.

So gut es möglich ist, führen wir schüchtern erste Gespräche mit den Tischnachbarn, aber die meisten sind Franzosen und ich spreche nur Englisch. Ich fühle mich fremd und unbehaglich zwischen all den Unbekannten, und bin leider schon nach dem dritten Gang satt, weil ich nicht ahnte, dass das Beste noch kommt. Erst als ein junges Paar aus Graz bedauernd erzählt, dass sie nur drei Wochen Zeit haben, rührt sich in mir ein Glücksgefühl. Ich kann so lange unterwegs sein wie ich will, welch ein Privileg! Das Essen dauert Stunden, doch meine seltsame Stimmung aus Furcht und Fremdheit treibt mich, die Gesellschaft bald zu verlassen, um noch ein Weilchen draußen im Dunkeln zu sitzen.

Ein wunderbarer Sternenhimmel steht über der Gebirgslandschaft, wie eine Traumkulisse liegt das Land mit den kleinen Lichtern in den Tälern vor mir.

Ja, ich war wirklich losgegangen.

Oh Gott,
du hast deinen Diener Abraham aus der Stadt Ur der Chaldäer herausgeführt; du hast ihn auf allen seinen Pilgerwegen beschützt, du warst der Führer des hebräischen Volkes durch die Wüste; wir bitten dich, du mögest uns, deine Diener, die aus Liebe zu Dir nach Santiago de Compostela pilgern, beschützen.

Mein Weg mit Maja

Über die Pyrenäen

Huntto - Roncesvalles > 21,5 km

Klar, dass dieser Morgen schrecklich beginnt, meine Angst vor der Gebirgspassage zieht anscheinend Unheil an. Nicht nur, dass ich vor Aufregung die ganze Nacht geschwitzt und gefroren habe, jetzt scheint es auch noch in Strömen zu regnen. Hätte ich mir doch nur einen Regenumhang gekauft! Wie soll ich den Tag bloß überstehen? Durch das offene Schiebestalltor kann ich den dunklen Morgenhimmel sehen. Nein, es regnet nicht – das Geräusch ist Plastiktütengeknister der packenden Schlafgenossen, Gott sei Dank!

Erleichtert und müde steige ich die Leiter hinunter, wir sind spät dran, alle anderen sind schon unterwegs oder sitzen beim Frühstück. Und wir Schlafmützen lernen die nächste Lektion: wenn es um 7 Uhr Frühstück gibt, sollte man nicht erst um 7.30 Uhr erscheinen, denn dann bekommt man nur noch Reste. Und es gibt eh wenig: Toast, Marmelade und Margarine. Wie können die Franzosen und Spanier den Tag nur so beginnen? Und dann dieses gespannte Schweigen der Tischrunde, wahrscheinlich fürchten sich alle vor dem Aufstieg. Erst als die Sonne aufgeht und draußen ringsumher die herrliche Landschaft aus der Dämmerung auftaucht, verschwindet die Beklommenheit und es wird lebhaft und heiter in der immer kleiner werdenden Runde. Jeder geht so früh wie möglich los, auch wir holen bald unsere Rucksäcke, schauen noch mal unter die Pritschen, ob nichts liegen geblieben ist, und machen uns auf den Weg.

Langsam. Schritt für Schritt steigen wir bergauf, vorbei an einzelnen Gehöften, alten knorrigen Kastanien und Eichen. Nur wenige Wanderer sind langsamer als wir oder starten später, bald überholen uns sogar schon die ersten aus dem Tal kommenden Pilger auf der steilen Teerstraße. Wir lassen uns davon nicht hetzen und bleiben bei unserer ruhigen Gangart. Aufgeregt bin ich, und ängstlich. Wird mein lädierter Rücken den Rucksack tragen können? Ich bin neidisch auf die französischen Wanderer mit ihren kleinen Tagesrucksäcken, deren Gepäck heute Morgen von einem Bus abgeholt wurde. Doch die ächzen und schnaufen noch lauter als wir und quälen sich offenbar mehr. Ich will versuchen optimistisch zu bleiben, denn es geht mir noch gut, obwohl wir schon weit gestiegen sind – tief unten liegt Huntto.

An jeder Wegbiegung verändert sich der Ausblick über die Berge. Immer wieder bleiben wir staunend stehen, nehmen unser Gepäck ab, schauen über die grandiose Landschaft, verschnaufen, setzen die Rucksäcke auf und gehen langsam weiter. Auf baumlosen Hochweiden grasen Schafherden und galoppieren wilde Pferde. Kalter Wind weht über die Höhen, keine Wolke trübt die weite Sicht bis zu den Zentralpyrenäen. Am Wegrand schauen zwischen Heidekraut hellbraune Champignons aus dem Gras. Ich zücke mein Messer, schneide mir einige ab und probiere sie neugierig. Sie schmecken köstlich, schade, dass wir keine mitnehmen können.

Das Gehen ist nicht so schwierig, wie ich befürchtet habe. Bis weit hinauf sind die Wege fest, und nach sehr steilen Abschnitten flacht die Piste immer wieder ab. Je höher wir kommen, desto geringer wird die Steigung, und als sich zwischen flachen Bergkuppen ein Platz öffnet, bietet sich uns ein seltsamer Anblick: Mitten im kahlen Gestein steht eine blumengeschmückte Marienstatue. Wanderer sitzen zu ihren Füßen und rasten, wir setzen uns dazu, froh über jede Pause, genießen die Stille, die weite Aussicht. Doch wir haben keine Ruhe. Der Weg ist noch weit.

„Passt gut auf, es gibt eine schwer erkennbare Abzweigung. Wer die verpasst, muss einen Umweg von vielen Kilometern machen!“ Helmut hat uns gewarnt und wir schauen vorsichtshalber auf den Plan: *Sie müssen die geteerte Straße dort, wo ein Kairn und dann ein Kreuz steht, verlassen, nach dem Bentarte-Pass. Den Stacheldrähte bis dem Brunnen entlanggehen, den kanadisdchen Übergang übergehen, und den steigenden Weg geradeaus fortsetzen.* Aha. Wenn wir den Weg nach dieser Beschreibung finden, werde ich in Zukunft auch taiwanesische Videorecorder programmieren können! Glücklicherweise weist ein Pfeil aus Steinen auf dem Boden die Richtung durch ein Felsentor, hinter dem der Weg holperig und uneben in eine veränderte Landschaft führt, vorbei an einem Brunnen, einem ersten Hinweisschild auf Santiago de Compostela, und irgendwann auch über die Grenze zu Spanien. Es wird wieder grün, wir durchqueren Wälder auf sumpfigen Wegen, bergauf und manchmal auch bergab.

„Lass uns rasten, meine Schuhe drücken." Arme Maja, sie hat ihre ersten Blasen. An einer grasigen Böschung verpflastert sie ihre Zehen, wir legen die Beine hoch, essen Müsliriegel und verschnaufen. Augenblicklich überfällt mich bleierne Müdigkeit, aber wir können nicht lange ausruhen, denn es beginnt zu nieseln. Also rappeln wir uns hoch, raffen unsere Habe zusammen und stehen nach einem kurzen Anstieg vor einem Schild mit der fast unleserlichen Aufschrift ‹Col de Lepoeder›. Unglaublich – das bedeutet, dass wir oben sind, auf dem Cisa-Pass, dem höchsten Punkt unserer Etappe! Hurra, wir haben 1200 Höhenmeter überwunden! Wir Superfrauen! Glücklich hüpfen wir lachend umher und ich fühle mich stark wie selten. Jetzt brauchen wir nur noch den Berg hinunter, kürzen übermütig die Kurven der Straße ab, hopsen fröhlich über Felsen und Wasserläufe und bleiben plötzlich überrascht stehen: zwischen den Wäldern im Talgrund glänzen die Dächer von Roncesvalles – unfassbar, unser Ziel ist sichtbar nah.

Aber vorher endet die Einsamkeit der Berge an der Schnellstraße im Tal, am Pass Col de Ibañeta, wo französische Touristen Würstchen essend von ihrem Reisebus zu einem großen Denkmal schlendern. Wofür steht das hier? So, so, wir sind am Schauplatz der historischen Rolandsschlacht. Was war hier wann los? Wir wissen es beide nicht, ich muss nachlesen:

Im Jahr 778, zu einer Zeit als das Grab von Sankt Jakobus noch nicht entdeckt worden war, soll der deutsche Kaiser Karl der Große in einem Traum vom Heiligen Jakobus aufgefordert worden sein, den ‚Sternenweg' nach Compostela von den Heiden frei zu kämpfen. Die Sarazenen hielten damals einen großen Teil Spaniens besetzt. Tatsächlich zog er mit wechselhaftem Glück in den Krieg und beendete seinen Feldzug hier, an diesem Pass. Hier steckte er ein Kreuz in den Boden und schaute in Richtung Compostela zurück. Seine Nachhut aus 12 Rittern, angeführt von seinem Neffen Roland, wurde von aufrührerischen Basken überfallen und nach heldenhafter Schlacht getötet. Dieser Kampf wurde im 11. Jahrhundert im berühmten französischen Rolandslied besungen, doch wurden die Angreifer aus politischen Gründen darin von Basken zu Mauren. Rolands Ruhm als Held verbreitete sich in ganz Europa, und das Abendland sah seitdem Karl den Großen als den Wegbahner nach Santiago de Compostela an.

Auch unterhalb des Denkmals, wo jetzt eine moderne Kapelle steht, ist ein geschichtsträchtiger Ort. Hier stand das Kloster und Hospiz San Salvador, dessen Mönche seit dem 11. Jahrhundert bei Dämmerung, Schneesturm und Nebel anhaltend die Glocken läuteten, um Pilgern den Weg ins Tal zu weisen. Gut, dass diese wilden Zeiten vorüber sind, unser Weg ist sicher und gut markiert, führt bergab in einen herrlichen Wald, direkt nach Roncesvalles. Nur noch 2 Kilometer durch die Schlucht eines Wildbaches, dann ragen vor uns hohe, abweisende Mauern auf. Gelbe Pfeile leiten uns durch ein Tor, und wir betreten nach 8 Stunden Wanderung den Hof des historischen Klosters.

Ich zittere vor Aufregung, alle Anspannung fällt von mir ab. Jetzt kann mir nichts mehr passieren, meine Angst ist fort. Ich bin ganz sicher, wenn ich bis hierher gekommen bin, werde ich auch Santiago de Compostela erreichen. Ja, und dann laufen meine Tränen, bin ich berührt und stolz wie selten.

Stell dir einfach ein breites Grinsen im Herzen vor, und darüber Gänsehaut vor Glück …

Der Klosterhof ist still und menschenleer. Wo sind all die Wanderer, die uns heute überholt haben? Wohin müssen wir jetzt?

Ein Tor in einer der großen, grauen Mauern der Abtei steht offen, neugierig gehen wir hinein und sind anscheinend richtig. Ein Mensch, der uns nicht versteht und den wir nicht verstehen, zeigt uns ein großes Zimmer mit einigen Betten, wir können duschen und endlich liegen und ausruhen. Doch ich brauche keine Ruhe, fühle mich nicht erschöpft, sondern aufgekratzt, möchte hinaus, erkunden, wo wir sind.

„Ihr müsst euch in Roncesvalles gleich nach der Ankunft zum Pilgermenü anmelden, sonst bekommt ihr nichts zu essen, es gibt dort keinen Laden." Irgendjemand hat uns diesen Hinweis gegeben, also los, ein Restaurant suchen, und dann schauen, wann heute Abend der traditionelle Pilgergottesdienst stattfindet, wo wir den Reisesegen bekommen werden.

Zu meiner Überraschung gibt es keinen Ort, nur eine Ansammlung von Gebäuden für Wallfahrer: Ein Augustinerkloster aus dem 12. Jahrhundert mit einem schönen Kreuzgang und einem düsteren Saal mit dem Grab Sanchos des Starken und seiner Frau, den Stiftern des Ortes. Daneben liegt die prächtige Stiftskirche und ein Museum, das ich nach kurzer Zeit verwirrt verlasse. Ich kann heute nichts mehr aufnehmen, und die Geschichte Navarras mit ihren Königshäusern, Schlachten und politischen Intrigen überfordert mich. Es genügt, wenn ich die schlichte gotische Jakobuskapelle und das arkadenumgebene Beinhaus Sancti Spiritus von außen ansehe. Es wird Silo de Carlomagno genannt, weil hier der Legende nach der Held Roland und seine Ritter beerdigt sein sollen. Tatsächlich wurden hier früher Pilger beigesetzt, die an den Strapazen der Pyrenäenüberquerung gestorben sind.

Ein lang gestrecktes Natursteingebäude auf der anderen Straßenseite weckt meine Neugier, doch als ich hinübergehe und hineinschaue, zucke ich schockiert zurück: In einem Riesensaal voller Menschen, Unruhe und Stimmengewirr stehen drei Reihen mit jeweils mindestens 30 Doppelstockbetten. Hier ist das Refugio, die offizielle Pilgerherberge – wir sind zufällig in der Jugendherberge gelandet. Wie gut, denn mit so vielen Menschen in einem Raum zu schlafen, erscheint mir unvorstellbar.

Draußen winkt das junge Paar von gestern Abend müde von einer Restaurantterrasse: „Wir haben uns einer Schweizer Bergsteigerin angeschlossen und wollten mithalten. Das machen wir nie wieder, sie war zu schnell für uns." Die zwei sind völlig kaputt, wir alten Muttis haben den Weg besser überstanden, setzen uns ein wenig stolz dazu, trinken Cola und Kaffee, fühlen uns fremd und durcheinander, beobachten das Geschehen rundherum, das Kommen und Gehen anderer Wanderer und hängen unseren Gedanken und Gefühlen nach, bis es Zeit für das Sieben-Euro-Pilgermenü ist. Die mäßige Qualität der Forelle ist mir heute egal, und Maja tröstet sich mit der dazugehörenden Flasche Rotwein.

Danach gehen wir endlich zur Messe, die ich mit Spannung erwarte, in einen über und über geschmückten Kirchenraum, dessen Pracht von einem Standbild der Mutter Gottes von Roncesvalles aus Gold, Silber und Edelsteinen überstrahlt wird. Wir setzen uns zwischen Pilger jeden Alters und jeder Nationalität in eine unbeschreibliche Atmosphäre, in der Sehnsucht, Hoffnung und Glauben schwingen. Drei Priester zelebrieren einen ergreifenden, feierlichen Gottesdienst, an dessen Ende sie jeden von uns in seiner Sprache segnen, uns Pilger – Peregrinas und Peregrinos – Gottes Obhut anvertrauen und uns einen guten Weg wünschen. „Buen camino".

Ich war tief bewegt und gerührt wie selten. Als hätte ich eine unsichtbare Grenze zwischen zwei Leben überschritten, hatte ich den Alltag und Euch alle hinter mir gelassen und gehörte plötzlich zu einer besonderen Gemeinschaft.

Der Weg durch Navarra von den Pyrenäen bis Logroño

Ein richtiger Pilger?

Roncesvalles - Viscarret > 13 km

Heute regnet es wirklich. Und wie. Hinter dem vergitterten Fenster zucken pausenlos Blitze am schwarzblauen Himmel, Donner kracht scheppernd in diese Weltuntergangsstimmung. Scheinbar ist noch tiefste Nacht, doch unsere mürrischen Zimmergenossen sind schon leise fortgegangen, es ist halb acht. Schon halb acht! Müde kuschele ich mich in meinen gemütlichen Schlafsack, genieße die Wärme und Geborgenheit und bin nur froh, dass ich nicht im Refugio bin. Da müsste ich jetzt wie die anderen armen Menschen in dieses Unwetter hinaus. Hier drängt uns niemand, wir brauchen nicht um 8 Uhr aufzubrechen, können die Augen noch mal zu machen und uns Zeit lassen.

Unser erstes Frühstück essen wir im Bett: Kaltes Wasser mit Frubiase, Müsliriegel und trockenes Brot von gestern. Dann pflegen wir unsere Körper, massieren die Beine und dehnen uns. Es geht mir gut, ich habe weder Muskelkater noch Schmerzen, doch Maja muss mehr als eine Blase verpflastern. Wir räumen die Rucksäcke auf, werfen die ersten überflüssigen Dinge weg und packen jetzt schon viel routinierter. Die Sachen bekommen neue oder feste Plätze, doch das meiste werden wir heute anziehen, es ist nicht nur nass draußen, sondern auch kalt.

Heut beginnt unser Wanderalltag. „Wie weit wollen wir gehen?“ Maja liest aus unserem Reiseführer vor. „Die nächste Herberge ist in Zubiri, 23 Kilometer entfernt. Ziemlich weit, aber in den Orten unterwegs gibt es überall Unterkünfte. Lass uns einfach losgehen und sehen, wie weit wir kommen.“

Als der Regen nachlässt, nehmen wir unser Gepäck und gehen durch die Klostergänge hinüber zur Bar, um richtig zu frühstücken. Ich bin unsicher, ob wir uns verständigen können. Gestern sind wir mit Deutsch und Englisch nicht weit gekommen, aber da hat immer jemand übersetzt. Jetzt sind wir auf uns allein gestellt, und ich fühle mich ein bisschen wie eine gestikulierende, taubstumme Neandertalerin. Doch es klappt. Wir wärmen uns mit Café auf und essen sicherheitshalber ein dickes Sandwich, denn wer weiß, wann wir wieder etwas bekommen.

Draußen wird es nicht heller, es nieselt pausenlos, doch irgendwann müssen wir raus, unter die Bäume auf den Sandweg parallel zur Straße. Hier ist es relativ trocken. Auf der anderen Straßenseite steht das erste von vielen Wegkreuzen des Jakobswegs, das steinerne Pilgerkreuz von Roncesvalles. Früher waren es Wegmarkierungen. Und heute? Erinnerung an vergangene Zeiten? Ich sehe nur flüchtig hinüber, mir ist es heute gleich, wo ich bin und wie der Weg aussieht. Wichtig ist nur, dass mein Körper funktioniert, ich vorwärts komme und nicht allzu nass werde. Glücklicherweise führt der Weg durch dichten Buchenwald, bis wir das erste Städtchen erreichen. ‚Auritz-Burguete' steht auf dem zweisprachigen Ortsschild in Spanisch und Baskisch, eine Hauswand ist mit baskischen Parolen bepinselt.

Der alte Ort sieht friedlich aus, wie aus einem Bilderbuch oder einer idyllischen Ecke des Schwarzwalds. Die oft dreigeschossigen Bauernhäuser aus Natursteinen tragen Adelswappen und Blumenkästen an ihren Fassaden, bergen unter ihren riesigen Dächern Ställe und Scheunen. Weiß verputzte Bürgerhäuser mit rot oder grün gestrichenen Fachwerkbalken, Holzbalkonen und auffällig gerahmten Rundbogentoren säumen die Durchgangsstraße. Am Dorfplatz steht eine wuchtige gotische Kirche, kleine hölzerne Brücken führen über einen Fluss, die Menschen grüßen freundlich. Nichts scheint hier die Warnungen vor dem gefährlichen Baskenland zu rechtfertigen.

Vorbei an Teichen und Kohlfeldern wandern wir weiter nach Auritzberri-Espinal. Auch dieser Ort ist 800 Jahre alt und ebenso malerisch. Wir füllen unsere Wasserflaschen am Brunnen und suchen nach einer Einkaufsmöglichkeit, doch der einzige Laden hat Mittagspause. Macht nichts, Maja hat noch 30 Müsliriegel. Dann eben weiter. Wieder bergauf. Wir sind noch immer in den Pyrenäen.

Zum ersten Mal grüßen wir vorüberziehende Wanderer mit dem offiziellen Pilgergruß „Hola, buen camino!", bekommen viel Lächeln zurück und ebenfalls den Wunsch für „einen guten Weg".

Der Regen hat nachgelassen, doch der Boden auf diesem Höhenweg ist matschig und schwer zu begehen. Wir sind erschöpft, schleichen, suchen uns immer wieder trockene Fleckchen zum Ausruhen, der gestrige Tag steckt uns in den Knochen. Wenn wir nur schon im nächsten Ort wären, dort soll es eine Bar geben. Hinfällig treten wir aus dem nassen Wald, sehen Viscarret unvermittelt vor uns liegen und schleppen uns erleichtert die letzten Meter bis zur Bar am Dorfplatz. Endlich im Trockenen! Nur noch sitzen und aufwärmen!

Das Lokal ist voll, alle Tische besetzt. Wir dürfen uns an den Tresen stellen. Tee und Kakao können wir bekommen, aber Essen? Nein. Das wird gerade den anderen Gästen serviert. Wir sehen neidisch zu. Salat. Suppe. Fisch. Mir läuft das Wasser im Mund zusammen. Nein, für uns gibt es nichts. Nicht mal einen Stuhl. Wir sind nass. Uns ist kalt. Wir haben Hunger. Majas Füße schmerzen. Unsere Stimmung passt sich dem Wetter an. „Los, wir gehen." Maja zieht ihre Schuhe wieder an.

Draußen ist es genauso unwirtlich wie drinnen. „Und jetzt?" Ein Haus auf der anderen Straßenseite könnte eine Pension sein. „Wollen wir nicht hier bleiben?" Ich zögere. Weit sind wir heute nicht gekommen, und im Moment kann ich mir nichts Schöneres vorstellen, als in einem Bett zu liegen. Doch ich traue mich nicht. Ich traue mich nicht in das Haus zu gehen und nach einem Zimmer zu fragen. Superfrau? Die alten Ängste sind wieder da. Maja handelt. „Setz dich hier auf die Bank, ich geh rein." Schon fünf Minuten später stellen wir in einem gemütlichen, warmen Zimmer unsere Rucksäcke in die Ecke, haben Aussicht auf ein warmes Abendessen und wissen, dass eine Badewanne auf uns wartet. Welch ein Genuss für meine müden Glieder. Ich liege im warmen Wasser und bin fix und fertig, jetzt will ich nur noch schlafen.

Nachmittags scheint die Sonne. „Komm, Maja, raus aus dem Bett, lass uns den Ort erkunden!" Es wird nur ein kurzer Spaziergang. Vor der Bar sitzt eine ältere, rundliche Frau allein. „Hallo, ich bin Tön, wollt ihr euch zu mir setzen? Ich wäre so froh, Gesellschaft zu haben." Ja klar, wir wollen sowieso Café trinken.

Irgendwie sieht sie seltsam aus. „Schaut mich bloß nicht so genau an, das ist meine Schlafanzughose." Sie zupft an geblümtem Jersey über ihren dicken Wanderstiefeln. „Ich bin auf dem schrecklichen Waldweg ausgerutscht und der Länge nach in den Matsch gefallen, alle meine Sachen hängen jetzt auf der Wäscheleine." Arme Tön. Sie ist mit einem 16 Kilo Rucksack nach St.-Jean gekommen und hat sich dort überreden lassen, einen großen Teil ihrer Sachen wieder nach Hause zu schicken. Auch ihre Ersatzhose.

Nur mit Mühe können wir uns das Lachen verkneifen, doch Tön nimmt es mit Humor, sitzt mit uns in der Sonne und erzählt und erzählt. Von ihrer ersten Wanderung nach Santiago. Bis nach Südfrankreich ist sie von Holland gegangen, um zufällig einer alten Freundin zu begegnen, der an diesem Tag eine Tragödie wiederfuhr. Da ist sie dort geblieben, als Beistand. Santiago musste warten. Beim zweiten Camino ist sie mit dem Rad gefahren. „Das hat mir Spaß gemacht, aber ich habe die Wanderer beneidet und mir gewünscht, den Weg noch einmal zu Fuß zu gehen. Jetzt will ich es versuchen. Seid ihr beiden richtige Pilger?"

Die Frage ist seltsam. „Was meinst Du damit, was ist ein ‚richtiger Pilger'?"

„Ein Mensch, der sich aufmacht, um sich selbst kennen zu lernen, der zu Hause alle seine Angelegenheiten geregelt hat, um keine Verwicklung mit sich zu nehmen, ein Mensch, der Gott sucht und sich auf ihn einlässt."

Puh, darüber muss ich erst nachdenken.

Wie lauteten noch die Worte, die ein gläubiger Mann vor einigen Monaten zu mir gesagt hat? „Sie sind ihr Leben lang auf der Suche nach ihrem Vater. – Sie werden ihn nur in Gott finden."

Kannst du dich erinnern, wie aufgewühlt ich damals war? Als hätte sich etwas in mir geöffnet und eine Verbindung zu meinem vertrauensvollen Kinderglauben wiederhergestellt.
Nach Töns Frage kam ein ähnliches Gefühl in mir auf. Vielleicht bin ich wirklich eine ‚richtige Pilgerin'?

Ängste

Viscarret - Larrasoaña - Trinidad de Arre > 16,3 + 9 km

Welch schaurige Nacht, trotz meines gemütlichen Bettes: Wo finde ich Maja wieder, wenn wir uns verlieren? – So viel Geld gebe ich für mich aus, das darf ich doch gar nicht ...

Von bisher nie gekannten Ängsten geplagt, lag ich wach, rechnete und überlegte, plante und suchte nach Sicherheit und Selbstwert.

Und dann das süße Frühstück, noch schlimmer als in Huntto, so kann der Morgen für mich nicht gut werden. „Es gibt hier einen Laden, kauf Dir Obst." Tön macht mir Hoffnung, nachdem unsere Wirtin auf Fragen nach anderen Speisen nur mit Schulterzucken reagiert hat. Stempel in unsere Credenciale bekommen wir hier auch nicht. Dafür müssen wir noch einmal in die unfreundliche Bar von gestern und uns auf dem Weg dorthin von der grauenvollen Dorfköterhorde ankläffen lassen. Schon vor ruhigen Hunden habe ich Angst, diese sind Horror! Aber ich stelle mich tapfer, bin froh, dass sie mich nicht beißen, bloß weg hier. Nur noch schnell in den grandios rumpeligen Gemischtwarenladen am Ortsausgang, mich mit einem spanischen Wortschwall überschütten lassen, Äpfel kaufen, Käse probieren, Nüsse geschenkt bekommen und dann weiter. Aber nicht gleich. Am Brunnen auf dem Dorfplatz sitzt ein ganz junges deutsches Mädchen mit einem ratlosen Gesicht und zerrissenen Wanderschuhen in der Hand.

„Können wir Dir helfen?“ „Mir ist eine Sohle abgefallen und mit meinen Reservesandalen kann ich auf diesen Wegen nicht gehen.“ Da ist guter Rat teuer. „Und ich bin extra um 6 Uhr in Roncesvalles losgegangen, damit ich heute weit komme. Ich hab doch nur drei Wochen Zeit.“ So früh? Sie hat es wohl wirklich eilig, aber wir können ihr nicht helfen. „Welche Schuhgröße hast Du?“ Ein alter spanischer Wanderer bietet ihr ein Paar Stoffturnschuhe an, sie zögert nicht lange, probiert sie an und macht sich mit dem freundlichen Herrn auf den Weg. Langsam, in seinem Tempo. Jetzt geht es nicht mehr nach ihrem Wollen ...

Kühl ist es auch heute, aber trocken. Gutes Wanderwetter. Vielleicht kommen wir weiter als gestern, doch es ist nicht leicht, wieder Tritt zu fassen. Der Rhythmus des Gehens muss sich einstellen, und wir müssen ein gemeinsames Tempo finden. Gut, dass der Weg auf einer geraden Piste neben der Straße beginnt und ich Ruhe habe, mich auf den neuen Tag einzulassen. Erst hinter dem nächsten Dorf geht es wieder bergauf, in einen herrlichen Forst aus Kiefern, Zypressen und Buchsbaum, in dessen Stille und Waldbodenduft sich meine Sinne beruhigen und Maja ihre schmerzenden Füße vergisst. Wir gehen langsam, plaudern, singen und freuen uns über die Blüten der blasslila Herbstzeitlosen zwischen meterhohem Heidekraut und Stieleichen. So könnte es gern bleiben, aber der Pfad wird steinig, steil und glitschig. Doch noch sind wir guter Dinge, rasten auf den Pasos de Roldan, flachen Riesensteinen, die so lang sind, wie der Schritt des Helden Roland gewesen sein soll. Wir legen uns ein Weilchen dort hin und haben es danach nicht mehr weit bis zum Erro-Pass. Gut, dass wir ausgeruht sind, bergab wird es scheußlich. Der Weg ist eine einzige lehmige Rutschbahn ohne Ausweichmöglichkeit in das eingrenzende Wald- und Brombeergestrüpp. Wir schlittern, stolpern, tasten uns ganz langsam vorwärts. Natürlich rutsche ich aus, kann mich nirgendwo festhalten und sinke genervt und ergeben in den Schmutz. „Haben Sie sich verletzt?" Ein nicht mehr junges französisches Ehepaar hilft mir auf. „Danke, ich bin o. k." Mit freundlichem Gruß springen die zwei wie Bergziegen den Weg hinunter, und ich glotze hinter ihnen her und fühle mich ziemlich dämlich.

Endlich wird es wieder flach, dafür ist der Matsch tiefer. Eine Kuhherde lässt uns widerwillig an ihrem Stall am Wegrand vorbei. Diese verfallene Ruine soll früher die Pilgerherberge Venta del Puerto gewesen sein, wie es hier wohl vor tausend Jahren ausgesehen hat? Die armen Pilger damals, in ihren schweren Umhängen und teilweise barfuss auf den viel schlechteren Wegen.

Lauter Gesang unterbricht mein Sinnieren, eine fröhliche Truppe spanischer Männer mit Riesenstrohhüten überholt uns flotten Schrittes. „Hola, peregrinas", mehr verstehen wir nicht, doch wir lassen uns gern von ihrer guten Laune anstecken. Davon brauchen wir viel, denn jetzt werden unsere Nerven und Füße noch einmal gestresst. Zwischen bizarren Schieferwänden und Trockenmauern müssen wir auf einem schmalen, gewundenen Weg nach Zubiri hinunterkraxeln. Über Buckel und Furchen nasser, senkrecht stehender Gesteinsschichten. Ich danke Gott, als auch dieser Schrecken endet und unter uns der Ort auftaucht.

Zubiri. Der Name ist baskisch und bedeutet ‚Ort an der Brücke', und tatsächlich ist die zweibogige mittelalterliche Steinbrücke Puente de la rabia (Tollwutbrücke) der Eingang zur Stadt. Nach einer Legende wurden tollwütige Tiere durch den Ortsheiligen St. Quiteri geheilt, wenn sie dreimal unter der Brücke hindurch geführt wurden.

Hier gibt es eine Pilgerherberge, doch wir wollen nicht bleiben, nur ausruhen und essen. Wir haben Hunger, entscheiden uns für ein Picknick und betreten mutig den nächsten Laden. Während ich zwischen Gemüse- und Obstkörben darauf warte, bedient zu werden, bestaune ich aufgeschnittene Schafsköpfe und Schweinsfüße, seltsame tote Vögel und undefinierbare Tierteile, bei deren Anblick ich mir nicht vorstellen möchte, dass Menschen so etwas essen.

Seltsam, was es hier alles gibt, ich schwanke zwischen Ekel und Faszination der Andersartigkeit – und gehe kein Risiko ein: unser Mahl besteht aus Brot, Tomate, Thunfisch aus der Dose und wunderbarem Schafskäse. Auf einer Bank in der Mittagssonne, mit Blick auf den Fluss und den ununterbrochenen Strom Wanderer, die an uns vorbei in die Stadt gehen oder weiterziehen – mit entschlossenen oder erschöpften Gesichtern.

Eine Bemerkung von Maja schreckt mich aus der wohligen Ruhe: „Ziemlich viele Leute unterwegs, aber ich hab für mich beschlossen, mir keine Gedanken mehr darum zu machen, ob wir eine Unterkunft finden. Wenn die Betten belegt sind, wird uns sicher jemand eine Isomatte leihen und wir schlafen auf dem Boden." Rumms. Als hätten ihre Worte einen Damm eingerissen, taucht meine heimliche Angst vor einer solchen Situation auf. Mein Friede ist dahin, ich werde unsicher, möchte weiter. Bis zur nächsten Herberge in Larrasoaña sind es 6 Kilometer, wir sollten uns beeilen, damit uns nicht all die vielen Leute überholen. Hektisch verstaue ich die Essensreste und ziehe meine Schuhe wieder an. „Komm, lass uns gehen."

Der ebene Weg oberhalb des Río Arga ist wie ein Geschenk nach der Kletterei heute Morgen. Der Abraum eines riesigen Tagebaus sprenkelt die Wege glitzernd, wir durchqueren Obstgärten und lauter niedliche Dörflein. Nur unsere Erschöpfung trübt die Idylle. Es ist schnell anstrengend warm geworden, da sind wir froh über einen Brunnen, in dessen Becken wir unsere Arme kühlen können. Hoffentlich sind wir bald da.

Ja, und dann passiert, wie im richtigen Leben, zwangsläufig das, was man am meisten fürchtet:

Es gibt in Larrasoaña heute keine Betten. Seltsam, dass uns aus dem Dorf Rucksackwanderer entgegenkommen, und warum stehen hier überall diskutierende Grüppchen von Pilgern mit ihrem Gepäck? „Wo geht es zur Herberge?" Eine Frau zeigt in eine schmale Gasse. „Die ist da hinten im Rathaus, aber da könnt ihr heut nicht übernachten." Was meint sie?

Wir gehen jetzt einfach hin, mal sehen, was da los ist. Auf dem menschenleeren Platz vor dem Rathaus stehen Bänke und ein Brunnen. Na prima. Unsere Füße sind heiß und geschwollen, wir halten sie ins Wasser, verschnaufen. Bis ein dicker, verschwitzter Mann zu uns gelaufen kommt, sich als „Señor Santiago" vorstellt, „Alcalde (Bürgermeister) von Larrasoaña", und uns irgendwie auf Spanisch erklärt, dass die Herberge geschlossen ist. „Weil heute eine Fiesta stattfindet und es zu laut für euch Pilger würde." Dass uns Lärm nicht stören wird, dass wir nur ein Bett in der Herberge im Haus direkt hinter uns haben möchten, erweicht ihn nicht. „Vielleicht kann ich euch ein Privatquartier besorgen." Und dann beginnt er hektisch zu telefonieren und wir beschließen, stoisch sitzen zu bleiben. Alles wird sich finden. Währenddessen kommen andere Pilger hinzu, Dorfbewohner stehen herum und schauen sich die interessante Szene an, der Platz füllt sich stetig und die Stimmung verändert sich. Spannung und Nervosität steigen, viele Wanderer kommen schon von Roncesvalles und sind am Ende ihrer Kräfte. Laut und gestikulierend weist der kleine Mann alle Versuche, ihn umzustimmen, von sich. „Nein, die Herberge bleibt zu. Geht weiter nach Trinidad de Arre." Elf Kilometer. „Ruft euch ein Sammeltaxi, hier ist das Telefon; und bevor ihr fahrt könnt ihr noch Stempel in eure Credenciale haben." Lautes Murren macht sich breit, nur ein unerschütterliches Ehepaar, das in Belgien losgewandert ist, behält seinen Humor und schlägt vor, Sankt Jakobus um Hilfe anzurufen, was wir lachend sofort im Chor beginnen: „Jakobus hilf uns, gib uns ein Bett". Doch der hat wohl anderes zu tun, wir müssen selbst eine Lösung finden.

Langsam beginnen wir zu akzeptieren, dass Warten nichts mehr bringt, wir müssen handeln. „Komm, Maja, wir gehen und versuchen nach Arre zu kommen." Aber wie? Erst einmal zu Fuß, bis zum Dorfende. Da steigt just eine Frau in ihr Auto, ich spreche sie an, und sie versteht glücklicherweise Englisch. Ja, sie fährt jetzt nach Pamplona und nimmt uns gern ein Stück mit. Erleichtert pressen wir uns und unsere Rucksäcke in ihren kleinen Wagen, schließen die Augen, um ihre Überholmanöver nicht zu sehen, und finden uns schon nach zehn Minuten abgesetzt an einem Straßenrand wieder. Nach kurzem Umherirren entdecken wir zwischen Schnellstraßen einen gelben Pfeil, finden zwischen einem Fluss und einer Vorortstraße Kloster und Kirche Trinidad de Arre und direkt daneben die Herberge.

Ein rundlicher Priester führt gerade eine Gruppe Wanderer hinein, wir laufen hinterher – und sind im ersten echten Refugio unserer Wanderung. Zwischen gespannten Wäscheleinen und 15 eisernen Doppelbettgestellen, von denen wir uns eins aussuchen können. Maja erklärt mir, dass sie nicht oben schlafen kann, nie, und ich – ich nehme das obere Bett. Obwohl ich es eigentlich gar nicht will. Warum gehe ich nicht in das freie Unterbett in der anderen Ecke des Raumes? Irgendwie ist es für mich selbstverständlich, dass wir dicht zusammenbleiben, auch wenn ich es lieber anders hätte. Also klettere ich hinauf, rolle meine Schlafmatte aus, breite den Schlafsack darüber, dusche, wasche bis auf meine Hose alles, was ich auf dem Leib trage, hänge es auf die Leine und gehe mit Maja in den nahen Ort, um Abendessen einzukaufen. Auf dem Weg finden wir – oh, Wonne – eine Pasteleria und schlagen uns den Bauch mit den köstlichsten Kuchen voll.

Müde bereiten wir uns später einen frischen Salat in der perfekt ausgestatteten Herbergsküche und verspeisen ihn zu dicken Käsebroten zwischen fremden Menschen am Riesentisch. Dann hat Maja genug für heute, sie will nur noch schlafen.

Ich plaudere noch ein wenig mit den jungen Grazern, jetzt selbstverständlich per Du, frage sie die typischen Pilgerfragen „Wo wart ihr gestern, wo wollt ihr Morgen hin, was machen Eure Füße?", wünsch ihnen eine gute Nacht und klettere widerstrebend in mein Bett hinauf, neben einen wildfremden Mann, weil die Betten zu Blöcken zusammengestellt sind. Mache meine Gymnastik, weiß nicht, wo ich meine Brille hinlegen soll und fühle mich gar nicht wohl. Bestimmt werde ich morgen Rückenschmerzen haben, weil die Matratze so durchhängt. Kann ich mit so vielen Menschen in einem Raum schlafen? Wann werden die drei Leute neben meinem

Bett endlich aufhören, so laut miteinander zu reden und zu lachen? Aber ich kann liegen, merke wie matt ich bin und finde mich ab. Was war das noch für ein Satz auf der Hausordnung im Flur? *Peregrinas und Peregrinos, seid bescheiden und dankbar für alles, was ihr bekommt und vorfindet …*

Fieber

Trinidad de Arre - Pamplona - Cizur Menor > 10 km

Ich bin zu Hause ein schlimmer Morgenmuffel, aber hier muss ich langmütig sein: Schon bevor um 6.30 Uhr jäh die Deckenlampen aufleuchten, blitzen Taschenlampen, wird geräumt, geraschelt und gepackt. Die Ersten gehen schon im Dunkeln los! Ich bin noch müde, fühle mich erkältet, habe Kopfschmerzen und will nie wieder oben schlafen. Nacheinander fielen in der Nacht Kissen, Brille und Decke herunter, ein Wunder, dass ich noch hier oben liege!

Gequält und widerwillig rappele ich mich auf. Ohne Rückenschmerzen, na wenigstens etwas Gutes, meine kleine Schlafmatte ist ein wahrer Segen. Verschlafen hänge ich meinen Schlafsack zum Lüften nach draußen, ziehe die immer gleiche Hose an, in deren verschließbaren Taschen ich mein Geld sicher glaube, hole das T-Shirt von der Leine, setze Teewasser auf, schleiche zur Katzenwäsche ins Bad, creme und massiere die Füße, koche Tee, esse, was noch da ist.

Auch Maja geht es nicht gut, heute werden wir nicht weit laufen können. Schade, ich hatte mich sehr auf Pamplona gefreut, und nun dieser Brummschädel. Jetzt möchte ich nur irgendwohin, wo ich ruhig liegen kann. In diese ‚gute Herberge mit bequemen Betten und einem Garten', 10 Kilometer von hier entfernt, zum Beispiel. Die Beschreibung von Cizur Menor im Reiseführer ist sympathisch und die ‚bequemen Betten' geben den Ausschlag, das wird unser heutiges Ziel.

Gut, dass ich nur so wenig Dinge bei mir habe, das Packen ist einfach. Die zusammengerollte Schlafmatte kommt neben den Schlafsack ganz unten in den Rucksack, alles andere wird drumherum verstaut. Fertig. Aber es geht noch nicht los, Maja braucht morgens lange. Ich muss draußen warten, zwischen Aufbrechenden. Der Himmel ist grau, es ist kühl, aber trocken, die frische Luft tut mir gut, und doch bin ich genervt. Muss ich mich anpassen? Ich würde viel lieber gleich losgehen. Aber was bleibt mir anderes übrig – ich muss Majas Bedürfnisse akzeptieren. Vielleicht gewöhne ich mich daran, ich brauche wohl mehr Geduld, und überdies bin ich heute wohl besonders empfindlich. Also werde ich das Alleinsein genießen ...

Doch irgendwann machen auch wir uns auf den Weg und ich werde belohnt: Die Pasteleria hat schon geöffnet, und Café und Gebäck verbessern meine Laune umgehend.

Arre ist eine der Vorstädte Pamplonas, wir brauchen nur geradeaus zu gehen, weitere Vorstädte zu passieren, gelegentlich einen Palast oder einen besonders schönen Garten zu bestaunen und kommen auf dieser gut markierten Straße in Samstagmorgenruhe direkt zur Stadt.

Doch vorher müssen wir in einen Supermarkt, ich brauche Teebeutel und will meiner Erkältung mit Zitronen den Garaus machen. Zudem müssen wir vorsorgen, in Cizur Menor und Umgebung soll man sonntags morgens nichts zu essen bekommen. Also müssen auch Obst, Joghurt, Kuchen, Möhren, Brot und Saft in den Rucksack, der das alles kaum fasst.

Schon wenige Minuten später thront Pamplonas Altstadt mit ihrer wuchtigen Befestigung auf einem Bergplateau vor uns, die erste historische Großstadt unserer Reise. Alt ist sie, schon vor Christi Geburt von den Römern gegründet. Immer umkämpft, zerstört, besetzt und wieder aufgebaut. Die Mauren waren hier und Karl der Große. Sie war auch mal Sitz der Könige von Navarra und Bischofssitz. Ernest Hemingway hat ihr in der Literatur ein Denkmal gesetzt. Mit seiner Beschreibung ihrer ‚Fiesta San Fermín', bei der zu Ehren des Schutzpatrons der Stadt jedes Jahr im Juli Stiere durch die Stadt getrieben werden und die Bewohner tagelang durch Tanz und Rausch taumeln.

Nur noch einen Kilometer durch Gartenvorstadt, in der es gottlob Büsche gibt, hinter die wir uns verstohlen hocken können, um zu pinkeln, dann sind wir am Río Arga, der die Altstadt in einer Schleife umfasst. Hier ist die Ruhe zu Ende: Horden von Joggern und Walkern kreuzen unseren Weg zur Magdalenenbrücke, vor der ein mittelalterliches Pilgerkreuz mit dem Bildnis des Heiligen Jakobus steht. – Ach ja, das gemahnt mich, auf einer Pilgerwanderung zu sein. Mit spirituellem Antrieb. Wie schnell das bei all den materiellen Problemchen in den Hintergrund gerät! Von jetzt an will ich an jedem Pilgerkreuz innehalten, um ein Gebet zu sprechen; hier im Trubel beginne ich damit.

Auf der anderen Flussseite steigen wir auf einer breiten Granitrampe an den gewaltigen grauen Quadern der Stadtmauer vorbei zum Portal de Francia hinauf, und betreten die Altstadt dort, wo im Mittelalter der französische Teil der Bevölkerung gelebt hat. Düster ist es hier. Hohe, teilweise verfallene Häuser säumen die schmale Gasse. Obwohl überall renoviert und gebaut wird, wirkt diese Straße verrottet, schmutzig und uralt. Doch schon an der nächsten Ecke ändert sich das Bild, die prächtige Kathedrale liegt vor uns, zwischen Kloster und baumbestandenen Plätzen. Schade, sie ist geschlossen. Dann bleibt uns alternativ nur ein anderthalb Kilometer langer Rundweg um die Altstadt, den können wir uns zumuten. Hier steht schon ein erster Hinweis: links herum. Nicht lange durch kleine Straßen zwischen hohen, fensterlosen Mauern hindurch, dann stehen wir unvermittelt auf der Krone der Stadtmauer und haben einen phantastischen Blick über das Flusstal, die kleinen Städte ringsum und die Berge im Hintergrund. Unter hohen Bäumen passieren wir den Königspalast, das Karmeliterinnenkloster und den Bischofspalast, steigen hinunter zur Stierkampfarena, drängen uns durch die belebten Altstadtgassen, trinken Café auf dem prächtigen Marktplatz und schlagen schließlich die Richtung stadtauswärts zur Zitadelle ein. Zu meiner Freude entdecke ich mitten im Trubel die geöffnete Pilgerkirche San Saturnino. Ruhig, prächtig, kühl. Ich liebe meditative Minuten allein auf einer Kirchenbank und Herumgehen und

Schauen im Kirchenraum. Diesmal leider nur kurz, denn im Laufe des Morgens hab ich Fieber bekommen und Maja hält sich nur noch durch eisernen Willen auf ihren malträtierten Füßen. Wir müssen weiter, die letzten 5 Kilometer hinter uns bringen.

Über die ausgedehnten Grünflächen der gigantischen Zitadelle und durch moderne Vorstädte verlassen wir die schöne Stadt, und geraten in ein Gewirr von Zubringerstraßen und Baustellen in stechender Mittagssonne. Mein Rucksack, in den ich Jacke und Sweatshirt stopfe, ist schwer wie ein Felsen und mein Schädel brummt. Hätte ich doch nur meine Schirmmütze nicht vergessen! Da wickele ich mein Halstuch um meinen Kopfschmerzkopf und trotte angestrengt weiter. Bis mich ein Spanier mit Einkaufstüten anspricht und mir bedeutet, ihm zu folgen, weg von der Straße, über Brachland. Ich vertraue ihm einfach, gehe ihm nach, froh, mich nicht um den Weg kümmern zu müssen. Folge ihm auf einen kurzen Schleichweg über Bahngleise und durch Tunnel. An einer Kreuzung weist er uns den Weg nach Cizur Minor und verschwindet Richtung Nachbardorf. Danke, das war wohltuend!

Da oben liegt unser Ziel, weht eine Malteserflagge über Burgzinnen. Wieso schon wieder oben? Haben wir nicht die Berge hinter uns? Leider wartet schon der nächste Höhenzug, aber heute wollen wir nicht daran denken, wollen nur die anstrengenden letzten Meter schaffen.

Junge Bäume werfen magere Schatten auf den Fußweg. Ich husche von einem kühlen Fleck zum nächsten, bis zwischen den ersten Häusern die romanische Malteserkirche herausragt und unsere Neugier weckt. Für einen kurzen Blick in dieses faszinierende Gemäuer reicht unsere Kraft noch, doch wir kehren schnell wieder um: der riesige, kahle Kirchenraum gehört zu einer Herberge und sein Steinboden ist mit Matratzen bedeckt. Mich gruselt's, bloß weg hier.

Nun sind es auch wirklich nur noch ein paar Schritte bis zu einem Schild ‹Albergue de Peregrinos›, und zu einer hohen Gartenmauer, hinter der uns ein Paradies erwartet: Ein Garten voller Walnussbäume, Palmen und Feigenbäume, in dem ein nettes Holzhaus mit den ersehnten bequemen Betten steht. Und die Hospitalera erscheint uns wie ein Engel, empfängt uns freundlich und fragt fürsorglich, wie es uns geht: „Was machen eure Füße?“ Unser jämmerlicher Zustand ist offenbar nicht zu übersehen. „Wenn ihr möchtet, werden wir morgen euer Gepäck nach Puente la Reina transportieren. Holt euch bei mir einen Plastiksack, tut alles Entbehrliche rein und lasst ihn auf den Betten liegen.“ Darüber werden wir später nachdenken, jetzt wollen wir nur schlafen.

Erst am Nachmittag krieche ich wieder unter meiner Decke hervor und blinzele in den Raum, der sich inzwischen gefüllt hat. Mir gegenüber löst ein junger Mann blutige Verbände von seinen Füßen, ich schaue lieber weg. Auf eine Frau, die mit einem dick geschwollenen Knie vorbeihumpelt. – Dann doch lieber mein bisschen Fieber. Ich fühle mich krank, doch in Cizur Menor wird heute Fiesta gefeiert, und es hält mich nichts im Bett, ich bin zu neugierig. Auf der Plaza ist eine Bühne aufgebaut, eine Band spielt sich ein und in einer der Rummelbuden sind die Gewinne kleine Gläser mit lebenden Fischen. Der ganze Ort scheint auf den Beinen zu sein, um tanzende Cabezudos zu bestaunen, die von Musikanten mit Trommeln, Flöten und Dudelsäcken durch die Straßen begleitet werden. Junge Männer tragen diese mehrere Meter hohen Großkopfpuppen mit Gesichtern von Don Quijote, Sancho Pansa, einer hässlichen Alten und einer jungen Frau. Wir stellen uns zwischen Hunderte von Kindern und ihren Eltern an den Straßenrand, um das Spektakel anzusehen, als es chaotisch wird: Kinder kreischen, heulen, fliehen panisch vor plötzlich in der Menge erscheinenden mannshohen wandelnden Köpfen. Als wäre ihr furchterregendes Aussehen nicht schlimm genug, jagen sie die Kinder, wackeln hinter ihnen her und versuchen sie mit Stoffsäckchen zu prügeln. Die Kleinen klammern sich verstört und schreiend an ihre Mütter, die Größeren machen es sich zur Mutprobe die Köpfe zu ärgern. Alles brüllt und rennt, die Stimmung schwankt zwischen Übermut und Panik. Wir amüsieren uns und wüssten gern, was der Sinn der tollen Jagd ist.

Den Abend verbringen wir im Garten unter Palmen, hören Musik aus den Straßen, planen für den morgigen Tag. Schaffen wir 24 Kilometer nach Puente la Reina mit leichten Rucksäcken? Die Alternative wären sechzehn Kilometer mit Gepäck bis zur ersten Übernachtungsmöglichkeit. Wir fühlen uns beide besser und wollen die lange Strecke wagen.

Als Maja erschöpft schlafen geht, bleibe ich noch ein Stündchen in diesem Zaubergarten, schreibe Tagebuch, genieße das Nichtstun. Ein freundlicher deutscher Radfahrer bringt mir einen Teller voller Melonenschnitze und lädt mich ein, zu seiner vergnügten Gruppe zu kommen, doch ich möchte lieber allein sein. Bei mir bleiben, meine Gedanken fließen lassen. Jetzt sitze ich hier mit Fieber und fühle mich trotzdem gut; wo sind die Schmerzen der letzten Monate? Das Gehen fällt mir leicht, meine Füße sind heil, ich habe keinen Spannungskopfschmerz, weder Nacken noch Hüften tun weh. Mein sonst so empfindlicher Rücken trägt den Rucksack ohne Probleme. Unglaublich. Was ist mit mir los? Still schmunzelnd lege ich meine Beine hoch und freue mich – das Leben fühlt sich gerade gut an.

Stell dir bitte diese Veränderung vor! Nach der langen Zeit des Jammerns und Leidens!
Ich bin glücklich ins Bett gegangen, trotz meines Fiebers, habe mich ganz dieser Freude überlassen und herrlich geschlafen.
Was konnte mich noch stören?

Tränen

Cizur Menor - Puente la Reina > 24 km

Was für ein schöner Platz! Den Rücken an der sonnenwarmen Wand der Herberge oberhalb Puente la Reinas, den Blick über die bewaldete Hügellandschaft, hinter der die Sonne versinkt – kann es mir besser gehen, obwohl ich mich immer noch krank fühle? Wohlig müde genieße ich die Ruhe nach diesem ereignisreichen Tag, schreibe Tagebuch, trinke Tee. Meine Erschöpfung habe ich mir redlich verdient, heute habe ich viel geleistet: 24 Kilometer Fußweg trotz Fieber und Erkältung. Neben mir lehnen meine Schuhe zum Trocknen an der Wand, im Wind weht die Wäsche. Bald wird es warmes Essen geben, dann kann ich zufrieden mit mir ins nette kleine Zimmer schlafen gehen.

Auch heute waren wir die Letzten. Nur die Frau mit dem geschwollenen Knie lag noch im Bett, sie durfte ausnahmsweise eine weitere Nacht bleiben, um sich auszukurieren. Das Packen war einfach, Sweatshirts und Jacken zogen wir wegen des Regens und der Morgenkühle an, Verpflegung und die Apotheke kamen in den Rucksack, alles andere in den großen Plastiksack. Es war eine Labsal, so wenig Gewicht auf die Schultern zu heben!

Ein wenig traurig haben wir den schönen Garten verlassen, wären gern noch hier geblieben, doch glücklicherweise waren wir nicht krank genug, um die Weiterreise zu verschieben. Gestern hatte mir das ruhige Gehen gut getan, und wenn heute mein Energiefluss wieder in Schwung kommt, kann es mir nur besser gehen.

Der kleine Ort lag bald hinter uns und wir konnten die nebelverhangenen Berge vor uns nur erahnen, doch bald stieg der Weg zwischen abgeernteten Stoppelflächen und matschig verregneten Sonnenblumenfeldern an. In graue Einöde. Nur selten überholten uns andere Pilger, und erst nach fast zwei Stunden tauchte aus der Nässe ein halbverfallener Ort auf. Ein alter Mann vor seiner Haustür grüßte freundlich, machte aber unsere Hoffnung auf einen Morgenkaffee zunichte. „No, no“. Nein, hier gab es nichts, nur verrostete Traktoren und Misthaufen.

Der scharfe Wind trocknete den Nieselregen auf unseren Jacken, doch die Wege wurden nasser und schlechter, der Nebel undurchdringlicher. Nur gespenstisches Sausen und Brausen wies uns die Richtung zum Monte Perdon und seiner Passhöhe mit gigantischen Windrädern. Und dann wurde der Weg grundlos, gabelte sich in zwei unbeschreibliche steile Matschpisten, und Maja und ich sahen uns nur genervt an: das hatten wir doch schon mal! Unsere Schuhe wurden immer schwerer, weil an den Sohlen Lehm zu fußballgroßen Klumpen verklebte, auf denen zu gehen sich schaurig anfühlte. Abschütteln war unmöglich, die Versuche, den Dreck abzustreifen, ebenfalls. In jeder der vielen Pfützen versuchte ich ihn abzuwaschen, doch beim nächsten Schritt war es wie vorher. Ausweichen ging nicht, rechts bricht der Berg steil ab, links ist Gestrüpp, dornig, undurchdringlich, ohne Baum und Strauch. Immer wieder blieben wir schnaufend stehen, erschöpft und fluchend. Doch kurz vorm Verzagen wurde der Untergrund fester, der Weg breiter. Aus dem Nieselgrau tauchte ein Brunnen mit einem Kruzifix und einer Steinbank auf. Gott sei Dank! Abgekämpft und matt, schier verloren in dieser undurchdringlichen Einsamkeit sanken wir auf die nassen Steine.

Was für eine Stimmung! Kein Wunder, dass an diesem Ort eine der düsteren Jakobuslegenden entstanden ist:

Einem einsamen, halbverdursteten Wallfahrer erschien der Teufel im Pilgergewand und versprach, ihm eine versteckte Quelle zu zeigen, falls er Gott abschwöre und stattdessen ihn anbete. Doch der fromme Mann verharrte auch angesichts des nahen Todes in seinem Glauben. Da erschien ein weiterer Pilger, brachte ihn zu dieser Quelle und gab ihm in einer Jakobsmuschel Wasser, bevor er verschwand. Kein Zweifel, der Apostel Jakobus selbst hatte eingegriffen.

Vielleicht hat er auch uns geholfen, denn der Weg zum Pass hinauf war nur noch kurz, und dort erwartete uns eine Überraschung: Im Nebel tauchte eine lange Reihe riesengroßer Stahlskulpturen auf: Pilger auf Pferden, Eseln oder zu Fuß unter einem glitzernden Sternenband auf dem Weg gen Westen. Kraftvoll und beeindruckend. Ich war entzückt und beschloss, dass sich die Anstrengung gelohnt hatte!

Bergab konnten wir freudig alle Anspannung loslassen. Nun gab es auch wieder Bäume, eine freundliche Heide- und Waldlandschaft mit einem sehr abschüssigen, steinigen Schotterweg. Und wenn schon. Nach diesem Aufstieg war uns alles recht, und statt mühselig herunterzustakeln, probierte ich zu hüpfen, sprang im Zickzack von Stein zu Stein und war im

Nu, außer Atem, unten in Uterga. In einem richtigen Dorf. Jetzt aber endlich einen Café!

„Was sagt der Reiseführer, Maja?“ Die Antwort war deprimierend: „Es gibt hier weder eine Bar noch ein Restaurant.“ Schiet. Also zum Colaautomaten an der schnurgeraden Dorfstraße und zu den anderen nassen Gestalten auf die Bänke gehockt. Endlich die feuchten Sachen ausziehen, denn der Regen hatte nachgelassen und der Nebel war auch hinter uns zurückgeblieben; Nüsse, Käse und trockene Brotreste essen und die Beine von uns strecken. Es war still und friedlich, kein Auto fuhr, kaum ein Mensch war unterwegs. Die breite schmucklose Straße mit ihren durchgehenden Fronten dickwandiger, kleinfenstriger Häuser wirkte leblos und abweisend, doch der Ort gefiel mir.

Am Ende seiner scheinbar endlosen Hauptstraße gab es dann doch eine neu eröffnete Bar voller nasser Wanderer, und wir bekamen Café und heißes Wasser für meine Erkältung-weg-Zitronen-Therapie, konnten die Beine hoch legen und richtig trocknen, um erfrischt den nächsten Abschnitt in Angriff zu nehmen.

Zwei Kilometer bis Muruzábal, durch ein Schlaraffenland aus Brombeerhecken mit leckeren dicken Beeren, Pfirsichbäumen, die leider schon abgeerntet waren, durch Wein- und Mandelbaumfelder auf blassem Schottergestein. Zwei trockene Bänke vor der Klosterkirche von Muruzábal lockten uns zur Siesta, wir überlegten nicht lange, schliefen, den Kopf auf der Jacke und die Beine auf dem Rucksack. Danach sah die Welt gleich besser aus und sie war wirklich schöner, mit dem Pass hatten wir eine Wetterscheide überschritten, und über diesem verschlafenen, romantischen Ort und der weiten, grünen Landschaft schien die Sonne. Schnell wurde es heiß, doch in Vorfreude auf Eunate ertrugen wir das gern. Schon vom Sandweg hinter dem letzten grauen Gutshaus des Dorfes sahen wir die achteckige Silhouette der geheimnisvollen Kirche vor den Hügeln liegen. Je näher wir kamen, desto schöner wirkte dieser einsam dort stehende harmonische Bau mit seinem Glockenturm und dem frei stehenden Arkadenumgang drumherum.

Haben die Templer sie einst gebaut oder ist es eine Totenkirche für Pilger gewesen, wie Grabfunde unter den Arkaden vermuten lassen? Was auch immer einst ihre Bestimmung gewesen ist, noch heute ist sie ein mystischer Ort. Beim Betreten des schlichten Raumes wurde ich ganz still, denn er erscheint vollkommen, heilig, erhaben. Er rührte mich zutiefst an. Und aus dieser Tiefe kamen Tränen, und ich weinte lange und spürte meine verschüttete Traurigkeit, hatte Angst, dass mein Tränenfluss unendlich sein könnte, fühlte mich erschöpft und dennoch geborgen. Und dann folgte ich einem Impuls und ging durch den Raum, bis mich ein Platz unter dem Mittelkreuz der Kuppel festhielt. Da blieb ich stehen und fühlte mich, als würde alle Kraft aus mir gezogen, wurde gleichzeitig durchströmt und war nur noch ein kleines, schwaches Teil des großen Ganzen – der Welt entrückt und Gott ganz nah.

Als eine Busladung Touristen die Stille durchbrach, verließen wir den Raum, saßen noch lange tief bewegt draußen in den Arkaden und versuchten, unsere Empfindungen zu deuten.

Schade, dass wir weitergehen mussten und nicht in der kleinen privaten Herberge neben der Kirche bleiben konnten, aber der Sack mit unseren Habseligkeiten wartete auf uns. Hier in Puente la Reina, dem berühmten Ort, an dem sich der aragonesische Weg vom Somport-Pass im Osten der Pyrenäen mit dem navarrischen Weg, auf dem wir gekommen waren, seit tausend Jahren zu einem vereinigt: dem Camino Frances.

Kaum ein Name ist für mich so eng mit dem Jakobsweg verknüpft wie Puente la Reina – Brücke der Königin. Ein Foto der fünfbogigen Brücke über den Río Arga, von einer navarrischen Königin im 11. Jahrhundert für die Pilger gebaut, ist auf dem Titel unseres Reiseführers abgebildet und hat meine Phantasie seit dem ersten Moment der Planung beschäftigt. Wie würde es hier aussehen, wie es sich anfühlen?

Listige Politik hatte zur Gründung des Ortes geführt, denn nur von einer hohen Bevölkerungsdichte versprachen sich die aragonesischen Könige Erfolg bei der Reconquista, der Abwehr der Mauren, die seit Jahrhunderten einen großen Teil Spaniens besetzt hielten. Da kamen die Pilgerströme aus ganz Europa gerade recht. Straßen- und Brückenbau brachten mehr und mehr Menschen dazu, statt der alten Küstenstrecke den neu entstehenden Weg zu nutzen. Anreize zum Siedeln und Sonderrechte ließen etliche bleiben. Städte wie diese wurden gegründet, Kirchen, Klöster und Herbergen gebaut, und noch heute führt der alte Pilgerweg schnurgerade durch den Ort, der an ihm errichtet wurde.

Doch noch waren wir nicht da, wir mussten noch einige Kilometer wandern und das 1000 Jahre alte Obanos durchqueren, ein steinernes Dorf mit einer dreischiffigen gotischen Hallenkirche am riesigen Hauptplatz, auf dem regelmäßig unter Beteiligung der Bürger ein mit dem Jakobsweg verknüpftes mittelalterliches Mysterienspiel um den Herzog von Aquitanien und seine Schwester aufgeführt wird:

Prinzessin Felicia wollte nach der Rückkehr von einer Pilgerfahrt nach Santiago ihr Leben den Armen widmen, aber ihre Familie missbilligte den Plan und ihr eigener Bruder Herzog Guillén tötete sie wegen ihres Ungehorsams. Doch er bereute bald seine Tat, pilgerte zur Sühne selbst zum Apostelgrab und zog sich danach in eine Einsiedelei auf einen Berg bei Obanos zurück.

Da drüben, auf der anderen Talseite steht die Ruine seines Hauses.

Wir blieben ein Weilchen in der Nachmittagssonne auf dem Platz vor der Kirche sitzen, sahen hinüber und tranken frisches Brunnenwasser. Harmlose, träge Hunde beschnupperten uns, Kinder spielten im Park. Kein Lärm, keine Hektik. Waren wir noch in der Realität?

Ja. Die letzten Kilometer mussten wir der Schnellstraße folgen, und das wurde bitter. Hitze, Gestank, Lärm und die Unsicherheit, wo wir die Herberge finden würden, strengten uns noch einmal an. Erst als wir in die historischen Gassen von Puente la Reina einbogen und die fröhliche Stimmung bei der ersten Pilgerherberge wahrnahmen, begannen wir zu realisieren, dass wir den langen Weg hinter uns hatten. Am Brunnen in der Gasse wurden Wäsche gewaschen und

Fahrräder geputzt, saßen plaudernde Menschengrüppchen beisammen und lagen erschöpfte Gestalten im Schatten. Die Glücklichen, sie hatten ihr Bett, wir mussten noch durch die ganze Stadt laufen, auf der Sirga Peregrinal, der schmalen Gasse zwischen hohen Bürgerhäusern und Adelspalästen, wie alle Pilger seit Jahrhunderten. Meine Kraft reichte nicht mehr, um mich für die Besonderheiten am Weg zu interessieren, nicht einmal mehr für die Santiagokirche, obschon ich mich nach einer Messe sehnte. Nur unser Ziel war noch wichtig, die Herberge, und auf dem Weg dorthin die ‚Brücke der Königin'. Als wir am Ende der Pilgergasse durch ein Tor auf dieses herrliche Bauwerk traten, erfüllte sich für mich ein Traum. Jetzt war ich also tatsächlich selbst hier, hatte die Pyrenäen überquert, den navarrischen Weg zurückgelegt und den Hauptweg erreicht.

Bevor wir hier hinaufgingen, saßen wir glücklich auf der Brückenmauer, schauten auf den Fluss, die Stadt und unseren bisherigen Weg zurück.

Wenn der Camino eine Abbildung meines Lebens ist, wie manche sagen, hatte ich jetzt das Kleinkindalter hinter mir. Ich hatte in diesen ersten Tagen nicht nur Gehen und Staunen gelernt, sondern auch Vertrauen in meinen Körper und das Spüren meiner Kraft und meiner Grenzen. Jetzt waren sie erreicht, und als wir nach dem letzten, kurzen Aufstieg endlich ankamen, konnte mich nicht einmal mehr erschüttern, dass es nur kaltes Duschwasser gab!

Zwischen Spaniern

Puente la Reina - Villatuerta > 18 km

Der Tag wird schlecht.
Wenn du verschläfst und um halb acht geweckt werden musst, viel zu spät für das angebotene Frühstück, dich so kaputt fühlst, dass du einfach nur liegen bleiben möchtest und

dir beim Packen schlecht vor Schwäche wird, hör auf zu denken.

Und wenn du notgedrungen eine halbe Stunde später deinen Rucksack schulterst, auf die Straße gehst und gequält Schritt vor Schritt setzt, bist du wirklich allein – auch wenn vor und hinter dir eine unübersehbare Menge von Pilgern den gleichen Weg gehen.

Es geht nicht nach meinem Willen, ich bin auch heute noch nicht gesund. Mein Körper will Ruhe, aber die kann ich ihm nicht geben, nur mehr Aufmerksamkeit und Schonung. Wir werden heute noch langsamer gehen, noch häufiger ausruhen. Wenn Maja so tapfer jeden Tag ihre Schuhe wieder über ihre verpflasterten Füße zieht und die Rückenschmerzen unter ihrem schweren Rucksack aushält, werde ich auch nicht aufgeben.

Ich schaue zurück nach Puente la Reina, auf die sandfarbenen Fronten der Häuser am Fluss und die Türme über ihren Tondächern, und bedauere, dass ich nicht mehr von der Stadt sehen konnte. Aber es ist, wie es ist, und wir wollen weiter.

Aus der Stadt hinaus, durch Gärten und ein Labyrinth von Baustellen. Überall wird gebaut, werden neue Pilgerwege und Straßen für immer größer werdende Pilgerströme angelegt, weil Spanien begonnen hat, den Jakobsweg touristisch zu vermarkten. Und dann gibt es auch noch die Heiligen Jahre, in denen die Zahl der Wallfahrer ansteigt, weil Pilgern am Grab des Heiligen Jakobus angeblich alle Sünden vergeben werden. Wenn sein Todestag, der 25. Juli, auf einen Sonntag fällt, sind ganze Völkerscharen unterwegs.

Baustellen bedeuten unbegehbare Wege, aber wir Pilger sind zäh. Der provisorische Pfad, an einer Abbruchkante der Hügel, ist teilweise abgerutscht und zwingt uns zu abenteuerlichen Klettereien, doch irgendwie schafft es jeder auf diese erneute Anhöhe. Sogar Mountainbiker quälen sich schnaufend hinauf und zermalmen den letzten Rest fester Piste. Ja, es geht wieder mal hoch, zum Glück nicht lange und wir werden prompt entschädigt; nach dem Berg folgt ein wunderschönes Tal mit rötlich leuchtenden Felswänden, zu denen sich Grasmatten mit Baumgrüppchen und blühender Heide emporziehen. Schafe weiden an Bächen, Olivenbäume und Weinfelder wechseln sich auf ziegelroter Erde ab, wir sind in einer völlig anderen, idyllischen Landschaft. Sanft und einladend, und so wohltuend ruhig, dass ich mich gleich besser fühle. Der Tag könnte vielleicht doch noch schön werden – aber nur, wenn ich bald etwas zu essen bekomme. Ungeduldig hoffe ich, im nächsten Dorf etwas einkaufen zu können, doch Mañeru wirkt verlassen und wenig geschäftig. Aber ich muss einen Laden finden, laufe kreuz und quer durch alle Gassen, und kurz bevor meine Laune wieder schlecht wird, entdecke ich neben der abweisend wirkenden Kirche am winzigen Kirchplatz eine noch winzigere Tienda. Einen voll gestopften Raum, mit allem, wonach ich giere: Brot und Obst und Zitronen. Beiße sofort in das schreckliche, weiße Pan, dass ich zu Hause nie essen würde, finde es köstlich und ich fühle mich gerettet. Dass die Straße aus dem Ort hinaus Richtung Friedhof ‚Unvermeidliche Straße' heißt, kann mich schon wieder erheitern und das Gehen fällt mir gleich leichter.

Vor uns liegen frisch gepflügte Felder und auf einem Hügel dazwischen erhebt sich, seit Jahrhunderten unverändert, das Wehrdorf Cirauqui, als wüchsen seine erdfarbenen Dächer aus der Landschaft. Der Camino führt durch ein Spitzbogentor in der Stadtmauer, windet sich zwischen eng stehenden Häusern und Palästen, über schmale Steigen und winkelige Plätze, hinauf bis zur höchsten Stelle der Stadt, dem Rathaus. Und hindurch, denn das alte Rathaus ist über dem Weg errichtet. Im Durchgang warten auf einem Tisch Stempel und Stempelkissen auf die Wanderer, ein hübscher, runder Stempel mit dem stilisierten Panorama Cirauquis, den wir uns zur Erinnerung in unsere Credenciale drücken. Von einer kühlen Steinbank unter den Arkaden schauen wir über den sonnigen Platz, beobachten Touristen und genießen die mittelalterliche Atmosphäre.

Hinter dem westlichen Stadttor scheint die Toskana zu beginnen: Ein 2000 Jahre alter, holperiger Fahrweg aus der Römerzeit führt zwischen Zypressenreihen den Berg hinunter und mit einem halbverfallenen Brückenbogen über einen Bach, wird kurz von einer der vielen Schnellstraßen durchschnitten und begleitet uns als buckeliger Damm weitere 5 Kilometer durch einsames Ackerland, bis er an der nächsten Großbaustelle endet.

Ich fühle mich besser, mein Fieber scheint vorbei zu sein, mein Kopf ist klar, nur die Nase tropft noch. Das ruhige Gehen tut mir gut, doch hier, an diesem idyllischen Flüsschen sollten wir eine längere Pause machen, um den schönen Tag zu genießen. Es ist der berüchtigte Río Salado, der ‚Salzfluss', vor dessen giftigem Wasser Pilger in alten Zeiten gewarnt worden sind. Wir wollen nur unsere Beine im kalten Wasser kühlen, weil es heiß geworden ist und unsere Füße schon wieder geschwollen sind. Da ist ein herrlicher Platz zum Rasten, unterhalb der alten Steinbrücke zwischen Felsen und grasbewachsenen Inseln. Dass dort schon ein Mann und sein Rucksack im Gras liegen, stört uns nicht. „Hola", „Buenos días". Es ist ein holländischer Pilger, der sich nach kurzem Woher und Wohin wieder seiner Lektüre zuwendet, einer telefonbuchgroßen spanischen Ausgabe von ‚Don Quijote'. Hilfe! Maja und ich verdrehen die Augen, unser Urteil ist einstimmig: Nur ein Mann bringt es fertig, ein derart schweres Buch auf dem Camino mit sich rumzuschleppen.

Es ist wunderschön hier, doch unser Tagesziel Estella ist noch 10 Kilometer entfernt. Also schnüren wir wieder unsere Schuhe, rappeln uns auf und geraten in eine Gruppe Wanderer. Deutsche mit klitzekleinen Rucksäcken, deren Unterhaltung wir mit anhören. Sie sind eben aus einem Bus gestiegen, gehen 4 Kilometer und steigen dann wieder in den Bus, um weiterzufahren. Auch sie sind Pilger und auch ihr Ziel ist Santiago de Compostela, doch sie werden ab Pamplona nur eine Woche unterwegs sein. Eine Woche. So lange sind wir jetzt von zu Hause fort und haben erst einen kleinen Teil des Weges bewältigt. Nein, ich möchte nicht mit ihnen tauschen. Wir sind frei. Wie Landstreicher. Und als uns von einer Obstwiese dicke Äpfel anlachen und niemand weit und breit zu sehen ist, bin ich übermütig und pflücke die zwei Schönsten für uns.

In Lorca füllen wir noch einmal unsere Flaschen mit dem bisher leckersten Wasser und wandern munter auf nahezu ebenen Wirtschaftswegen. Die Welt kann so schön sein, aber wieder beginnt es zu regnen. Richtig schlimm. Im Nu stehen Pfützen auf den Wegen, wird es kühl, sind wir nass und beginnen zu frieren. Nur jetzt nicht wieder erkälten; doch wir können uns nirgendwo unterstellen, müssen weiter durch den strömenden Regen. Hoffentlich finden wir in der Stadt vor uns Unterkunft. Villatuerta heißt sie, ist nass, grau und abweisend, doch in einem der Reihenhäuser an der Hauptstraße öffnet just eine Hospitalera die Tür ihrer privaten Herberge und bittet uns hinein.

Schnell ins Trockene. Zwar ist der Schlafraum eng und voll gestellt, doch die Betten sind sauber und es gibt eine Wäscheleine, um unsere Kleider zu trocknen. „Ich koch heute Abend, wollt ihr auch essen? Es kostet 6 Euro." Das Angebot der Hospitalera klingt gut. „Wir wollen es uns überlegen." Pech, nach unserer Siesta kommen wir zu spät. Die Herberge ist voll und die begrenzten Abendbrotplätze sind an Mitpilger vergeben. Na, dann essen wir irgendwo außerhalb, wir sind noch gut zu Fuß. Aber wo?

Als der Regen nachlässt, machen wir uns auf die Suche, streichen hungrig durch den Ort, hinauf zur Oberstadt mit der alten Kirche, durch alle Straßen zum Fluss und fragen die wenigen Einheimischen vergeblich nach einem Restaurant. Einmal schöpfen wir Hoffnung, als es aus einer Gasse sehr kräftig lecker duftet. Aber wo ist ein Lokal? Es riecht aus einem Torweg.

Neugierig trete ich näher und linse durch eine angelehnte Tür in einen garagenähnlichen Raum, in dem laut schwatzende Frauen zwischen großen Körben roter Paprika um einen Arbeitstisch laufen. Was machen die? Da entdecken sie mich, holen mich heran und zeigen mir ihre Arbeit: Sie brennen Paprikaschoten über offenen Gasflammen ab, häuten und schneiden sie, und füllen diese ‚Pimiento' in Gläser. Sie lassen mich probieren, wir lachen miteinander und ich fühle mich wohl bei ihnen. Dass wir nicht die gleiche Sprache sprechen, spielt keine Rolle, wir verstehen uns trotzdem, und ich bin froh, dass ich hineingegangen bin, obwohl ich doch sonst häufig fürchte zu stören.

Wir finden kein Restaurant und keine Bar. Nur eine Pasteleria, in der junge Mädchen uns Tiefkühlpizza aufbacken (... der gute Pilger ist zufrieden mit dem was ihm gegeben wird). Doch so mäßig das Essen, so gut ist unsere Unterhaltung. Wir sind im Treffpunkt des Dorfes. Jung und Alt lärmen, trinken Café, schaufeln Kuchen und Süßigkeiten in sich hinein, rennen rein und raus, schreien Neuigkeiten durch den Raum, begrüßen einander laut, knabbern Sonnenblumenkerne, rufen ihre Kinder zur Ordnung, wenn die zu übermütig werden, und kümmern sich überhaupt nicht um uns, lassen sich nicht stören, leben einfach. Toll. Wir sitzen, bis geschlossen wird, beobachten und schwatzen, haben es dann nicht weit zu unseren Betten und freuen uns auf die Nachtruhe.

Ja, meine Liebe, zwar hab ich an dem Abend nicht das historische Estella gesehen, dafür aber das lebendige Villatuerta und war das erste Mal zwischen Einheimischen – ohne mich fehl am Platz oder als Eindringling zu fühlen. Ich begann mich zu verändern! Gutes Gefühl.

Ich will!

Villatuerta - Estella - Los Arcos > 27 km

„Komm Maja, ich habe die Hospitalera gefragt, ob wir mit frühstücken können, und sie hat uns zwei Tassen dazugestellt.“ Ich bin wieder initiativ, denn ich möchte nicht gehen, ohne wenigstens etwas Warmes getrunken zu haben. Wir setzen uns zwischen zehn fremde Menschen an einen großen Tisch, zu Milchkaffee, Pappbrot, Margarine und Marmelade, und ich wundere mich über mich, dass ich das ertrage. Das Essen und die vielen Leute. Weil ich doch morgens niemanden sehen mag. Aber hier ist alles anders. Hier hab ich sogar Geduld auf Maja zu warten, und dass es aus grauem Himmel regnet, regt mich auch nicht mehr auf; es kommt eh alles, wie es soll.

Unsere Jacken und Schuhe sind getrocknet, also los zum Morgenspaziergang nach Estella. 5 Kilometer können wir in einer Stunde schaffen.

Villatuerta ist schnell verlassen, dann folgen flache Landwege zwischen Gärten und vereinzelt stehenden Häusern. Nur hier und da werkelt ein alter Mann in der Morgenkühle in seinem Gemüsegarten, während immer lauter werdender Verkehrslärm die Nähe der Stadt ankündigt.

– Ach Estella, was habe ich alles von dir erwartet. Du solltest mich mit deinen romanischen Monumenten ins Mittelalter zurückversetzen, und dann habe ich von dir doch eigentlich nichts gesehen und der Funke ist nicht übergesprungen. Hatte das gotische Portal der Kirchenruine Iglesia del Santo Sepulcro noch meine Augen begeistert und mein Herz erfreut, und war die Pilgerstraße fast noch schöner als in Puente la Reina – das wirklich Bewegende war für mich im Vorbeigehen nicht zu erfassen. Von den Palästen, Kirchen und Museen sah ich nur die Fassaden, die Türen waren verschlossen …

Und jetzt sind wir schon wieder außerhalb der Altstadt in einem Industrievorort, und Maja sucht nach einem Laden, weil sie Stulpen braucht, damit nicht mehr so viele Steinchen in ihre Schuhe springen, und ich bin sauer.

Warum kann Maja tun, was sie will und ich nicht? Warum stehe ich vor diesem schrecklichen Supermarkt und warte auf sie, statt mir den Ort anzusehen? Das ärgert mich. Ich ärgere mich über Maja. In mir grummelt es und mein Genick schmerzt – mal wieder. So wünsch ich mir diesen Morgen eigentlich nicht. Außerdem bin ich sauer auf meinen Mann. Der hat am Telefon ganz anders reagiert, als ich es mir gewünscht habe, und mich damit enttäuscht.

Ich finde die beiden doof und würde es ihnen jetzt gern sagen. Aber ich erzähle Maja nur von meinem Telefonat und meinen Vorstellungen, und dass die nicht erfüllt wurden, und überhaupt – „… keiner versteht mich“. Und meine Begleiterin hört mir geduldig und liebevoll zu, sagt dies und das, und langsam begreife ich, dass mein Problem bei mir liegt. In meinem ‚ich will'.

Also schlucke ich meinen Ärger runter und weiß, dass ich in der nächsten Zeit über eine Menge nachzudenken habe.

Mein Groll verfliegt beim Gehen, im nächsten Dorf blühen Rosenstöcke an den Häusern, niedliche kleine Katzen schnurren um unsere Beine und auf der anderen Talseite liegt schon Kloster Irache. Jahrhundertelang war darin eine Herberge für Wallfahrer, seine berühmten Bodegas gibt es noch immer. Nun werde ich sehen, ob hier wirklich der Weinbrunnen existiert, von dem alle Reiseführer berichten. Tatsächlich, an der Wand der Weinkellerei hängt ein Edelstahlbrunnen mit zwei Hähnen zur kostenlosen Selbstbedienung mit kühlem Wasser oder frischem Rotwein – oder beidem! Nobel.

Maja nimmt einen kräftigen Vormittagsschluck, ich fliehe vor dem Alkoholgeruch zum Kloster. Meinen Rucksack kann ich beim Pförtner abladen und durch den stillen Kreuzgang in die riesige romanische Benediktinerkirche gehen. Ganz schlicht ist sie, mit einer großen Jakobusstatue neben dem Altar. Ein freundlicher, bärtiger Mann in einem muschelbesetzten Umhang, der sich auf seinen langen Wanderstab stützt. „Hola, Santiago, deinetwegen lauf ich hier durch Spanien!" Er verzieht keine Miene. „Meinetwegen? Deinetwegen. Das wirst Du noch verstehen!" Der Lärm eines Presslufthammers auf einer Baustelle im hinteren Teil der Kirche unterbricht unsere Zwiesprache. Heiter verlasse ich unseren Heiligen, treffe meine ein wenig beschwipste Maja und wandere mit ihr weiter. Durch ein Touristenzentrum in einen stillen, duftenden Kiefernwald und zwischen Feldern ins nächste Dorf hinauf.

Es regnet nicht mehr und wir beschließen mittagzuessen. Unter den Blicken einiger Bauarbeiter, die eines der uralten Häuser renovieren, lassen wir uns unter Bäumen nieder, futtern wie gewohnt trocken Brot und Käse, sehen einem Bauern beim Bohnenpflücken zu und hoffen, dass die dicke Wolke, die uns ständig begleitet, bitte endlich woandershin zieht.

„Weißt Du, dass wir gleich beim Maurenbrunnen sind?" Ja, ich weiß es und auch, dass wir bald danach unsere Wasserflaschen füllen müssen, um 13 Kilometer unbewohntes Land zu überleben. 14 oder 27 Kilometer stehen heute zur Wahl, nichts dazwischen, und weil wir uns für die ganze Strecke entschieden haben, dürfen wir auch nicht zu lange sitzen bleiben, sondern müssen los. Durch das Dorf auf eine Straße – und dann werden wir unsicher. „Sind wir hier richtig?" Die Pfeile zeigen auf einen Pfad, der durch einen verwahrlosten Bauernhof führt. „Wir können doch nicht ...", doch wir müssen; zwischen Hühnern und Ziegen und Hundegebell hindurch auf die andere Talseite und in die Weinfelder, an deren Rand ein schmaler, von violetten Krokussen bewachsener Weg der Camino ist.

Die Landschaft ist grandios. Dörfer und Kirchen liegen wie hingetupft an den Hängen des breiten, grünen Tals, das sich bis zum Horizont ausweitet. Über uns thront die Burgruine von Monjardín, Weinstöcke bedecken die Hügelketten. Und dazwischen steht der Maurenbrunnen wie ein kleines Haus aus Sandstein; doch eigentlich nur ein tiefgezogenes Satteldach über einer breiten, steilen Treppe, die zu einem Wasserbecken unter der Erde führt. Zwei gotische Spitzbögen formen den Eingang in den kühlen Raum. Maja steigt zum Wasser hinunter, um sich die Füße zu baden, aber ich habe Angst. Die Treppe ist sehr steil und das Wasser sicher kalt, und wenn ich da nun hinein falle oder meine Schuhe ... Aber auch ich schaffe es hinunter, kühle mir die Beine, habe wieder eine Angst überwunden.

Villamayor de Monjardin ist ein entzückendes uraltes Weindorf mit mondänen Weingütern, und der letzte Ort vor der wasserlosen Strecke. Wir füllen unsere Flaschen und finden den richtigen Pfad durch Weingärten direkt in eine Einöde aus fahlen, abgeernteten Getreidefeldern. Fröhlich wandern wir dahin, erzählen einander Geschichten aus unserem Leben, singen und schweigen. Die Stoppelfelder duften und knistern beim Drübergehen, weit und breit gibt es keinen Ort, kein Haus, keine Straße. Nur steinige Pisten und Feldwege. Wir gehen und gehen, den ganzen Nachmittag.

Der Wind wird stärker, weht immer von vorn, kostet Kraft, doch er klärt meinen Kopf. Was war das heute Morgen? Ich habe nicht getan, was ich wollte, und mich stattdessen über Maja geärgert. Weil sie für sich sorgt. Bin ich so? Versage ich mir meine Bedürfnisse und laste es anderen an? – Anscheinend ja. Schrecklich. Kein Trost, dass andere wohl auch so handeln; denn hätte sonst Shantideva schon vor Jahrhunderten gesagt „Wir sind alle Sklaven unserer Taten, warum sollten wir anderen deshalb böse sein"?

Der Weg ist weit, wir werden müde. Manchmal überholen uns Wanderer, doch meist sind wir ganz allein. Stundenlang. Nur als ich über ein Feld abkürzen will und erst nach Durchwaten eines matschigen Grabens wieder auf den Weg zurück kann, feixen vier Männer. Gerade hier ruhen spanische Wanderer auf einer Brücke von ihren 40 Tageskilometern aus. Seltsam, diese Einsamkeit. Matt schleichen wir durch das enger werdende Tal, an dessen Horizont wild aussehende Hügel mit dichtem Eichenwald auftauchen. Es kann nicht mehr weit sein, nur noch durch dieses Flusstal und um die Sandsteinbarriere dahinter.

Aber es ist sogar noch weit, als die Stadt schon vor uns liegt. Wir schleppen uns die letzten schrecklichen Kilometer durch Vororte. Arme Maja, sie ist fix und fertig, kann kaum noch gehen. Ich fühle mich besser, doch ich bin erleichtert, als die Altstadt endlich vor uns auftaucht und wir die schattige Pilgergasse erreichen. Wie zum Hohn kommen uns entspannt aussehende, saubere Pilger entgegengeschlendert, und eine junge Frau lacht uns mitleidig an: „Ihr seid gleich da". Warum sind bloß die Altstädte so groß und liegen die Herbergen immer außerhalb von ihnen!

Nur noch durch ein Stadttor und über den Fluss, dann sind wir endlich am Ziel. Auf einem Hof voller Menschen und Wäscheleinen, zwischen einer Turnhalle und der Herberge, in der ein flämisches Ehepaar uns freundlich auf Deutsch empfängt. „Das Haus ist voll, nur in der Turnhalle ist noch Platz." Roger bringt uns hin. „Ihr habt die Betten Nummer 21 und 22." Wieder soll ich oben schlafen, in einem schauderhaften, schmalen Eisenbett, in diesem schauderhaften, heruntergekommenen, vollgestellten Raum mit mindestens 50 Betten. Egal, wir haben keine Wahl, sind eh so müde, dass wir überall schlafen würden. Maja kippt sofort auf ihre Matratze, ich dusche ganz lange und bin danach fit genug, mich um unser Abendbrot zu kümmern. Ich werde kochen, weil wir zu hungrig sind, um zu warten, bis um 20 Uhr die Restaurants öffnen. Läden sind auf der anderen Flussseite genug, und eigentlich ist es ganz nett, mal wieder für ein richtig deftiges Nudelgericht einzukaufen. Und für meine Vorspeise: Schon während des Kochens futtere ich kalten Spargel direkt aus dem Glas, mit Unmengen Mayonnaise, die mir einer der anderen Küchenbenutzer schenkt.

Pappsatt und zufrieden hocke ich mich in die Abendsonne. Während Maja abwäscht, beobachte ich das Treiben auf dem Hof, lasse mir von einem Japaner die Geschichte seiner mehrmonatigen Europawanderung erzählen und genieße das Heute-nichts-mehr-tun-Müssen. Nur noch zum Pilgergottesdienst, der gleich beginnt. Ich möchte endlich mal wieder in eine Messe.

Die Kirche ist voller einheimischer Frauen, die im Wechsel mit einer Vorleserin ein langes Gebet an Maria sprechen. Schön und fremd für mich als Protestantin, in deren Glaubenskosmos die Mutter Jesu bisher nicht vorgekommen ist. Doch diese hingebungsvollen Gesichter machen mich nachdenklich. Vielleicht ist die Jungfrau Maria eine Verkörperung des weiblichen Elements Gottes und wird stellvertretend für alle unbedeutenden, unterdrückten Frauen erhöht. Zu ihr beten ist wie zu einer Mutter sprechen. Kann ich durch sie Zugang zum Göttlichen finden?

Die fromme Atmosphäre im prachtvollen, barocken Raum nimmt mich auf, tut meiner Seele gut. Ich bin einfach nur da und trete am Ende der Messe mit vielen anderen Pilgern nach vorn in den Altarraum, lasse mich für den weiteren Weg segnen und erhalte vom Priester ein Geschenk: Ein Kärtchen mit dem Bild der Jakobusstatue dieser Kirche und einem Pilgergebet auf der Rückseite. In meiner Sprache. Ich stecke es in meine Geldbörse, es soll mein Reisebegleiter werden und mich beschützen:

Oh Gott, du hast deinen Diener Abraham aus der Stadt Ur der Chaldäer herausgeführt; du hast ihn auf allen seinen Pilgerwegen beschützt, du warst der Führer des hebräischen Volkes durch die Wüste; wir bitten dich, du mögest uns, deine Diener, die aus Liebe zu Dir nach Santiago de Compostela pilgern, beschützen.
Sei uns Begleiter auf dem Wege, Führer in den Scheidewegen, Kraft in der Müdigkeit, Schutz in den Gefahren, Herberge auf dem Wege, Schatten in der Hitze, Licht in der Finsternis, Trost in der Mutlosigkeit und Stärke in unseren Vorsätzen, damit wir unter Deiner Führung gesund und wohlbehalten zum Endziel des Weges gelangen und bereichert mit Gnaden und Tugenden glücklich in unsere Heimat zurückkehren mit andauernder Freude. Durch Christus unseren Herrn. Amen.
Apostel Jakobus, bitte für uns. Heilige Maria, bitte für uns.

Ich hab danach ziemlich beseelt auf dem Hof der Herberge gesessen und den Tag an mir vorüberziehen lassen. Ein deutsches Paar bot mir Rotwein aus Irache aus ihrer Wasserflasche an; schade dass ich ablehnen musste, weil ich doch keinen Alkohol vertrage. Es wurde ein nettes Gespräch – nachdem ich meine Reserviertheit überwunden hatte. Renata und Peter erzählten, dass sie ihren zehnten Hochzeitstag zum Anlass genommen haben, nach Santiago zu gehen, um bei dieser engen Form des Aufeinanderangewiesenseins ihre Beziehung zu festigen und sich noch besser kennen zu lernen.
Klingt das nicht traumhaft? Ich hab den beiden gesagt, wie mutig ich sie finde. Natürlich ist das hier ganz und gar mein Weg, doch eigentlich würde ich mir wünschen so etwas mit Max auch machen zu können. – Also, vielleicht eher – dazu fähig zu sein!

Bocadillos

Los Arcos - Viana > 19 km

Nein, ich hatte keine Angst mehr, ob ich überhaupt wandern kann, und fürchtete mich auch nicht mehr vor Fremden. Seit

mein Schnupfen vorbei war, war ich keine Caminoanfängerin mehr. Mein Körper hatte sich an das neue Leben gewöhnt, ich fühlte mich souverän und am richtigen Platz.

Heute scheint die Sonne sogar schon morgens, ich bin vergnügt und fühle mich richtig wohl. Schade, dass Maja schlecht gelaunt aufgestanden ist, ihre Mütze nicht findet und vor Ärger schimpfend ihren Rucksack auf den Weg schmeißt. Ich bleibe ruhig, schaue es mir einfach nur an, freu mich über die herrliche Umgebung, den guten Weg und die frische Luft, und dann trotten wir sieben Kilometer nebeneinander her, immer parallel zur Straße – und schweigen. Eigentlich müssten wir uns aus dem Weg gehen, und als ich einmal vorauslaufe und Maja eine Unterführung nicht findet, weil ich den Reiseführer in der Tasche habe, wird die Stimmung zwischen uns das erste Mal gereizt, und ich stell mir vor, wie es wäre allein zu wandern ...

Doch Torres del Río rettet den Tag. Nicht sein wunderschöner Anblick auf einem Hügel, auf dem die alten, eng zusammenstehenden Häuser eine erdbraune Dachlandschaft bilden, die nur der Turm der berühmten Iglesia de San Sepulcro überragt. Und auch nicht dieses Kleinod von Totenkirchlein selbst, achteckig wie Eunate, mit einem zierlichen, ebenfalls achteckigen Turm mittendrauf; innen, unter der prachtvollen osmanischen Kuppel leer bis auf ein Kruzifix aus dem 13. Jahrhundert. Nur heller Sandstein und schmale Bogenfenster, dazwischen zarte Dreiviertelsäulen und umlaufende Gesimse unter einem achtzackigen Stern, den die Rippen der Kuppel durch Überschneidung bilden. Herrlich! Ich bin der alten Frau dankbar, die Postkarten verkauft und schüchtern auf einen handgeschriebenen Zettel zeigt, der Touristen um einen Euro für den Besuch bittet; sie gehört zu denen, die dieses architektonische Juwel bewahren.

Rettung bringt – ganz profan – unser zweites Frühstück. Räucherkerzenduft und klassische Musik aus einer geöffneten Tür haben uns in eine kurios ausgestattete Kellerbar gelockt, die sich als ein Museum für Ritterorden und Heilige entpuppt. Schaukästen und Wände sind übersät mit Exponaten, und natürlich kann man Vielerlei kaufen, aber wir wollen nur Café trinken und etwas essen. Und hier entdecken wir Bocadillos – für uns fängt die Bocadillozeit an. Von jetzt an wird unser zweites Frühstück aus einem halben Weißbrot ohne Butter mit Käse oder Tomaten oder Chorizo-Wurst oder Tortilla oder Zwiebeln oder Schinken oder einer Mischung aus diesen oder anderen Zutaten bestehen.

Wir essen, bis nichts mehr reinpasst und fühlen uns super. Das hat uns gefehlt! Und dann findet Maja doch noch ihre Schirmmütze irgendwo im Rucksack, wir zippen unsere Hosen kurz, krempeln die Socken runter und in viel besserer Stimmung gehen wir wieder hinaus, in die Gassen, in die Hitze. Es ist sehr warm geworden, eigentlich schon zu heiß zum Laufen, doch die schöne Umgebung lohnt die Pein. Immer wieder bleibe ich stehen und schaue umher, über gewellte Felder, zwischen denen Gehöfte und Dörfer liegen, grüne Wiesen, Flüsse, Bauminseln. Straßen verlieren sich in der Weite, in der sich die Bergkette der Kantabrischen Kordillere über allem erhebt. Wie eine unwirkliche Kulisse, die ein Riese dort hingestellt hat, schroff im Sonnenlicht flimmernd.

Es duftet nach Sommer, Kiefern und gelegentlich nach Salbei. Wir klettern auf furchigen Pfaden abseits der Autostraßen über kleine Anhöhen und in Flusstäler hinunter, bis wir ausgelaugt in einen Mandelbaumhain krabbeln, um unter tief hängenden Zweigen im Schatten Mittagsschlaf zu halten. Das tut gut, obwohl der Boden pieksig ist, doch wir haben Schatten und Ruhe nötig.

Bäuche und Taschen voller Mandeln steigen wir zurück auf den Weg. Eidechsen huschen über die warmen Bruchsteinmauern, und ein seltsames kleines Tier krabbelt an einer der Wände senkrecht empor. Es sieht einem schlanken Frosch ähnlich, sein Kopf ist ganz rund, die Augen groß, und es bewegt sich mit langen, schlanken Armen und großen Händen greifend langsam vorwärts. „Ich finde, dass es wie Gollum aus ‚Der Herr der Ringe' aussieht. Warum kann es nicht Gollum sein, was wissen wir denn wirklich?" Maja meint, dass ich einen Sonnenstich habe und treibt mich weiter. Auf eine schreckliche Straße, Richtung Viana, das auf einem Hügel vor der Ebro-Senke liegt.

Die letzten Kilometer mit dem Ziel vor Augen sind kein Vergnügen, und sogar im Ort müssen wir uns quälen, über Treppen und Rampen zur Altstadt hinauf auf die Sirga Peregrinal, an deren Ende neben einer Kirchenruine die allerschönste Herberge steht. In einem ehemaligen Kloster, kühl hinter dicken Mauern, ruhig und groß, mit mehreren hohen Schlafsälen, in denen Dreifachstockbetten stehen, das oberste in etwa 3 Meter Höhe! Oh Wonne, wir haben's geschafft, finden sogar freie untere Betten und plumpsen hinein. Und wieder habe ich das unbeschreibliche Wohlgefühl beim Ausstrecken und Eindösen, dass niemand ermessen kann, der es nicht selbst erlebt hat. Erst als die Bettgestelle beben, öffne ich die Augen wieder. Zwei ältere Amerikaner klettern skeptisch witzelnd nach oben, ihre Ehefrauen schauen ihren Helden bewundernd zu, kreischen, prusten, zertösen unsere Idylle. „Komm Maja, wir gehen einkaufen."

Schön ist es hier, in den autofreien Gassen mit dem Nebeneinander von Touristentrubel und dem Leben der Einheimischen. Wir laufen um alle Ecken, von einer Welt in die andere. Von überfüllten, lauten Plätzen vor Bars in schmale, dunkle Hausreihen, in denen Vogelbauer vor den Türen hängen, Kinder spielen und Arbeiter von Schaulustigen angefeuert Baumaterial auf ein Hausdach wuchten. Und nette Geschäfte gibt es, in denen es penetrant nach Trockenfisch stinkt, wir aber trotzdem Fleisch und Gemüse einkaufen, um uns in der Klosterküche wieder selbst zu bekochen. Wir sind nicht mehr zimperlich.

Und nun sitze ich hier, auf diesem unbeschreiblich schönen Platz, dem Balkon der Stadt gleich neben unserer Herberge. Habe die Sonne hinter der Kordillere untergehen sehen und schaue jetzt ins weite Ebro-Becken hinunter, auf die klitzekleinen Städte, in deren Fenstern das Abendrot reflektiert. Von orange bis violett. Ich mag nicht den Blick abwenden, um zu schreiben, mag nicht mit anderen reden, will die Stille genießen. Doch als der Wind auffrischt, rücken wir zusammen: Eine junge Frau mit einem geschwollenen Knie, die nur drei Tage unterwegs war und morgen aufgeben wird. Und Ursula, eine ältere Deutsche, die so viele Blasen hat, dass sie ein paar Tage pausieren muss. Da danke ich Gott, dass es mir leidlich gut geht, ich es bis hierher geschafft habe und erst seit heute mein Knie und meine Schulter schmerzen.

Durch La Rioja von Logroño bis Santo Domingo de la Calzada

Santiago Matamoros

Viana - Logroño - Navarrete > 23 km

Kann ein Tag friedlicher anfangen als in diesem ehemaligen Refektorium? Auch wenn die Frühstücksmusikanten keine Mönche, sondern spanische Pilger sind, und ihr Gesang das Pilgerlied ‚Ultreia' statt eines Chorals. Schön, dieser ruhige Tagesbeginn. Selbst das Warten ist heute schön. Ich freue mich am Vollmond in der Morgendämmerung über der Kordillere und habe Zeit für Morgengymnastik in der Kirchenruine, bin herrlich allein auf der Welt.

Die Hospitalera rasselt schon mit den Schlüsseln, als Maja missgestimmt die Herberge verlässt. Es geht ihr auch heute nicht gut, doch neben Mitgefühl für meine Begleiterin spüre ich, dass mich das Rücksichtnehmen nervt. Aber was soll ich tun? Ich versuche geduldig zu sein, und zwischen uns entwickelt sich endlich eine sehr notwendige Diskussion, in der wir unsere Verschiedenheit in Temperament und Belastbarkeit feststellen – und dass wir beide irgendwie unzufrieden sind.

Darüber haben wir fast die gesamte Strecke nach Logroño zurückgelegt, haben die Industrievororte schon hinter uns und steigen einen steilen Weg zwischen Obstplantagen zum Ebro hinab. Irgendwo haben wir auch die Grenze zwischen den Regionen Navarra und La Rioja überschritten und sind nun in der Hauptstadt des bekanntesten Weinbaugebietes Spaniens. Seit 900 Jahren überqueren Pilger den Ebro hier, über die Brücke Puente de Piedra, und haben die Stadt zum Aufblühen gebracht. Heute ist sie reich durch den Weinbau.

Und geschäftig. Unter den Arkaden des zentralen Marktplatzes vor der Kathedrale wimmelt es von Menschen, die in Restaurants ihren Morgenwein trinken und durch alle Arten von Geschäften bummeln. Hoffentlich gibt es hier auch einen Schuhmacher. Der ist mir viel wichtiger als die Kathedrale hinter einem Baugerüst, von der nur die Türme mit vielen Storchennestern zu sehen sind.

Mein rechter Schuh hat einen Riss und muss repariert werden, doch wie kann ich eine Werkstatt finden? Ich werde einfach Passanten fragen. Aus Majas Wörterbuch hab ich einen Satz zusammengestoppelt, aber anscheinend spreche ich ihn falsch aus oder sollte keinen Mann fragen. Auf mein „Pardon Señor, donde esta una zapatería?", werde ich nur erstaunt angesehen. Wahrscheinlich haben die Herren nur nicht genug Phantasie, mein Spanisch zu deuten, oder sie haben noch nie im Leben Schuhe zur Reparatur gebracht. Also frage ich Frauen, doch jetzt bin ich ratlos. Meist kommt ein Wortschwall zurück oder Gegenfragen, in denen „Zapatero para reparación?" vorkommt, und die ich nach kurzem Kombinieren mit „sí" beantworte, ohne sie wirklich zu verstehen.

Nach viel Mut, Verlegenheit und Lachen gelingt das Abenteuer, ich folge Handzeichen nach links und an der zweiten Ecke nach rechts und stehe vor einer Werkstatt. „No, no", gleich reparieren geht nicht, „sehen Sie nicht die Berge von Arbeit?" Um das zu verstehen, brauche ich keine Spanischkenntnisse, aber ich kann mit dem Schuh nicht weiter und bleibe hartnäckig, erwähne, dass ich auf dem Weg nach Santiago de Compostela bin. Da wendet sich mir die elegante, goldbehängte Chefin lächelnd zu, greift meinen Schuh und näht ihn für zwei Euro. Danke, liebe Dame und danke, Sankt Jakobus.

Jetzt nur noch ein paar dünne Wandersocken kaufen und wir können die Stadt verlassen. Durch düstere Handwerkergassen und über den Plaza San Pablo, der mit einem Mosaik ausgelegt ist, welches die berühmtesten Stationen des Jakobsweges von Roncesvalles bis Santiago abbildet; zum pompösen marmorverkleideten Pilgerbrunnen und der gegenüberliegenden berühmten Kirche Santiago, in der uns unser Heiliger das erste Mal in seiner anderen Rolle begegnet: als Santiago Matamoros, der Maurentöter. Ein monumentales Relief am Portal der Kirche zeigt ihn als den kämpfenden Ritter der Legende:
Der asturische König Ramiro I. kämpfte 844 in Clavijo nahe Logroño glücklos gegen eine Übermacht der Mauren, als ein Reiter auf einem weißen Pferd, der eine weiße Fahne mit rotem Kreuz trug, in die Schlacht eingriff, die Feinde verjagte und den Christen zum Sieg verhalf. Es war Sankt Jakobus, der Bewahrer des Glaubens.

Tatsächlich glaubten die Menschen des Mittelalters, dass ihr Schutzheiliger ihnen auch in der Reconquista beistehen würde, und setzten in den vielen folgenden Kriegen dem ‚Allah-u-akhbar' der Mauren den Schlachtruf ‚Santiago' entgegen. Und groteskerweise hat sich tausend Jahre später General Franco ebenfalls des Heiligen Jakobus' bedient, um die Legendengestalt Santiago Matamoros als Symbol für seinen Freiheitskampf zu instrumentalisieren.

Durch ein Stadttor verlassen wir die Altstadt, indem wir großen, blauen Wegweisern mit der Jakobsmuschel folgen. Durch Wohnstraßen, Industriegebiete, unter Schnellstraßen und über einen langen Wiesenweg zu einem Stausee, dem Naherholungsgebiet von Logroño, wo wir auf Bänken unter einer Marienstatue Siesta halten. Und von dort nehmen wir einen Weg parallel zur Nationalstraße 120, nur durch einen Maschendrahtzaun von ihr getrennt. Laut und stinkig ist es hier und warm sowieso, und mich drängt es, von hier weg zu kommen, schneller zu gehen. Ich frage Maja, was sie davon hält, wenn ich die letzten Kilometer bis Navarrete, unserem heutigen Ziel, vorauslaufe. Natürlich biete ich ihr an, ihren Pilgerpass mitzunehmen und für sie ein Bett zu reservieren, das beruhigt mein Gewissen .... Für sie ist es in Ordnung! Erleichtert rücke ich den Rucksack zurecht und walke los, muss aber doch noch einmal langsamer werden.

Aus Holzabfällen eines Sägewerks am Weg haben Pilger Tausende von großen und kleinen Kreuzen in den Zaun zur Straße geflochten, hunderte von Metern Kreuze über Kreuze, rührend und beeindruckend. Ich gehe langsam vorbei und schaue nur zu, wie die Wanderer vor mir diese Gemeinschaftsarbeit fortführen und den außergewöhnlichen Anblick fotografieren, während direkt dahinter Autokolonnen vorbeirasen. Ich will laufen und ich laufe. Marschiere sportlich, so schnell ich kann, bis mir der Schweiß in Strömen über den Körper läuft. Spüre meine Kraft wie noch nie vorher auf dieser Reise, fühle mich glücklich dabei, lustvoll, spüre mich.

Erst am Ortseingang von Navarrete werde ich langsamer, wende meinen Kopf kaum zu den Ruinen des ehemaligen Pilgerhospizes hinüber, ich will nur ans Ziel. In die Herberge und duschen. Ich habe mehr Glück als die beiden Spanierinnen, die gerade ihre Rucksäcke in ein Taxi heben, als ich die Herberge erreiche. Sie werden fortgeschickt, denn hier dürfen nur Pilger übernachten, die mehr als zwanzig Kilometer zurückgelegt haben – ich habe das Soll erfüllt. Freundlich werde ich in ein helles Zimmer gebracht, in dem sich gerade die beiden amerikanischen Ehepaare aus Viana einrichten. Eine der etwa sechzigjährigen Damen sitzt selbstbewusst auf einem Stuhl und lässt sich wie selbstverständlich von ihrem vor ihr knienden Mann die Füße pflegen. Und der tut es selbstbewusst und selbstverständlich. Fasziniert beobachte ich die Frau, die einfach annehmen kann. So wäre ich auch gern.

Zur Übung lass ich mich auf einen Drink einladen, vom anderen amerikanischen Ehemann, der freimütig auf mich zugeht und offen erzählt: „Wir wollen nicht nach Santiago, sondern wandern nur zwei Wochen zwischen Pamplona und Burgos, nutzen die günstigen Herbergen auf dem Camino und wollen danach an die Küste fahren. Weil Reisen geistig fit hält, wie mein 90-jähriger Vater sagt."

Majas Ankunft unterbricht uns. „Schön, dass du es geschafft hast!" – Mein freundlich gemeinter Empfang ist offenbar missglückt, sie reagiert bissig auf mein Willkommen.

Da entferne ich mich, gehe durch die schmalen Gassen am Hang. Grüße uralte Leutchen auf einer Bank, die mich schweigend misstrauisch mustern, gerate in überbaute, winkelige Gänge, finde alles fremdartig und lande schließlich in der stillen Barockkirche. Ein Spanier knipst für mich das Licht an und lässt mir Ruhe zur Andacht.

Es gelingt mir heute nicht, abzuschalten, die Gedanken loszulassen und mich mit Gott verbunden zu fühlen. Doch ich werde ruhiger und versöhnlicher, gehe zu Maja zurück, und wir massieren uns gegenseitig Schultern und Rücken. Danach geht's uns beiden gleich viel besser.
Irgendwie sind wir ja auch aufeinander angewiesen.

Ärger und Freude

Navarrete - Nájera > 18,5 km

Glaub nur ja nicht, dass meine Welt heiler gewesen ist, wenn ich es geschafft hatte, ein unteres Bett zu ergattern: In dieser Nacht wälzte sich ein Drei-Zentner-Spanier schnarchend über mir und brachte unser Bettgestell zum Schwanken und Krachen. Dementsprechend war ich unausgeschlafen und dünnhäutig, und konnte den Affront vom Vortag nicht verwinden.
Du kennst mich ja, ich kann nicht einfach Missklänge auf sich beruhen lassen, musste Maja noch einmal auf gestern ansprechen. Ihr sagen, dass ich mir wünsche, dass sie mein Mitgefühl schätzt. Sie versuchte ihre Reaktion zu erklären, wir landeten beim ‚Eltern-Ich' und in einer psychologisch überhöhten Debatte, sprachen über das Gleiche und verstanden einander überhaupt nicht. Zudem war sie verärgert über „unsere ständigen morgendlichen Diskussionen". Und natürlich fühlte ich mich da wieder falsch und als Zumutung, weil ich anscheinend zur falschen Zeit Falsches sage. Wie zu Hause.

Erst als wir über rote Erde durch Weinfelder gehen und ein Bauer mich heranwinkt, eine dicke blaue Traube mit einem sichelförmigen Messer von einer Rebe schneidet und mir in die Hand legt, fühle ich mich langsam besser und geehrt, hebe wieder den Kopf und beginne den Tag und mich zu lieben.

Und entledige mich endlich des Wanderstocks, den Maja für mich mitgebracht hat und den ich nicht brauche und nur noch aus scheinbarer Verpflichtung mit mir herumtrage. Ein Paar neben dem Weg stehen gelassene neue Wanderstiefel ermutigen mich, ihn in einen Mandelbaum zu hängen. Soll sich jemand anderes daran freuen, wie auch an meinen warmen 15-Euro-Wandersocken von zu Hause. Ich habe sie in der Herberge liegen lassen, will nichts Überflüssiges mitschleppen.

Viele Kilometer durchqueren wir Weinfelder, wechseln nur gelegentlich über die Nationalstraße und sind froh, als wir einen Hinweis auf einen abseits gelegenen Ort entdecken, weil längst Cafézeit ist.

Ventosa ist einer der zusammengerotteten Häuserhügel mit einer Kirche obendrauf, die Straße fegenden alten Frauen, einer herumlaufenden Stromableserin und einem geölten Machogroßvater, der lässig die schmucklose Straße auf und ab tigert. Haus reiht sich an Haus, und in einem von ihnen entdecke ich zufällig den Dorfladen, weil in einem Fenster zwischen Gardinen Brote liegen. Jetzt bin ich schon so mutig, dass ich selbstverständlich eintrete, in einen schmalen Gang, in dem Frauen vor einer Glasscheibe schwatzen, hinter der eine laute Frau zwischen Fernseher und Häkeldeckentischchen Obst, Schinken und Konserven verkauft.

Ich beobachte das Szenario, höre zu, genieße es, Zeit und keine Pflichten zu haben und einige Kleinigkeiten einzukaufen, Zutaten für mein erstes selbst belegtes Bocadillo, das ich bei Maja am Cafétisch verspeise. Die Stimmung zwischen uns hat sich verändert, wir sind leicht bedrückt und behandeln uns sehr vorsichtig. Gut, dass ich kurz darauf in der Kirche eine belgische Pilgergruppe bei ihrer Andacht treffe. In diesem schönen Raum vor der hohen, goldenen Altarwand mit ihnen zu singen und zu beten macht mich friedlicher und weicher.

Unterhalb des Kirchenhügels breitet sich fruchtbares Land aus, nichts als Weite und Weinfelder, nur am südwestlichen Horizont zeichnen sich die Berge der Sierra de la Demanda ab. Es ist schon wieder heiß, nirgendwo gibt es Schatten zum Rasten, doch wir brauchen Ruhe und legen uns zwischen die letzten Sommerblüten und Millionen Fliegen ins Gras. Decken uns mit allem zu, was wir haben, aber die Viecher finden überall Lücken in unseren Hüllen und nerven. Diesmal bin ich belastbarer, bin von Afrika Schlimmeres gewohnt, doch Maja hält das nicht aus und will weiter. Und da bin ich abermals bei meinem Thema: Wie gehe ich mit der Befindlichkeit anderer um, wenn ich davon betroffen bin? Was will und kann ich akzeptieren und wie sorge ich für mich?

Als uns der Pfad in eine Heidelandschaft führt, kann ich von meinen Gedanken ablassen, staunen und mich freuen: Irgendwann wurde irgendjemand durch das helle Geröll am Wegrand animiert, daraus Steinmännchen aufzuschichten, und andere haben es nachgemacht. Jetzt ist der Weg von Steinmännern, -frauen und -kindern gesäumt, kilometerweit stehen unzählige, in allen Höhen und Größen, über- und nebeneinander. Rührend witzig. Ich baue auch ein kleines neben eine Gruppe, damit es nicht einsam ist.

Wir haben verabredet, heute bis Nájera zu gehen, doch als wir an einem ausgetrockneten Flussbett die Abzweigung dorthin erreichen, ist es erst 13 Uhr. Ich fühle mich noch frisch und schlage Maja vor, weiterzugehen. Nein, das will sie nicht und sie hat Recht, gesagt ist gesagt. Ich stecke zurück, mit zusammengebissenen Zähnen. Gehe mit ihr in eine schauderhafte Vorstadt, dreckig und laut, endlose Straßen lang, und meine Laune wird richtig schlecht. Kurz bevor wir von Auspuffgasen vergiftet sind, kommen wir um eine Kurve – und vor uns liegen grüne, liebliche Flussauen und dahinter die Altstadt von Nájera vor den tief roten Sandsteinwänden der umliegenden Berge. Welch ein Kontrast! Der Fluss plätschert sauber unter der Brücke, freundliche Menschen promenieren durch gepflegte Gassen mit eleganten Geschäften, und das Kloster San Maria Real, in dem sich die Herberge befindet, ist ein beeindruckender Bau an einer schattigen Plaza.

Aber das freut mich alles nur kurz. Bereits auf dem Treppenabsatz zum Riesenschlafsaal im ersten Stock stehen Betten, und oben mindestens achtzig – und uns werden die beiden ersten direkt an der Treppe zugewiesen!

Das ist zu viel. Ich will nicht. Ich möchte gar nicht hier sein und schon gar nicht an einem so zentralen Platz schlafen. Schnaubend rausche ich nach draußen, rauche, werde ruhiger und überlege. Jetzt werde ich für mich sorgen. Entschlossen wie selten setze ich dem Bettenverteiler solange zu, bis er mir den Belegungsplan hinhält: „Such dir in Gottes Namen aus, wo du schlafen willst, aber nur ausnahmsweise".
Schon geht's mir besser.

Noch besser wird es, als Maja und ich uns für den Nachmittag trennen, und ich im super Freibad mit 50 Meter Bahnen und 20 Grad kühlem Wasser ausgiebig schwimme.

Und es wird noch viel besser, als ich danach das wunderbare Kloster besichtige. Mit einem deutschsprachigen, bebilderten Führer vor der Nase wandere ich durch einen plateresken Kreuzgang in die angrenzende Kirche, in der eine Marienstatue, eine Öllampe und ein Strauß weißer Lilien im Zentrum der Altarwand Beweis für das Wunder sein sollen, welches der Kloster- und Kirchenentstehung zu Grunde lag.
1052 war der navarrische König García III. auf einer Jagd seinem Falken in eine Höhle gefolgt und wurde von einer Marienvision zur Gründung eines Klosters an dieser Stelle aufgefordert. Nachdem die Erscheinung verschwunden war, fand er diese drei Dinge dort. Er baute Kirche und Kloster, und kam dann jeden Samstag mit seinen Rittern, um vor der Statue zu beten.

Wunder oder Legende? Auf jeden Fall Politik. Das Mittelalter war wundergläubig und von den Pilgern blieben viele. Kein Herrscher hatte ausreichend Untertanen.

Die Grotte in der Felswand ist auch heute noch zugänglich, vorbei an Reihen kunstvoll behauener Steinsarkophage, in denen navarrische Könige nebeneinander ruhen. In dem stillen Raum steht eine jahrhundertealte Replik der Wunderstatue aus buntbemaltem Holz: Maria mit edlem Gesichtsausdruck im gefältelten Gewand, gekrönt wie Jesus auf ihrem rechten Knie: Ein ernst blickendes, liebliches Kind.

Auf meinem Weg hinaus bedeutet mir eine junge Spanierin ihr durch eine kleine Eisentür und eine enge Wendeltreppe zu folgen, hinauf in den Chor über dem Kirchenschiff, dem ehemaligen Sing- und Betraum der Mönche. Aber nicht die eindrucksvollen Gemälde mit Szenen aus dem mittelalterlichen Adelsleben sind das Sehenswerte, sondern die beiden Reihen dunklen Chorgestühls, über und über mit unvergleichlich originellen Schnitzereien bedeckt. Fratzen, Fabeltiere, Blumen, Teile von Menschen, Tieren und Pflanzen, Drachen, Ungeheuer, Teufel und nicht zu deutendes. Phantastisch im Sinne des Wortes. Ich kann mich kaum satt sehen an der Menge der 700 Jahre alten Verzierungen, finde immer wieder etwas Neues, Groteskes, Witziges, freue mich wie ein Kind und bin glücklich.

Auch Maja haben die Stunden ohne mich aufgeheitert, wir haben wieder Lust aufeinander, finden ein gutes Restaurant und sitzen bald an einem weiß gedeckten Tisch. Unterhalten uns nett und essen leckere Bohnensuppe, gegrillten Fisch in Knoblauch-Petersilien-Öl und gedünstete Birnen in rotem Weinsud. Unvergleichlich köstlich.

Wie schön dieser Tag doch noch geworden war – gegen meine Erwartungen! Ich musste auf dem Rückweg durch die dunkle Stadt Max anrufen, um es ihm zu erzählen. Und ihm sagen, wie weit entfernt ich mich vom normalen Leben fühle.

Vertrauen?

Nájera - Santo Domingo de la Calzada > 22 km

War diese Veränderung zu fassen? Es hatte mir nichts ausgemacht, mit 80 Menschen in einem Raum zu schlafen – von Tag zu Tag wurde ich entspannter und gelassener, nahm die Widrigkeiten zwar noch zur Kenntnis, doch ich freute mich bei jedem Erwachen mehr auf den neuen Tag. Der Sonnenschein hatte mein Gemüt aufgehellt, ich fühlte mich leicht,

störte mich nicht an den vollen Waschräumen und der Enge in der Küche, all den Geräuschen und Gerüchen; alles gehörte zu diesem Leben.

Ein letztes Mal schau ich an den grauen Mauern des Klosters empor, bevor wir die schlafende Stadt durchwandern, hinauf in einen Pinienwald auf den roten Bergen. In der harzig duftenden, frischen Morgenluft fliegen Schmetterlinge, der lehmige Weg ist trocken und breit, und mein Unterwegssein so selbstverständlich, als hätte ich nie anders gelebt. Wir zwei sind unbeschwert, singen und albern, erreichen bald freies Land und in ganz kurzer Zeit Azofra, eines der lang gezogenen Straßendörfer.

Sind wir tatsächlich schon 6 Kilometer gegangen? Das bedeutet einkaufen, denn auf den nächsten 16 Kilometern wird es keinen Ort geben und heute ist Samstag, da könnten abends die Geschäfte geschlossen sein. Frisches Brot ist mittlerweile mein Hauptnahrungsmittel geworden, und im einzigen Laden an der einzigen Straße gibt es Käse und Schinken dazu und Obst.

So schwer war mein Rucksack noch nie. Dieses bisschen Verpflegung kann doch nicht so viel wiegen? Also alles nochmal ausgepackt, das Schwere in Körpernähe und die Jacke zusammengerollt genau darüber; und wenn ich den Schlafsack mal rausnehme und ihn ein paar Stunden auf den Rucksack hänge, trocknet sicher auch ein Kilo Nachtschweiß. Jetzt fühlt es sich besser an, mein Gepäck sitzt wie angewachsen auf der Hüfte und drückt nicht auf den Schultern.

Leider geht die Morgenkühle mit dem Frühnebel und wir laufen bereits am Vormittag in stechender Sonne. Wechseln von gerölligen Feldwegen auf weiche, abgeerntete Getreidefelder, bummeln in immer stärker werdender Hitze durch sanftes Hügelland zwischen wunderbaren Berghöhen. Nichts ist hier, kein Baum oder Strauch, nicht einmal ein Dorf, nur gelegentlich ein Pilgerkreuz an einer Weggabelung. Sehnsüchtig erwarten wir ein schattiges Plätzchen, doch stattdessen versperrt unversehens ein hoher Zaun den Weg. Der Camino wird umgeleitet, weil hier in der Einsamkeit ein

Golfplatz und eine Wohnsiedlung gebaut werden. Es ist nicht einmal ein Bretterzaun, in dessen Schatten wir uns hätten legen können, nein, nichts als ein Umweg! Nur eine Friedhofsmauer am Horizont lockt verheißungsvoll, und wir schleichen die nächste halbe Stunde darauf zu, obwohl wir eigentlich keinen der Schritte mehr gehen können. Schaffen es und werfen uns ausgedörrt unter die einzige Akazie am Friedhof auf herumliegendes Stroh. Strecken erleichtert alle viere von uns und schlafen auf der Stelle erschöpft ein.

Nur langsam kommen wir danach wieder in die flirrende Realität zurück, essen, trinken und beobachten von unserem Schattenplatz beim Klang einer weit entfernten Kirchenglocke, wie andere Wanderer unter der gnadenlosen Sonne vorbeitrotten.

Wir sollten bis zur Abendkühle hier bleiben, doch unser Wasser geht zur Neige. Uns bleibt keine Wahl, als in den Gluthauch zurückzugehen, zum nächsten Brunnen im nächsten Dorf, abseits des Weges auf einem Hügel. Maja bleibt mit dem Gepäck unten am Camino, damit ich mich unbelastet etwas weniger langsam bergauf schleppen kann; immer schön dicht an den Hauswänden bleibend und jeden Quadratzentimeter Schatten ausnutzend. Meine Märtyrergefühle steigern sich bei jedem mitleidigen Gruß der freundlichen Einwohner aus ihren schattigen Veranden. Gott sei Dank habe ich seit Puente la Reina eine Schirmmütze, sie schützt mich vor einem Sonnenstich, bis ich mir das kühle Brunnenwasser über den Kopf gieße und mich danach wie neugeboren fühle.

Gerettet setzen wir stoisch unseren Weg fort. Knappe zwei Stunden noch über Gemüsefelder und an Kartoffelhaufen vorbei bis zu den Vorortstraßen von Santo Domingo de la Calzada. Wir phantasieren nacheinander von Pellkartoffeln und ob wir uns wohl nach Kairo verlaufen haben, weil aus der wüstenartigen, staubigen Leere unvermittelt laute arabische Musik plärrt. Doch hier ist schon die Stadtmauer und dahinter die bereits vertraute Pilgergasse. Diesmal ist es nur ein kleiner Weg bis zur Herberge im ehemaligen Klostergebäude.

Danke Sankt Jakobus, dass wir wieder heil angekommen

sind, für die Kühle hinter den dicken Wänden und die Freundlichkeit des alten Paares, das uns empfängt. „Hay una cama para dos peregrinas?“ Sie freuen sich über meine Frage in ihrer Sprache und führen uns verschwitzte, schmutzige Gestalten zwei Treppen hinauf, in einen kleinen gemütlichen Schlafsaal mit Vierbettabteilen.

Uff, duschen, Beine hoch und ausruhen. Aber nicht lange, schließlich sind wir am Platz des berühmten Hühnerwunders und mehr als neugierig auf das, was hier an die bekannteste Legende des Jakobswegs erinnert:

Im Mittelalter pilgerte ein Elternpaar mit seinem Sohn nach Santiago und machte hier in einem Wirtshaus Station. Eine Magd fand an dem jungen Mann Gefallen, wurde aber von ihm abgewiesen. Aus Rache versteckte sie in seinem Gepäck einen silbernen Becher und bezichtigte ihn des Diebstahls. Der Landrichter verurteilte ihn zum Tode, und er wurde gehenkt. Als die Eltern noch einmal zum Galgen zurückgingen, sahen sie, dass er noch lebte; Sankt Jakobus hatte ihn gestützt. Man lief zum Richter, um ihm die Kunde zu bringen, doch der rief ungläubig aus, dass der Junge genauso lebendig wäre wie der gebratene Hahn und das gebratene Huhn auf dem Teller vor ihm. Da flogen Hahn und Henne auf, der Junge wurde vom Galgen genommen, freigesprochen und konnte die Pilgerreise mit seinen Eltern fortsetzen.

In ganz Europa sind in Kirchen Zeugnisse dieser Legende zu finden, und hier sollen in einem Stall in der Kathedrale ein weißes Huhn und ein weißer Hahn leben.

Bevor wir uns diese Kuriosität ansehen, wollen wir Tee trinken, zwischen deutschen Wanderern am Refektoriumstisch. Die tauschen sich gerade aus, welche Unzahl von Kilometern jeder von ihnen täglich geht, in wie kurzer Zeit jeder in Santiago sein will. Alles dreht sich um Leistung und Tagespläne, selbst das erschöpfte junge Mädchen, das seine Dehnübungen auf dem Fußboden macht, ist heute 40 Kilometer gegangen und findet es nicht besonders viel, obwohl sie völlig kaputt ist. Wo sind wir hier gelandet? Sollen sie alle prahlen, wir brechen auf, lassen uns von einer Menschenmenge Richtung Kathedrale schieben, treten gespannt durch die schweren Türen – und tatsächlich, in die Kirchenwand ist ein verzierter Glaskäfig eingelassen. Ein lebendiges weißes Huhn läuft darin herum und ein weißer Hahn beginnt zu krähen und kräht und kräht. „Das bringt Glück“, lacht mir ein fremdes Gesicht zu. Ja, ich fühl mich schon jetzt glücklich und mir gefällt, dass der Heilige Domingo in seinem Mausoleum gegenüber dem Hühnerstall in so heiterer Atmosphäre seinen ewigen Schlaf halten kann. Er ist der Namenspatron des Ortes, hat vor 1000 Jahren als Eremit und Mönch die Not der Pilger zum Anlass genommen, Sümpfe trockenzulegen und Wege gangbar zu machen; hat Brücken gebaut und Herbergen. Er war ein so guter Mensch, dass man ihn heilig gesprochen, und zu seinen Ehren diese Kathedrale mit seinem prächtig verzierten Grabmal errichtet hat. Während ich es interessiert betrachte, wird es im Kirchenraum unruhig.

Ein Leichenwagen hat einen Sarg in die offene Kirchentür gebracht, und ein Priester beginnt zwischen trauernden Hinterbliebenen und uns Touristen die Aussegnung einer Verstorbenen. Ganz selbstverständlich. Wir stehen irritiert dabei und geben einer uns völlig unbekannten Toten die letzte Ehre.

Schon in der nächsten Gasse hat uns das Leben wieder. Hier herrschen lautes Treiben, Gedränge und Geschäftigkeit, weil viele Menschen aus der Umgebung den Samstagnachmittag zum Einkaufen nutzen. Die Tische der Straßencafés sind voll, Jung und Alt promenieren, wimmeln in Läden, in denen es wie im Schlaraffenland aussieht. Alle Spezialitäten der Region scheinen hier aufgetürmt zu sein: Spargel- und Pimientokonserven, frische und getrocknete Früchte, Weine, Käse, viele Sorten Gemüse, Fleisch und Trockenfisch. Wir drängen uns dazwischen, wollen nur schauen und schnuppern, können aber nicht widerstehen und kaufen Nüsse und allerlei für unser Abendbrot im Herbergsgarten.

Dort herrscht Ruhe, dort gibt es einen Stall mit weißen Auswechselhühnern und zu unserer Überraschung eine ungemütliche Halle mit dutzenden von Liegen in langer Reihe – den Schlafsaal unserer Herberge. Wir haben schon wieder Glück und gehören zu den Privilegierten ...

Renata und Peter sitzen am Gartentisch beim Essen, und bei ihnen ein alter Spanier in einem löchrigen Hemd und viel zu großen Socken, der sich gerade über einen geschenkten Teller Makkaroni hermacht. Hab ich den nicht eben vor der Kathedrale betteln gesehen? „Ich bin auf dem Weg zurück von Santiago ..." – „Wohin?" Er zuckt die Schultern, „... das dritte Mal". – „Lebst Du auf dem Camino?" – „Sí." Nach einem geschnorrten Glas Wein lächelt er uns zahnlos an und verschwindet in die Schlafhalle.

Schön, bekannte und unbekannte Menschen zu treffen, unsere Runde wird immer größer, alle sprechen Deutsch, sogar Thomas, ein Japaner, der in Rostock studiert. Hans und Tim, zwei Mittfünfziger, laden uns zum Wein ein, möchten mit uns ihren heutigen zweitausendsten Kilometer feiern. Seit zweieinhalb Monaten sind sie von Ansbach unterwegs, durch die Schweiz und Frankreich. Staunend höre ich zu und kann meine Neugier nicht zurückhalten: „Was hat euch dazu gebracht, so weit zu gehen?" Hans lächelt. „Ich war in einer Lebenskrise, wusste, dass ich pilgern muss und war nach drei Tagen reisefertig." „Und deine Arbeit?" „Weißt du, es war mir so ernst, dass auch mein Chef erkannt hat, dass ich auf jeden Fall gehen würde, und dann war es ganz einfach. Mein alter Freund Tim hat sich mir spontan angeschlossen."

Hmm. „Und wie geht es dir jetzt?" „Immer besser, immer klarer, es war die richtige Entscheidung." – Und ich war schon stolz auf meine bisher erwanderten 230 Kilometer und fand mich toller als die Leute, die erst von Pamplona aufgebrochen sind ...

Der angestrahlte barocke Turm der Kirche schaut über die Klosterdächer auf unsere weinselige Runde, aus der sich niemand lösen mag, weil der Abend so romantisch und das Miteinander so gemütlich und vertraulich ist. Geschichten zum Nachdenken und Lachen machen die Runde, und als ich darüber jammere, dass wir heute überflüssigerweise Verpflegung mitgeschleppt haben, schüttelt Katharina lachend ihre blonden Locken: „Warum sorgst du dich? Mach es einfach in Zukunft anders und sieh die Dinge spirituell. Vertrau darauf, dass du schon etwas zu essen bekommen wirst, wo immer du ankommst." Hups. Warum nicht? Eigentlich passt das zu meiner Philosophie.

Ach, geht's mir gut! Erst als die Hospitalera uns in die Betten jagt und ich zwei Etagen hinauf steigen muss, spüre ich meine bleierne Müdigkeit und falle glücklich in mein ganz besonders bequemes, herrliches Bett.

Nur noch liegen und schlafen.

Der Weg durch Kastilien von Santo Domingo de la Calzada bis O Cebreiro

Wunder

Santo Domingo de la Calzada - Belorado 23,5 km

Ich habe beschlossen, in Zukunft früher loszugehen, obwohl diese ruhige Stunde des Wartens hier draußen vor dem Kloster, zwischen Bogengängen und gestutzten Linden, herrlich ist. Ich möchte die Morgenkühle nutzen, weil das Laufen in der Hitze mich sehr anstrengt. Also gebe ich mir einen Ruck und sage es Maja, als sie kommt, und sie antwortet ganz verständnisvoll „Ja, dann stehe ich in Zukunft eben früher auf", und ich staune wieder, wie einfach es ist auszusprechen, wozu ich mich entschieden habe.

Die kleine leere Altstadt zwischen den Stadtmauern wirkt wie aus der Zeit gefallen und regt erneut meine Phantasie darüber an, was Pilger damals in der ungewohnten Fremde erlebt und gefühlt haben mögen. Träumend laufe ich durch die tausendjährigen Gassen, das Stadttor und über die Brücke des Heiligen Domingo. Da fallen mir am Feldrand an einem Bach Hütten aus Plastikplanen ins Auge, ärmliche Zelte und spielende Kinder unter Wäscheleinen. Gruppen von Männern und Frauen mit Werkzeugen quetschen sich in kleine Transporter, um anscheinend zur Arbeit zu fahren. Wanderarbeiterfamilien. Hier, mitten in Europa. Nomaden. Wie wir Pilger?

Nein. Ich leiste mir diese zeitweilige Unbehaustheit als Ausflug aus meinem etablierten Leben, als nicht so schnell zu toppendes Highlight. Diese Menschen ziehen aus Not mit Kind und Kegel durch das Land.

Dankbar für meine sorglose Freiheit, wandere ich nachdenklich über die letzten Weinfelder der Rioja ins frühere Königreich Kastilien, das nunmehr eine spanische Region ist. Ganz langsam wird das Land jetzt ansteigen, bis bei Burgos die Meseta-Hochebene beginnt, auf der wir 200 Kilometer bis nach León gehen müssen.

Noch ist davon nichts zu merken. Wie in den vergangenen Tagen führt der Weg über Hügel hinauf und hinab, gelegentlich queren wir Flüsse auf alten Brücken, passieren Wegkreuze und seit Jahrhunderten unveränderte Dörfer, in denen nun Fachwerk- und Lehmbauten dominieren.

Die Landschaft besteht aus Riesenfeldern und Weggabelungen, und für die gelben Pfeile gibt es weder Felsen noch Steine als Untergrund. Manchmal ist es schwierig, den Weg zu finden, doch im Zweifel folgen wir anderen Wanderern, denn heute sind viele unterwegs. Als von weitem Redecilla del Camino zu sehen ist und ich nicht mehr fehlgehen kann, kürze ich mal wieder den Weg ab. Diagonal über eines der unübersehbar großen Felder, bis ich den Ort erreiche und Maja wieder treffe. Obwohl noch Vormittag, ist es schon wieder heiß, und wir sind froh über eine Bank im Schatten. Sitzen, Augen zu, abschlaffen.

Bis ein unbekannter Wanderer vor uns stehen bleibt, auf Englisch fragt: „Is one of you missing this bottle?“, und mit einer Trinkflasche in einer schwarzen Thermohülle wedelt. Verärgert über die Störung zucke ich hoch und fasse automatisch nach rechts unten. Aber da ist nichts. Und dann schaue ich genau hin, und sehe, dass der bebrillte Junge meine Flasche in der Hand hält. Es ist tatsächlich meine. Sie muss von meinem Bauchgurt gerutscht sein, als ich auf dem mehrere

Hektar großen Feld kurz meinen Rucksack abgesetzt habe! Bevor ich Worte finde, stellt sich der Mann als Brad und seine Freundin als Savannah vor, grüßt kurz „bye, bye" und wandert weiter.

„Halt, ich will mich bedanken," doch die beiden sind schon weg. Was bin ich für ein Glückskind! Hoffentlich treffe ich sie wieder, damit ich mich revanchieren kann. Allerdings hätte ich ihnen in diesem Dorf nicht einmal irgendetwas ausgeben können, denn die einzige Bar ist noch geschlossen. Es gibt hier auch keine Pastelería, Maja muss sich ihren akuten Tortenschmachter verkneifen, doch in unserer Phantasie warten heute irgendwo Leckereien auf uns, schließlich ist Sonntag. Die Vorfreude darauf lässt uns Hitze und Staub ertragen, aber leider durchwandern wir in den vielen nächsten Stunden nur halbverfallene, menschenleere Lehmdörfer, flüchten für zwei Stunden auf eine Wiese an einem Fluss in kühlen Schatten, zupfen danach eine halbe Stunde kleine Kletten von uns ab und haben im nächsten trostlosen Ort die traurige Gewissheit, dass es nach dem Flaschenwunder nicht auch noch ein Tortenwunder gibt. Maja nimmt es mit bewundernswerter Gelassenheit. Erst als unser Wasser zur Neige geht und am nächsten Brunnen eine Aufschrift warnt ‚Agua non potable', machen wir lange Gesichter, die sich erst wieder aufhellen, als uns ein vorbeikommender Bauer demonstriert, dass das Wasser doch trinkbar ist. Gott sei Dank, denn jetzt müssen wir auf einen schattenlosen Sandweg direkt neben die Schnellstraße. In noch größere Hitze und noch mehr Staub. Als endlich die Bäume und Häuser von Belorado auftauchen, sinke ich auf dem ersten schattigen Quadratmeter völlig geschafft zu Boden. Welch eine Tortur.

Nicht nur wir sind von der Hitze erschöpft, auch der Hospitalero hockt mit aufgestütztem Kopf dösend auf einem Schemel vor der Tür des ehemaligen Kirchentheaters, das jetzt Herberge ist. Und sein Partner liegt schlafend auf einer Bank auf der schattigen Seite des hitzeflimmernden Kirchplatzes. Kaum mag ich die beiden stören, und sie lassen sich auch nicht wirklich stören, bedeuten uns hineinzugehen und uns ein Bett zu suchen – „… und alles andere machen wir später“. Herrlich, dieses kühle, alte Gemäuer mit seiner skurrilen Architektur. Einige Stufen führen in die Küche auf der ehemaligen Bühne, und über eine knarrende Holztreppe geht's hinauf in enge, ziemlich abgewrackte Schlafräume auf den ehemaligen Theaterrängen. Egal. Pause. Schlafen.

Später sehen wir, wie schön es hier ist, wie Kirche und Herberge sich an einen Sandsteinfelsen unter eine Burgruine lehnen, und hatten noch nie einen so romantischen Platz zum Wäschewaschen wie diesen Garten voller Walnussbäume.

Halb verhungert drängt es uns bald in die Stadt, doch vorher frage ich den Hospitalero, wann heute ein Gottesdienst stattfindet. „Um halb acht. Ihr habt vorher noch genug Zeit zum Essen, der Weg ist nicht weit.“ Nein, es ist nicht weit, und das lebendige Treiben in den Cafés rund um den Marktplatz erscheint viel versprechend, doch selbst hier gibt es keine Torte und vor 20 Uhr nur Snacks oder Tapas. Da tröstet auch die nette sonntagnachmittägliche Atmosphäre nicht, wir müssen uns mit dem Abendbrot gedulden und vorher hungrig zur Messe gehen.

Aber ich habe Pech, just als ich komme, endet der Gottesdienst, weil sein Beginn wegen eines Gemeindefestes vorverlegt worden war.

Schade. Und nun? Nun verlässt die Gemeinde die Kirche, versammelt sich auf dem Kirchplatz, und einige Frauen und Männer bringen auf großen Tabletts Tortillas, Chorizo-Wurst, Oliven und Käse, und bewirten alle auf dem Platz anwesenden Menschen damit. Auch uns herumstehende Pilger. Und wehe, wir greifen nicht gleich zum freundlich Angebotenen, unsere Gastgeber weichen nicht, bevor wir Hände und Münder voll haben. Es scheint kein Ende zu nehmen, immer mehr Platten werden gebracht, Becher mit Wein und Limonade in unsere Hände gedrückt, wir werden zum Zugreifen genötigt und weiter mit all den Köstlichkeiten gefüttert, bis wir nicht mehr papp sagen können. Die Stimmung um mich ist gut, doch ich bin die Vergnügteste, weil meine Heiterkeit über Katharinas Prophezeiung immer größer wird: „Kauft nichts ein, was ihr mitschleppen müsst, ihr werdet schon zu essen bekommen." Es ist also doch noch ein weiteres Wunder geschehen …

Der Abend ist fast zu schön, um schlafen zu gehen, und als der alte Hospitalero mich vor der Treppe anspricht, bleibe ich gern noch bei ihm, um mir aus dem Besucherbuch vorlesen zu lassen und Geschichten über seine Erlebnisse zu hören. Von unzufriedenen Meckerern und vielen dankbaren, freundlichen Pilgern, und von dem Japaner mit den kurzen Beinen und seinem 26-Kilo-Rucksack, hinter dem er kaum zu sehen war. „26 Kilo? Das glaub ich nicht, was hat der denn mit sich rumgetragen, um auf so ein Gewicht zu kommen?"

„Oh, zum Beispiel mehrere dicke Wörterbücher. Japanisch-Spanisch, Japanisch-Französisch, Englisch-Spanisch. So, und jetzt geh schlafen. Der Tag war lang für dich und ich brauche auch Ruhe. Morgen früh fahren mein Freund und ich zurück in die Schweiz. Die drei Wochen hier waren eine interessante Abwechslung in meinem Rentnerdasein, nur manchmal war es zu heiß. 40 Grad sind für einen Zweiundsiebzigjährigen zu viel. – Bevor wir fahren stellen wir euch Frühstück hin, ab fünf Uhr dreißig. Gute Nacht."

„Gute Nacht." Und danke, ihr lieben alten Kerle.

Flucht

Belorado - San Juan de Ortega > 25 km

Am nächsten Morgen stand tatsächlich gekochter Kaffee auf dem Herd neben Marmeladengläsern und einem Brotsack! Ich war entzückt, weil ich es liebe versorgt zu werden. Und dann fand ich im ‚Nimm-mit/lass-hier-Korb' eine Packung Fußpuder und beschloss, mit dem Hirschtalgschmieren aufzuhören und auf Pudern umzusteigen, weil meine Füße mittlerweile stanken. Alles war perfekt. Nur meine Unzufriedenheit über die ständig erforderlichen Kompromisse war nicht mehr ganz zu unterdrücken.

Unversehens hat ein Tag der kleinen Veränderungen begonnen, denn wir sind schon vor halb acht auf der Straße. In der Morgenkälte. Ja, heute ist es nicht nur kühl, sondern kalt, und ich ziehe mal wieder Sweatshirt und Jacke an, freue mich über den leichten Rucksack und den schönen Morgen. Leider nicht lange, denn an der übernächsten Ecke irrt eine deutsche Frau umher, die sich auf uns stürzt und aufgeregt nach dem Weg fragt. „Wo sind die gelben Pfeile? Wisst ihr, wo es hier aus der Stadt geht?“ Natürlich nehmen wir sie mit, aber bereuen es schnell, weil ihre Hektik und ihr Geschwätz nerven. Wir werden unter einem Vorwand langsam, lassen sie vorgehen und genießen erleichtert die Ruhe. Just da geht hinter uns die Sonne strahlend auf, und ich bleibe glücklich stehen und freue mich meines Lebens. Dass Majas Beine schmerzen, tut mir zwar Leid, doch mittlerweile kann ich besser bei mir bleiben.

Es sind viele Pilger unterwegs und in einem klitzekleinen Dorf ist allgemeine Rast. Die Gassen sind wie ausgestorben, kein Auto fährt, nichts regt sich, außer zwei alten Leutchen in ihrem Stubenladen, die uns Café kochen. Wir trinken ihn zwischen bunten Gestalten und Rucksäcken, auf Mäuerchen sitzend, zwischen Blumengärten vor der weiten Aussicht auf die Ausläufer der Sierra de la Demanda. Es ist grüner hier, und statt Feldern gibt es Wiesen, Schafe, viele Bäche und Bäume.

Mir geht mein Traum von heute Nacht durch den Kopf, ein ‚Babytraum‘, wie schon häufig in den letzten Jahren:

Unsere Kinder sind verschleppt oder entführt worden, aber nach viel Mühe sie zu finden, können wir uns freuen, weil sie zurückkommen. Doch nur das Mädchen und der Junge, beide halbwüchsig. Wo ist aber das Baby? Ist es an den Strapazen gestorben? Nach einiger Zeit der Aufregung und des Forschens kommt die erlösende Nachricht, dass es lebt und von guten Menschen aufgenommen worden ist. Es soll auch dort in Obhut bleiben und kommt nicht wieder zu uns zurück.

In einigen vorhergehenden, ähnlichen Träumen stand das Baby für meine Beziehung zu Max. Doch was hat dieser Traum zu bedeuten? Ich begreife den Sinn nicht und verschiebe das Denken, weil wir jetzt auf der Hauptverkehrsstraße nach Villafranca Montes de Oca überleben müssen.

Lastwagen rasen in dichter Folge an uns vorbei, wir quetschen uns auf den Seitenstreifen, und ich hasse den Ort schon, bevor wir ihn erreichen. Er wird durch die Straße zerschnitten, ist laut und dreckig und war doch früher mal ein berühmter Pilgerort. Aber das war noch in den alten Zeiten, bevor der Heilige Juan de Ortega den Weg über die 1150 Meter hohe Passhöhe Puerto de la Pedraja gangbar gemacht hatte, und die Pilger hier noch einmal Kräfte sammelten, bevor sie sich Gefahren durch Räuber und Bären aussetzen mussten.

Die Berge beginnen gleich hinter der monumentalen Kirche, in deren Schatten wir von der schon wieder aufgekommenen Hitze verschnaufen. Irgendwas hakt zwischen Maja und mir. Sie möchte eigentlich nicht weiter, was mir nach zwölf Kilometern am Morgen völlig indiskutabel erscheint. Und jetzt kommt auch noch die Nervensäge von vorhin und fragt, wo hier die Herberge ist! Maja und sie suchen, überlegen, plappern und fragen jetzt gemeinsam irgendwelche Leute nach einer Unterkunft. In mir steigt langsam, aber ganz massiv Widerwillen auf.

Nicht mit mir. Ich will hier nicht bleiben, will nicht, will nicht!

Ich werde allein weitergehen und trau mich, es Maja zu sagen. Nach kurzem Zögern. Fest entschlossen. „Ich werde jetzt weitergehen und du kannst morgen in Ruhe nachkommen. Wir werden uns in der Herberge in Atapuerca treffen, 19 Kilometer von hier. Das ist der Ort mit den prähistorischen Höhlen, die ich mir gern ansehen möchte." Und sie sagt: „Ja, das ist in Ordnung", und ich lasse sie und das schreckliche Weib zurück, haue ab, und zwar schnellstens, obwohl ich zur Bäckerei hätte zurückgehen müssen, um mir Brot zu kaufen. Egal, rauf auf die Holperpfade, hoch in den Wald.

Und dann habe ich einen wunderschönen Tag und fühl mich frei, gehe in meinem Tempo und bin völlig happy. Endlich allein! Auf Schneisen zwischen Kiefern und Wacholder laufe ich zum Pass hinauf, vorbei an Lichtungen voll Heidekraut, Zistrosen und Lavendel, pflücke mir Zweiglein zum

Schnuppern und genieße mein Dasein, mein Alleinsein. An einer gemauerten Quelle kühle ich mich ab, trinke und treffe Felicia, das 40-Kilometer-Mädchen aus Santo Domingo, heute von Durchfall geschwächt schleichend und ohne Leistungsvorgabe. Auf einer Bank sitzt der Don-Quijote-Holländer mit einer jungen Frau, deren kaputte Füße uns vor einigen Tagen schockiert haben, jetzt trägt sie nur noch Sandalen über Verbänden. Eine Gruppe blinder Menschen tastet sich mit langen Stöcken unter Führung über die unebenen Wege. Zwei Franzosen grüßen mich, ich kenne sie aus Viana. Heut sind sie in Begleitung junger Mädchen, mit denen sie lachen und singen.

Und ich genieße alles. Allein. Unter Eichen raste ich, lasse meine Füße abkühlen, esse, was ich noch im Rucksack finde, die Notration Studentenfutter und Nüsse, bin froh und leicht. Es ist sehr heiß. Ich halte mich im Schatten, singe laut und treffe einen bärtigen, etwas verwildert aussehenden Mann, der mir entgegen kommt, auf dem Rückweg von Santiago de Compostela nach Rom; ich spreche ihm meine Bewunderung aus. Dann ist der Weg noch einmal sehr steil, und danach geht es bergab und wieder durch Wald, bis plötzlich zwischen Bäumen ein Turm hervorschaut. Das muss mein Ziel San Juan de Ortega sein! Ich juchze vor Freude und bin nach einer letzten Kurve da, in einer Flussaue mit Kloster und Kirche und einigen Häusern.

Auf dem sandigen Platz vor dem Kloster hängt Wäsche und ruhen Pilger, von denen mich einer durch einen großen Torweg in die Herberge schickt; anmelden könnte ich mich später. Ich finde eine ruhige Ecke im hintersten der großen Schlafräume, dusche kalt und setze mich erfrischt vor die Bar nebenan, um mit Orangensaft und Chips meinen Hungertod aufzuschieben.

Wunderschön ist es hier, heimelig und scheinbar weltabgeschieden, obwohl ein Reisebus herumsteht. Der Fahrer wartet auf die Gruppe der blinden Wanderer, die vom rührigen Priester in der Kirche herumgeführt werden. Ich schließe mich ihnen an, bestaune die phantastischen Geschichten auf den Säulenkapitellen und das Baldachingrab des Heiligen

Juan, und werde nachdenklich, weil die Nichtsehenden genau dasselbe tun wie ich.

Dann sitze ich draußen im Gras und danke Gott für den wunderschönen Nachmittag und die Kraft und Gesundheit, die mich bis hierher gebracht haben – bis mich Katharinas Ankunft überrascht. Sie ist nicht verwundert, dass sich ihre Prophezeiung bezüglich des Essens umgehend erfüllt hat: „Na klar, man muss nur dran glauben." Wir schwatzen und gackern, und als kurz darauf auch noch Brad und Savannah auftauchen, organisiert Katharina, die Spanisch spricht, für uns vier ein gemeinsames Abendessen. Danach kann ich mich beim Flaschenfinder revanchieren: Brad hat Schmerzen durch seine 18 Kilo auf dem Buckel, und bekommt von mir eine kräftige Massage für Schultern und Nacken. Dadurch versäumen wir zwar das obligatorische Gruppenknoblauchsuppenessen bei der Schwester des Hospitalero-Priesters, aber brauche ich heut noch mehr?

Streit

San Juan de Ortega - Atapuerca > 6,5 km

Es wäre so schön gewesen auszuschlafen, aber offensichtlich wollen alle außer mir nach Burgos. Warum würden sie sonst so früh rascheln und mich wecken? Stehe ich eben auch auf und rufe mal wieder zu Haus an, um guten Morgen zu sagen. Das Telefon hängt draußen vorm Kloster unterm Sternenhimmel, aber ich erreiche niemand und mache stattdessen Morgengymnastik, bis drei Wanderer mir winken ihnen zu folgen: „Komm mit, Café trinken." Die Schwester des Priesters serviert allen Wanderern in ihrer großen Küche Milchcafé, und da ich nichts zu essen habe ist ein warmer Café herrlich.

Zwei sind noch besser. Als ich eine halbe Stunde später mit meinem Gepäck die Herberge verlasse, treffe ich Brad und Savannah und gehe mit ihnen noch einmal in die Küche.

Ganz unauffällig, damit es der freigebigen Alten nicht auffällt, dass ich gerade eben schon mal da war.

In der Morgendämmerung verlasse ich diesen gastlichen Platz, begleitet von der Stille und den Geräuschen des Morgens, und bevor ich in das Dunkel eines Kiefern- und Steineichenwaldes trete, muss ich stehen bleiben und zurückschauen. In diesem Moment geht über der Kirche die Sonne auf, und dieser fast unwirklich schöne Anblick macht mich stumm vor Glück. Wer bin ich, dass es mir so gut gehen darf?

Und nun auch noch dieser duftende Wald und dahinter die Hochebene – die Welt scheint perfekt zu sein. Bis mir Katharina entgegenkommt. „Gut dass ich dich treffe, bist du mutig? Da vorn sind ganz viele Kühe auf dem Weg und ich trau mich nicht allein durch." Na klar bin ich mutig – bis ich die große Herde vor einem Gatter auf unserem Weg liegen sehe. Eigentlich sehen sie ganz freundlich aus, glotzen nett und sind hübsch in allen Schokoladentönen, aber sie sind groß und es sind ganz viele, dicht an dicht. Zaghaft tasten wir uns zwischen ihnen durch, stellen uns unsichtbar und sprechen zu ihnen, um uns zu beruhigen, bis wir es schaffen unbeschadet durch die Pforte zu schlüpfen. Wieder ein Abenteuer bestanden. Wir trennen uns gleich wieder, weil wir beide es schön finden allein zu sein, und ich frage mich, warum ich nicht überhaupt allein weitergehen sollte.

Natürlich ist es auch schön zu zweit, ich hab durch Maja als mein Gegenüber schon viel über mich gelernt. Das war bisher gut, aber nun spüre ich, dass ich lieber allein sein möchte und versuche zu ergründen, was richtig für mich ist. Vielleicht gibt es *das Richtige* gar nicht, dann war das Lernen bisher wichtig, doch nun wäre es besser frei zu sein. Aber ich fühle mich Maja verpflichtet, bin unsicher, wie viel Rücksicht ich nehmen muss, und kann mir überhaupt nicht vorstellen, mit ihr über dieses Thema zu sprechen.

„Wenn es einem von zweien schlecht geht, sorg´ dafür, dass nicht du es bist", hat Peter mich gelehrt.

Trotzdem hält mich irgendetwas von einer klaren Entscheidung ab. Vielleicht hoffe ich auf ein Gottesurteil oder, dass Maja von sich aus sagt, dass sie allein gehen möchte. Ach, das werde ich jetzt nicht lösen, ich will lieber die herrliche Luft, die schöne Morgenstimmung und den Weg genießen. Und mich über den Wegweiser in Agés freuen: ‹519 km a Santiago› – Nur noch so wenig?

Da liegt schon Atapuerca, und Katharina, Brad und Savannah sind auch noch nicht weiter und rufen mir zu, ob ich mit ihnen frühstücken möchte.

Der Ort ist klein und übersichtlich, und im Nu finden wir ein nettes Gartenrestaurant, das auch Zimmer vermietet. Die Wirtin führt mich herum und bietet mir an, hier zu bleiben. Nein, dann muss ich den ganzen Tag angespannt lauern, dass Maja mich findet, und überdies kostet es hier 15 Euro statt fünf und das Frühstück ist dürftig. Nein, Danke, ich gehe zur Herberge, während meine Frühstücksgenossen nach Burgos weiterziehen. Neidisch schaue ich hinterher, würde liebend gern hinterherlaufen, mich noch länger frei fühlen, doch ich hab mich selbst verplant und muss das jetzt durchziehen. Sicher wird es trotzdem ein schöner Tag, denn Atapuerca ist berühmt für die Fundstätten der ältesten menschlichen Überreste in Europa. 800.000 Jahre alt sollen die Relikte des Homus antecessor, einem Vor-Neandertaler, in den Hügeln und Höhlen der Umgebung sein. Und anders als auf meiner Reise in Kenia, wo man den gleichen Menschentyp fand, soll es hier Führungen zu den Ausgrabungsstätten geben.

Das Organisationsbüro an der Dorfstraße ist geschlossen und den spanischen Aushang kann mir keiner übersetzen, denn auch hier läuft um zehn Uhr morgens niemand herum. Zwei alte Bäckersleute scheinen die einzigen Lebewesen zu sein, werkeln in ihrer Backstube, aus der es köstlich duftet. Freundlich sind sie, der gebeugte Mann, der mit einem hölzernen Schieber runde Brote aus einem feurigen Ofenloch zieht, und seine runzlige Frau mit ihrem Arm voll langem Pan; aber verständigen können wir uns nicht miteinander. Statt einer Information bekomme ich ein wunderbar frisches Brot. Vielleicht kann mir jemand im archäologischen Park weiterhelfen, der ist nur ein paar hundert Meter entfernt.

Der kleine Ort ist schnell erkundet, die wenigen Straßen mit ein paar Dutzend Häusern, der Kirche auf dem Hügel und der Herberge daneben, die erst um 13 Uhr öffnet. Also weiter zu den Archäologen ins Freiluftmuseum. Einige junge Männer schlagen aus Feuersteinen Werkzeuge, und einer von ihnen spricht Englisch und rät mir, heute Nachmittag um vier zum Büro im Dorf zu gehen, dann beginnt dort ein Ausflug zu den Höhlen. Na, also! Hier ist es nicht sehr spannend, vielleicht eignet sich der Besuch eher für Kinder, ich gehe zurück und setze mich in den Schatten der Kirchhofmauer.

Schläfrig von der Wärme beobachte ich einen Schäfer seine Herde über die Weite treiben, entfernte Bergketten und Aufblitzen von Sonnenstrahlen in bewegten Autoscheiben, weit, weit weg. Ich sitze einfach, tue nichts und lass die Zeit verfließen. Wie eine Königin im Märchen. Und das gefällt mir sehr.

Als ich mittags zur Herberge komme, sitzt zu meiner Überraschung Maja schon im Garten. „Bist Du geflogen? Wieso bist Du schon hier?“ „Ich bin mit dem Bus gefahren, von Villafranca bis an eine Kreuzung, und die vier Kilometer hierher gelaufen. Die Ruhe hat mir gut getan und ich möchte auch mit zu den Höhlen.“ Toll, sie ist so guter Stimmung, ich fühle mich auch wohl, und jetzt planen wir etwas Gemeinsames. Vielleicht ist doch alles gut und wir haben nur eine kleine Krise.

Warum bin ich immer so naiv?

Unser Ausflug wird ein Flop, weil wir kein Wort der spanischen Führung verstehen, kaum etwas zu sehen bekommen und enttäuscht zurückkehren.

Die Unzufriedenheit darüber macht uns wieder dünnhäutig und kritisch gegeneinander, und bei irgendeiner Belanglosigkeit meckert Maja mich an. Und ich kann nicht schweigen und es vorüberrauschen lassen, sondern muss darüber klärend reden – wie immer. Natürlich wird alles nur schlimmer, wir streiten und Maja rauscht ab, einkaufen. Ich schau ihr verärgert hinterher und höre aus der Gruppe neben mir einen jungen Mann zwei Frauen fragen: „Ist es bei euch auch schon so weit?“.

Da macht es in meinem Kopf ‚hupps, der meint ja uns, unseren Umgang miteinander‘, und ich merke, dass es höchste

Zeit für mich ist, aufzuwachen und zu schauen, was ich eigentlich mache und mit mir machen lasse.

Als Maja zurückkommt, bitte ich sie um ein Gespräch nach dem Abendessen.

Welch köstliches Essen und was für eine schauderhafte Stimmung. Unser Tisch ist eine Insel der Spannung im Kreis der plaudernden, fröhlichen Menschen in diesem Raum. Ich fühle mich mies und angespannt, und wir schaffen es nicht, normal miteinander umzugehen und die leckeren Speisen zu genießen.

Ja, und dann sitzen wir im Dunklen auf der Steinbank vor der Herberge und wollen beide nicht, dass es jetzt so ist, wie es ist, fühlen uns beide nicht wohl. Maja sagt mir, was sie stört, und ich sage ihr, was mich stört, und dass ich diese Stimmungen und Empfindlichkeiten nicht mehr auf dem Camino mit mir herumschleppen möchte, dass ich überlege, allein zu gehen. Davon fühlt sich Maja bedroht und verunsichert, doch sie fasst die Realität in Worte. „Es ist nicht nur unser unterschiedliches Temperament, zwischen uns stimmt die Chemie nicht. Aber lass uns erst mal drüber schlafen …“ Natürlich habe ich wieder das obere Bett …

Zu viel

Atapuerca - Burgos > 22 km

Kein Wort fiel über unseren Streit, aber Unbehagen und Unsicherheit umwaberten uns, und in der Rückschau ist es nicht verwunderlich, dass dieser Tag anstrengend wurde.

Freundlich begegnen wir uns, als wenn nichts wäre. Ich habe hinter einem Vorhang einen Wasserkocher und Becher entdeckt und für uns Tee gekocht, und nach einem kleinen Frühstück verlassen wir das schon leere Haus im Morgengrauen, sind schnell durch den Ort auf einem Hügel, wo wir unter einem großen Kreuz dem Sonnenaufgang zusehen.

Heute ist ein ebenso schöner Morgen wie gestern, doch nichts ist mehr wie es war. Wahrscheinlich hoffen wir beide, dass sich unsere Unstimmigkeit irgendwie auflöst. Ich möchte meine Freude auf Burgos nicht durch Streit und Probleme trüben, möchte diesen Camino-Höhepunkt ungestört erleben, diese kulturreiche Stadt mit ihrer berühmten Kathedrale und unzähligen anderen Kirchen, Palästen und Klöstern aus neun Jahrhunderten. Von hier oben können wir sie schon fern am Horizont sehen, und über ihr eine grau-gelbe, schleierige Smogwolke.

Zwei Tage sollte man mindestens dort bleiben, doch wir sind schon zu sehr im Sog des Weges und werden uns nicht so viel Zeit nehmen. Wenn wir flott gehen und wenig Pausen machen, können wir die 22 Kilometer bis mittags schaffen und haben heute noch genug Zeit für die wichtigsten Sehenswürdigkeiten.

Ländlich einsam ist es, grün und fruchtbar, die Dörfer sind teilweise verlassen, doch dann folgen wieder schattenlose Felder, auf denen wir spüren, dass die Sonne heute noch stärker brennt als in den letzten Tagen. Bis wir zwischen den Mauern der Stadt Kühlung finden, vergehen Stunden auf Einfallstraßen voll Schwerlastverkehr, unterbrochen von Sprints über Autobahnzufahrten im Gestank von Abgasen und Fabrikschloten. Und diese Mischung aus Hitze, Lärm und Staub strengt an, wir schauen nicht mehr rechts oder links, wollen nur noch ankommen.

So schlecht ging es uns auf unserer Wanderung noch nie.

Als wir endlich einen Brunnen und Bänke im ersten Wohnviertel finden, sinken wir um und sind vereint im Leiden: „Ich kann nicht mehr." „Ich auch nicht, und ich mag auch keinen Rucksack mehr schleppen, und zum Karthäuserkloster von Miraflores rauf ist es mir jetzt zu anstrengend, auch wenn ich so gern dort hin möchte." Es ist bestimmt schon 30 Grad heiß, wir sind am Ende unserer Kräfte.

Aber noch lange nicht am Ende unseres Weges. Er wird zwar ruhiger, führt durch einen schattigen Park am Río Arlanzón, doch der ist kilometerlang und ich habe überhaupt keine Lust mehr zu gehen. Burgos' Bürger joggen, reiten und spazieren um uns her, die andere Flussseite wird immer städtischer, der Verkehrslärm lauter, und in immer kürzeren Abständen queren immer befahrenere Brücken den Fluss. Aber die gelben Pfeile auf den Brückenpfosten zeigen sowohl hinüber als auch weiter geradeaus. Wir sind verunsichert, weil wir schon über eine Stunde in diesem Park sind und nicht wissen, wo der Parque del Parral ist, in dem die Herberge stehen soll.

Als der Grünzug schmaler wird und immer mehr große, alte Gebäude hinter den Bäumen auftauchen, entdecken wir endlich über den Hausdächern filigrane Türme. „Da ist die Kathedrale! Und die Altstadt! Wenn wir über die nächste Brücke gehen, finden wir bestimmt den Weg, können unsere Rucksäcke abladen und dann ganz entspannt Burgos angucken."

Der Schock der Urbanität trifft mich völlig unvorbereitet, als wir aus der Ruhe des Parks ins Chaos eines Kreisverkehrs treten; zwischen hupende Autos und Menschengedränge an Ampeln und direkt in eine Großbaustelle – wir wissen überhaupt nicht wohin – wollen Richtung Kathedrale doch auch die nächste Gasse ist aufgerissen und gesperrt – es ist laut – alle rempeln uns an – auch dahinten steht ein Zaun – wo sind wir jetzt überhaupt – da waren eben noch die Türme – wo müssen wir denn nun lang? Irgendwo setze ich mich auf einen kleinen Platz zwischen hohe alte Häuser und heule vor Erschöpfung, fühle mich völlig hilflos und verirrt, zünde mir eine Zigarette an, obwohl ich nie so früh am Tag rauche, und Maja muss mich trösten und mir Mut machen, weiterzugehen.

Ich kann ja hier nicht sitzen bleiben, auch wenn ich es gern täte. Für immer. Hier sterben. Dann würde ich wenigstens bemitleidet.

Aber los, auf die Beine, eigentlich ist es hier ganz malerisch – da ist auch schon die Kathedrale. Wahnsinn, diese Größe, und die exponierte Lage zwischen Plätzen und Treppen! Welch ein unvergleichlich dramatisches Stilgemisch aus Romanik und Klassizismus, und ihre Türme aus filigranem Maßwerk, ihre verschiedenen Dächer mit Spitzen wie aus

Zuckerguss und die verspringenden Fronten mit all den Skulpturen, ich könnte endlos staunen!

Wenn ich nur nicht so erschöpft wäre. „Lass uns unsere Rucksäcke zur Herberge bringen. Dieser junge Mann kann uns bestimmt sagen, wo sie ist." Ich frag ihn auf Englisch, er ist ein deutscher Student und antwortet auf Deutsch, und schickt uns wieder zum Fluss zurück: „… und dann immer weiter stadtauswärts".

Also wieder durch wimmelige Altstadtgassen und Baustellenchaos, über einen Platz mit einem Reiterstandbild des Volkshelden El Cid, vorbei an einer Reihe eleganter Cafés voller eleganter Leute, unter elegant gestutzten Platanen, zum wuchtigen Stadttor Santa María, das ich nur flüchtig mustere. Über den Fluss, auf denselben Weg wie vorhin.

„Wie weit ist es noch?" Endlich ein bekanntes Gesicht, die Schweizerin, die seit fünf Monaten unterwegs ist und uns ohne Rucksack entgegenkommt. „Nicht mehr lange, immer weiter bis zum Park links und dort rein." Viel weiter biegt der Weg ab, und da sind endlich Wäscheleinen und Leute, und dahinter zwei Baracken. Die sind sauber und hell, und Betten gibt es noch genug; der Duschcontainer wird gerade aufgeschlossen, ist also auch sauber, und das Wasser ist warm und mir geht es wieder gut.

Jeden Tag reduzieren sich meine Bedürfnisse mehr auf das Notwendigste.

Jetzt will ich in die Stadt zurück, allein, weil Maja sich kaputt fühlt, und diesmal werde ich den richtigen Weg nehmen, den kurzen, direkten, den mir einer der 100 Menschen vor der Herberge gezeigt hat.

Die Erwartung des Kunstgenusses beflügelt meine Schritte, aber dann ist da plötzlich eine Bar mit leckeren Tapas im Fenster und urplötzlicher Bärenhunger stoppt mich. Auf der Stelle muss ich ein paar Häppchen kaufen, richtig fette, mit Majonaise und Ei, und sie sofort verschlingen. Danach tragen mich meine Beine nur noch ungefähr 10 Minuten. In einem Park, von dem aus ich über die Stadt schaue, wird mir schlagartig speiübel und schwindelig, und ich falle mit rasenden Kopfschmerzen und letzter Kraft auf eine Bank. Puh, fühl ich mich elend. Nicht elend genug, um noch darüber nachzudenken, ob die Leute vor dem Hotel auf der anderen Straßenseite mich vielleicht für eine Landstreicherin halten und wegjagen. Aber elend genug, eine halbe Stunde liegen zu bleiben, bis mein Kreislauf sich beruhigt und mein Körper sich auf der kalten Steinbank abgekühlt hat. Erst dann kann ich langsam weiter.

Zuerst zur Kirche San Nicolas oberhalb der Kathedrale. Entzückt fühle ich mich in eine Schatzkammer versetzt, zwischen pompöse Gemälde, Statuen und der dominierenden Altarwand aus Alabaster. Unzählige Figuren bilden Szenen aus dem Neuen Testament und dem Leben des Heiligen Nikolaus. Unbeschreiblich schön. Angerührt bewundere ich die Pracht, und als jemand beginnt Orgel zu spielen, werde ich ganz weich und kann meine Tränen nicht mehr zurückhalten, heule, schniefe und bin ganz, ganz glücklich. Hierher möchte ich wieder kommen.

Wie gut, dass die Kathedrale erst um 17 Uhr wieder öffnet, so kann ich meinen Eindrücken nachspüren und mich um irdische Dinge kümmern: Sechs Postkarten schreiben, um meine Selbstverpflichtung hinter mich zu bringen, Geld, Kopfschmerztabletten und Nüsse besorgen, und vor allem eine Kniebandage. Mein rechtes Knie schmerzt seit ein paar Tagen und braucht Stütze, und die Suche danach führt mich durch die ganze Altstadt, ist gleichzeitig ein Stadtrundgang. Und weil ich es nicht lassen kann, mich einzumischen, schaue ich noch, wo Maja einen leichteren Schlafsack kaufen könnte.

Mittlerweile ist es Nachmittag, ich kann endlich die Treppen zur Kathedrale erklimmen und ihren gewaltigen Vorraum betreten. Mir geht es anders als Cees Nootebom, der *in diesem aufgetürmten Raum steht und nichts sieht*. Mich stören nicht die Wände des Chors, die den Raum unterbrechen, ich schaue wie immer kleinteilig und sehe Pracht und Vielfalt. All die Kapellen mit ihren Kunstwerken und Kuppeln und eine wunderbare goldene Treppe; die Holzschnitzereien, Skulpturen und unzählige andere Schätze. Bin überwältigt, könnte niederknien vor all der Herrlichkeit, die ohne das

Grab des Heiligen Jakobus nie entstanden wäre, weil auch die Künstler und Baumeister den Pilgern hinterherzogen. Doch stattdessen fliehe ich. Es ist zu viel. Zu viel Kultur zu all den anderen Eindrücken meines Camino, und plötzlich schwant mir, dass mein Weg eine ganz andere Dimension hat, als ich ahne.

In der Abendsonne treffen Maja und ich uns wieder, kaufen zusammen einen Schlafsack für sie und essen danach richtig schlecht. Die Stimmung zwischen uns ist verkorkst, keine erfüllt die Erwartungen der anderen. Ich fühle mich wie in einer unglücklichen Beziehung, kann anscheinend nichts daran ändern, muss es aushalten.

Schweigend gehen wir im Dunklen zurück zur Herberge, in der das Leben tobt. Doch das erreicht mich kaum noch, denn schon während ich auf mein Kissen sinke, fallen mir mit einem letzten Gedanken die Augen zu: „Ach, so ist das, wenn einem beim Hinlegen schon die Augen zufallen."

Entscheidung

Burgos - Tardajos > 9 km

Auch nach mehr als zwei Wochen Herbergsleben passiert noch Unerwartetes.

Während wir auf dem Platz zwischen den Baracken unsere Schuhe anziehen, Radfahrer schrauben, Wanderer packen und einige Gestalten noch unter freiem Himmel schlafen, hebt der kleine, bärtige Hospitalero eine Trillerpfeife an den Mund und schreckt uns mit einem langen Pfiff auf. „Wir schließen, verlasst bitte die Häuser." Putzfrauen klappern mit Besen und Eimern, drinnen und draußen wird es hektisch, doch erst nach dem dritten Pfiff einige Minuten später stolpert auch der letzte Radler mit einem wirren Haufen Kleidung in beiden Armen aus der Tür.

„Wollen wir nach Burgos zurück und frühstücken?" „Nein." Maja hat Kopfschmerzen und will zur Post, um ihren schweren Schlafsack nach Hause zu schicken. Schweigend gehen wir zusammen ein Stück Richtung Stadt, und obwohl ich den Morgen ganz bestimmt nicht auf der Post zubringen will, fühle ich den Impuls Maja zu begleiten. Muss mich richtig anstrengen, an mich zu denken und zu tun, was ich möchte, entscheide mich vorauszugehen und sage: „Ich geh vor und warte in Tardajos auf dich", und Maja nickt und geht bedrückt davon.

Dann werde ich jetzt allein frühstücken, in der nächsten geöffneten Bar zwischen herumstehenden Männern, die fernsehen, rauchen und schweigend Schnaps und Wein trinken. Ich steh mit meinem Café dabei, wundere mich über die Vielfalt der Lebensgestaltung und versuche meine Gedanken und Gefühle zu ignorieren. Sonst würde ich jetzt ziemlich schlecht gelaunt sein.

Erst als ich stadtauswärts wandere, kann ich das nicht mehr durchhalten. Neun Kilometer heute. Bei dem Gedanken steigt noch mehr Ärger in mir auf. Ich möchte gehen und nicht warten, und bei allem Respekt vor Majas Andersartigkeit fühle ich mich gebremst und unzufrieden, grüble und verstehe plötzlich, was mich auf dieser gemeinsamen Wanderung unglücklich macht: es ist die Fortsetzung meines lebenslangen Kompromisses. Ich möchte doch einmal anders leben, nur für mich in meinem Rhythmus, und das funktioniert so einfach nicht.

Eine kleine Stadt taucht auf, mit einem Kirchturm voller Storchennester, aber sie interessiert mich nicht. Auch die Badestelle am Fluss hält mich nicht, obwohl ich Abkühlung nötig hätte, weil es schon wieder heiß ist. Mein Kopf ist mit Gedankenwirrwarr verstopft, ich trotte, will nach Tardajos und endlich Klarheit, wie es weiter geht.

Der Ort ist eine staubige Ansammlung von Häusern an einer Hauptstraße. Mit einer Bar, vor der ich warten werde. Ich setze mich, lege die Füße hoch – und zucke zusammen. Zwei Frauen reden plötzlich auf mich ein, Ursula aus Viana und die Nervensäge aus Belorado tun, als wären wir Freunde und überschütten mich mit Klagen. „Stell dir vor, wir wollten hier in die Herberge, aber die Hospitalera hat uns nicht reingelassen, weil es noch zu früh ist, wir sollen weitergehen!“ (Es ist halb elf vormittags.) Empört schimpfen und jammern sie: „Und jetzt wollen wir zurück nach Burgos, um von dort den Bus nach León zu nehmen, aber von diesem Dorf fährt kein Bus, und wir können nicht mehr laufen und wissen nicht, wie wir zurück kommen.“ Ich wünsche die zwei dahin, wo der Pfeffer wächst, tue freundlich und bin erlöst, als ein Autofahrer sie mit nach Burgos nimmt. So viel schlechte Stimmung brauche ich heute Morgen nicht. Ich möchte allein sein und denken. Sitze, schaue auf die Straße, lass die Stunden vergehen.

Und dann kommen Brad und Savannah. Die dürfen mich gern stören, mir von London und Australien erzählen und mich fragen, warum ich so seltsam bin. Wir mögen uns, ihnen kann ich mein Herz ausschütten und anvertrauen, dass es mir schlecht geht, weil ich am liebsten allein weitergehen würde, aber mich Maja verpflichtet fühle und nicht weiß, wie ich handeln soll. Ohne Hemmungen spreche ich über meine Gefühle, sie verstehen mich, aber teilen meine Bedenken nicht: „Warum machst du dir Gedanken? Ihr seid beide erwachsen und du bist nicht für Maja verantwortlich, sondern in erster Linie für dich. Hier bist du auf deinem Weg, das ist dein Camino, vielleicht die einzige Zeit in deinem Leben, in der du für dich im Mittelpunkt stehst. Nimm sie dir.“ „Danke Savannah, Du hast mir aus dem Herzen gesprochen, ich werde Maja heute noch sagen, dass ich mich von ihr trennen möchte. Bloß wie?“ Auch dafür hat diese kluge, junge Frau Rat, und als sie mich verlässt, um weiterzugehen, weiß ich, wie ich mich klar artikulieren kann.

Theoretisch. Denn jetzt folgen Stunden, in denen ich zwischen Mut und Feigheit schwanke, mir Sätze zurechtlege und Szenarien konstruiere. Ich fühle mich wie vor meiner Hinrichtung, und als Maja um drei Uhr nachmittags endlich auftaucht, bin ich am Ende meiner Kräfte. Mir bleibt noch eine kleine Galgenfrist, bis sie gegessen hat, dann will ich es nicht mehr hinausschieben und sage ihr unumwunden und direkt, dass ich ab morgen ohne sie weitergehen möchte. Und dass es mit ihrer Person nichts zu tun hat.

„Dann muss ich wohl nach Hause fahren."

Diese unerwartete Reaktion macht mich noch elender, doch als sie nach kurzer Pause anfügt, „Vielleicht sollte unser Gehakel dazu dienen, dass wir jeder allein gehen", scheint auch sie die Möglichkeit zu sehen, den Weg fortzusetzen und ich atme weiter. Und beginne zu weinen. Da tröstet sie mich mit den Worten „Du fühlst dich wohl nach altem Muster schlecht und schuldig, wenn du für dich sorgst", und trifft damit so sehr ins Schwarze, dass ich vor Betroffenheit und Rührung noch mehr heule. Und dann nehmen wir uns in die Arme und sie sagt „Wahrscheinlich sollte es so kommen", und dass sie weitergehen wird, obwohl sie Angst davor hat. Und ich versichere, dass ich auch Angst habe, und heute schon ganz viel Angst überwinden musste und nun fix und fertig bin – und dankbar, dass sie es so aufnimmt.

Auf dem kurzen Weg zur Herberge ist unsere Stimmung entkrampfter, als wäre von uns beiden eine große Last abgefallen, doch wir sind auch traurig. Da tut es gut, dass die Hospitalera Victoria uns lächelnd empfängt und das Zimmer klein und behaglich ist. Und ich fühle mich befreit, weil ich endlich eine Entscheidung gefällt habe. Und sie ausgesprochen habe.

„Ich hätte gern unsere gemeinsame Fahrkarte." Ja gern Maja, ich mache mir noch keine Gedanken, wie ich zurückkommen werde. Und dass ich von jetzt an ohne Reiseführer wandere, ist auch nicht schlimm, das Zettelchen aus St.-Jean mit allen Herbergen und den Entfernungen zwischen ihnen, reicht mir.

Ich wollte einfach nur noch gehen, ungeplant und frei, und je weniger ich von dem wusste, was mich erwarten würde, desto leichter schien mir die Zukunft. Von Minute zu Minute fühlte ich mich besser und auch Maja ging es gut. Behutsam, liebevoll und offen wie selten zuvor konnten wir plötzlich miteinander sprechen, verstanden was wir voneinander gelernt hatten und nahmen Abschied. Ich dankte Maja, dass sie mit mir aufgebrochen war und mir damit den Beginn der Wanderung leichter gemacht hatte. Und wünschte ihr für den weiteren Weg

buen camino.
Ich hatte es geschafft. Erstmals hatte ich eine belastende Situation nicht durch Weggehen gelöst, sondern bewusst meine Gefühle zugelassen, meine Bedürfnisse wahrgenommen und entschlossen für mich gehandelt. Als sogar Max später am Telefon mein Tun guthieß und mir Mut machte: „Das schaffst du auch allein", wurde mir noch leichter ums Herz, und ich war ihm dankbar und ein bisschen stolz auf mich. Aber durfte ich wirklich so handeln? Du wirst meine Zweifel nachvollziehen können, liebe Wiebke.
Ich bin noch lange durchs stille Dorf gelaufen, um zur Ruhe zu kommen, und wurde immer sicherer, dass es gut war, wie es war und kommen würde.

Sei uns Begleiter auf dem Wege,
Führer in den Scheidewegen,
Kraft in der Müdigkeit,
Schutz in den Gefahren,
Herberge auf dem Wege,
Schatten in der Hitze,
Licht in der Finsternis,
Trost in der Mutlosigkeit
Und Stärke in unseren Vorsätzen

Mein Weg mit Eric

Gewissensbisse

Tardajos - Hontanas > 21 km

Nach dieser Nacht wurde mir der Abschied leicht. Meine Freude über das kuschelige Zimmer war einem hilflosen Aushalten im Gestank von Majas Beindurchblutungssalbe gewichen, nun waren meine Augen geschwollen, ich musste ständig niesen und meine Nase lief. Ich hatte schlecht und wenig geschlafen, wachte erst um sieben Uhr auf. Mürrisch, hektisch. Viel zu spät bei diesem Wetter – und in dieser Situation. Nach einer letzten Umarmung habe ich Maja zurückgelassen und bin aufgeregt aufgebrochen. Allein. Endlich. Auf der Straße atmete ich tief durch. Ja, meine Entscheidung war gut, ich fühlte mich frei und entlastet, nur in meinem Bauch regten sich immer noch Zweifel, ob es mir zusteht, so egoistisch zu sein. Aber auch von ihnen wollte ich frei werden, schob die Gefühle und Gedanken beiseite, um endlich unbelastet zu sein.

Die Landstraße ist wohltuend ruhig und menschenleer, wie auch das kleine Rabé de las Calzadas im Grau der Morgendämmerung. Als die Sonne steigt und ihr Licht zwischen Häuser und Paläste sickert, erlebe ich wieder dieses tiefe Glück durch Stille und Schönheit, und meine angespannten Nerven beruhigen sich. Jetzt bin ich nur noch für mich verantwortlich. Wann in meinem Leben habe ich mich so gefühlt? Schon mit 19 Jahren war ich Mutter. Und davor? Kenne ich überhaupt das Gefühl, auf niemand Rücksicht nehmen zu müssen, nicht auch an andere zu denken? Herrlich – ich bin frei.

Und vor mir liegt die Weite der Meseta. 200 Kilometer werde ich über die kastilische Hochebene gehen und freue mich auf diese raue Landschaft. Die ersten der unendlichen Felder liegen vor mir, Hügel reiht sich an Hügel, und weit hinten, am Horizont, ragt die Kordillere auf.

Ein Eisenschild steckt in einem der vielen Steinhaufen, ‹ Santiago 480 km ›. Mir ist, als hätte mein Weg jetzt erst begonnen.

Es gibt wenige Menschen in den wenigen Städtchen und Dörfern aus Kalkstein und Lehmziegeln, die sich in Erosionsrinnen von Flüssen ducken. Die jungen Leute sind in die Städte gezogen, weil die Großgrundbesitzer kaum Arbeitskräfte brauchen. Und es sind auch nicht viele Pilger unterwegs. Vielleicht weil dieser Teil des Camino als eintönig verrufen ist, und manche lieber den schnellen Bus von Burgos nach León nehmen?

Mir gefällt es hier, und ich finde bald die schönste Bar des Weges in Hornillos del Camino, trinke meinen Café und esse in Ermangelung einer Alternative die schrecklich süßen Magdalenas dazu. Schauderhaft. Aber Widerstand ist zwecklos, ich muss essen, weil die Hitze an meinen Kräften zehrt und ich außer Achtsamkeit auch Kohlehydrate brauche. Seltsam, so allein hier drin zu sitzen und in die leeren Straßen zu schauen, auf denen alte Männer ihre Ziegen und Schafe an den Ruinen der ehemals berühmten Kloster- und Hospizgebäude vorbei auf die wenigen grünen Flecken außerhalb treiben. Unvorstellbar, dass im 12. Jahrhundert *die Menge der christlichen Pilger, die nach Santiago gehen und wieder von dort zurückkehren, so groß war, dass sie kaum den Weg nach Westen offen ließen.*

Draußen brennt die Sonne. Gut, dass ich nur mein kleines Hemdchen anhabe, jeder Zentimeter Kleidung ist zu viel. Meine Haut sieht eh schon wie Leder aus, links mehr als rechts, weil wir stets gen Westen gehen. Meine Schirmmütze hab ich mit meinem leichten Halstuch umwickelt, das ich weit ins Gesicht ziehe. So marschiere ich immer geradeaus, untrennbar verbunden mit meinem Schatten vor mir, auf dem steinigen, scheinbar endlosen Weg. In meinem Kopf kreisen Gedanken und Melodien werden zu Tönen, und ich beginne zu singen. Zuerst leise für mich und dann immer lauter. Es ist egal, was die anderen Wanderer denken könnten, doch beim Überholen grüßen sie lachend und ich fühle mich wie in einer Wolke aus Frohsinn. Ich gehe flott, weil ich Maja hinter mir lassen möchte, aber als ein Pappelwäldchen wie eine Oase neben dem Weg auftaucht, spüre ich Mattigkeit und schlage den Weg dorthin ein. Es ist schon Mittag, ich bin seit vier Stunden unterwegs, brauche eine Pause im Schatten und kann die Trennung nicht erzwingen.

Ein kleines, bunt bemaltes Haus steht am Wegrand, das muss San Bol sein, die berüchtigt kuriose Herberge, und dahinter liegt ein herrlich kühler Pappelhain, in dem eine üppige Quelle entspringt. Ein Wasserbecken staut das klare, eiskalte Wasser, in das ich meine Beine halte, bis sie zu erfrieren drohen; dann lege ich meinen Schlafsack ins Gras und mich drauf, und schaue in die Baumwipfel. Nur gelegentlich kommt ein anderer Wanderer zum Trinken oder Abkühlen, ich genieße zwei Ruhestunden, bis es mich weiterzieht.

„Huhu." Maja kommt als ich gehe, fröhlich winkend. Es geht ihr sehr gut, sie hat heute keine Schmerzen und genießt das Wandern. „Musste ich dich erst allein lassen, damit du dich wohl fühlst?" Ich kann mir diese Bemerkung nicht verkneifen, die sich scherzhaft anhören soll – aber wir beide wissen, dass ich genervt bin. Sie lächelt. „Ich würde gern hier bleiben, die Etappe reicht mir, aber es gibt in diesem Haus keine Toiletten, und darum werd ich bis Hontanas weitergehen." Na, dann muss ich nach Castrojeriz, 10 Kilometer weiter, Distanz schaffen. Und zwar gleich. Ich bleibe nicht, als Maja meinen Platz unter den Bäumen einnimmt, verabschiede mich krampfhaft locker und gehe wieder zurück in die Sonne, fühle mich wie auf der Flucht.

Eine Stunde nur bis Hontanas, doch die ist schrecklich in der Gluthitze. Als sich unvermittelt Kirchturmspitze und Dächer des Ortes in einer Senke vor mir erheben, fühle ich mich, als hätte ich kein Blut mehr in den Adern und bin so erschöpft, dass ich nicht mehr weiter mag. Ich muss vernünftig sein und akzeptieren, was ist. Ich werde hier bleiben, wackele den Weg zur Dorfstraße hinab und kann weiter hinten zwischen den Lehmhäusern auch schon die Herberge ausmachen. Doch vorher steht ein gammeliges Schild an eine Hauswand gelehnt und lädt in eine Bar ein. Rettung – ein starker Espresso wird mich vor einem Kreislaufzusammenbruch bewahren.

Es sind nur ein paar Stufen zur offenen Tür hinauf, dann stehe ich in einem dreckigen Loch voller Gerümpel und bin sprachlos. Die Möbel sind zerbrochen und durcheinander, der Fußboden liegt voll Müll. Fliegen krabbeln auf den schmutzigen Tischen, der Wirt sieht aus wie sein Etablissement und reagiert auf meine Frage nach Espresso abweisend und mürrisch, jetzt wäre Essenszeit. (Wer bitte, würde denn hier etwas essen wollen?) Meckernd bequemt er sich die Kaffeemaschine anzustellen, fischt aus einem Eimer voll kaltem Wasser und schmutzigem Geschirr ein Glas, wischt es mit einem undefinierbaren Stück Stoff ab und gießt den Espresso hinein. Glücklicherweise ist es fast dunkel hier drin und ich bin so fertig, dass mich nichts aufregt. Auch nicht, dass ich doppelt so viel zahle wie gewöhnlich. Egal, nur raus hier.

Die wenigen Schritte bis zu den Wäscheleinen sind schnell gegangen. Neben einer Ruine mit eingestürztem Dach steht das Refugio, in dem die Hospitalera mir zur Übernachtung ein Abendessen anbietet. „Ja, gern", nicht mehr gehen und mich um nichts mehr kümmern.

Und dann staune ich. Dieses Natursteinhaus aus dem 14. Jahrhundert ist zu einem architektonischen Kleinod restauriert worden. Wo ich hinsehe sind Lichtschächte, Raumverbindungen und Offenheit, ich gehe durch alle Räume, freue mich an der geschmackvollen Einrichtung, den schönen Materialien und der Raumaufteilung, fühle mich augenblicklich wohl. Zwar finde ich nur noch ein oberes Bett, doch das ist breit und hat eine große Ablagefläche mit einem Schrank darunter, ich kann mich und meine Sachen ausbreiten. Nein, die Wochen auf der Straße haben in mir noch nicht ganz das Bedürfnis nach Komfort absorbiert, ich genieße die gute Matratze und ruhe, bis mich die Neugier wieder umtreibt.

Die Herberge ist voll, aber Maja ist nicht hier. Wo dann? Ich höre nicht auf, mir Gedanken um sie zu machen, obwohl ich es eigentlich nicht will, und gehe hinaus, um mich abzulenken. Der Ort ist klein und romantisch. Halbverfallene Fachwerkgalerien zwischen Häusern überbrücken die wenigen kleinen Querstraßen, im Brunnen an der Kirche kühlt ein krummer Greis seine Weinflaschen und in den Gassen sitzen schwatzende alte Frauen mit Handarbeiten. In den

Geländeabbruch am Dorfrand sind Wein- und Gemüselager wie Höhlen gegraben, mit uralten eisenbeschlagenen Türen verschlossen. Ich bin schnell um das Dorf herum, nur in der Seitenstraße war ich noch nicht. Und da finde ich Maja. Im vollen, lauten Ausweichquartier in einer Turnhalle sitzt sie auf ihrem Bett, und ich gehe zu ihr, um zu hören, dass es ihr gut geht. Ja, es geht ihr gut und sie akzeptiert den neuen Zustand. „Na dann bis später, beim Essen."

Doch wir treffen uns nicht mehr, weil die Hospitalera für viele zu kochen hat, in zwei Gruppen nacheinander gegessen wird, und ich zu den Herumstehenden gehöre, die schon vor der Zeit resolut von ihr in den Essraum getrieben werden, wo sie mich an das Ende eines Tisches zu elf fremden, französisch und englisch sprechenden Menschen kommandiert. Die Stimmung ist gut, es wird geschwatzt und gelacht, viele scheinen sich zu kennen. Ich kenne niemand, sitze dabei und schaue zu, fühle mich wohl, schweige, beobachte. Vermisse nichts.

„Where do you come from?" Der distinguiert wirkende Engländer neben mir beginnt einen Smalltalk, und ich lasse mich nach kurzem Zögern auf ein Gespräch ein. Das ist gar nicht so schlimm, denn er ist gut zu verstehen ist und scheint auch mich zu verstehen, es beginnt sogar Spaß zu machen. Aber was bringt diesen reserviert wirkenden, sympathischen Mann dazu, mir von seinem Leben und seinen Gefühlen zu erzählen? Von seinem Heimweh nach seinen drei Kindern und dass er seine Frau gern auf diese Wanderung mitgenommen hätte. Graham ist 50, und hat sich noch nicht daran gewöhnt, im vergoldeten Vorruhestand zu sein, obwohl er glücklich ist, erstmals Zeit für seine Kinder zu haben. „Nur noch drei Wochen, dann bin ich wieder bei ihnen."

Schade, dass die Hospitalera uns hinausschickt und unser Gespräch damit beendet, doch jetzt kann ich wieder zu mir zurückkommen, in die Mandelhaine hinaufsteigen und den Sonnenuntergang hinter den gegenüberliegenden Hügeln betrachten.

Doch ich bin unruhig und fühle mich wie ein Eindringling, als gehörte ich nicht hierher. Ich bleibe nicht lange und rutsche den Hügel voller Disteln wieder hinunter.Im Bett hab ich Zeit, die Stacheln aus meinen Füßen zu ziehen.

Schräg unter mir liegt eine Frau, die mich an meine Freundin Isolde erinnert, wir sehen uns mehrfach an, doch es fällt mir nicht ein, Kontakt zu ihr aufzunehmen. Warum fällt es mir bei Männern so viel leichter?

Die Kirche gegenüber schlägt alle Viertelstunde. Hunde bellen gelegentlich. Gespräche und lautes Lachen hallen in der schmalen Gasse vor unseren Fenstern, doch irgendwann ist es still. Auch in meinem Kopf. Und ich freue mich auf den Schlaf.

Ich bin stark

Hontanas - Castrojeriz - Boadilla del Camino > 30 km

Heute kann ich nicht früh genug aufstehen. Bin bei den Ersten, die sich aus dem Schlafraum schleichen. Packe auf dem Treppenabsatz meine Sachen zusammen. Trinke, schon in der Jacke, einen Kakao aus dem Automaten zu meinem trockenen Brot und gehe auf die dunkle Gasse. Ich weiß, wo der Weg aus dem Ort führt und hinter der Landstraße weiterläuft, habe es mir gestern angesehen und kann jetzt im Mondlicht die Strecke leicht finden. Aufgeregt und neugierig laufe ich über den steinigen Pfad, atme die kühle Luft und fühle mich wie neugeboren. Kein schlechtes Gewissen mehr, keine Verpflichtung, niemand auf den ich warten muss. Nur ich allein im heraufdämmernden Morgen. Und als die Sonne aufgeht, ich den kleinen Fluss unter mir erkennen kann und die Terrassenfelder grün leuchten, möchte ich vor Freude schreien.

Gut, dass ich es nicht tue, es wäre mir ein bisschen peinlich vor Graham, der mich in schneidiger Offiziershaltung im Sauseschritt überholt. „Guten Morgen, ich hoffe dass du gut geschlafen hast.“ Lieb von ihm, und wie flott er weiterläuft. Warum bin ich eigentlich so langsam? Vielleicht sollte ich ein wenig dynamischer gehen. Ich gebe mir einen Ruck, atme tiefer, richte mich auf, gehe mit größeren, festeren Schritten und spüre endlich wieder meine Energie fließen.

Wie viel Kraft hab ich in Kompromissen und Angepasstheit gebunden?

Ja, so fühlt sich das Gehen besser an, mit erhobenem Kopf. Ich marschiere über die Landstraße, durch die Gewölbebögen der Ruinen des Lepraklosters San Anton, und hab ein gutes Gefühl von Lebendigkeit und Power. Wie schnell ich vorwärtskomme, sehe zwischen den Chausseebäumen schon die Burgruine über Castrojeriz, und höre – wie seltsam – Musik. Und weit und breit ist nichts, woher sie kommen könnte. Nur ein älteres Paar geht vor mir. Verrückt, der Mann spielt auf einer Mundharmonika Volkslieder! Da werde ich gern wieder langsam, bleibe hinter ihnen, um zuzuhören und ein bisschen zu weinen, weil ich diese Situation so romantisch finde. Dazu passt der Anblick von Castrojeriz. Ton in Ton schmiegt es sich lang gezogen und geduckt an den kalkfarbenen Burghügel, nur die Kirchtürme ragen über die flachen, hellbraunen Dächer. Es sieht schon von Weitem idyllisch aus, und als ich die gepflasterten Gassen ohne Autos betrete, die alten Fassaden ohne Werbung und die kreisenden Adler über mir sehe, bin ich wieder in meiner Zeitmaschine. Hoffentlich finde ich in dieser scheinbaren Unwirklichkeit eine wirkliche Apotheke, mein entzündeter Zehnagel beginnt mich zu quälen. „Farmacia?“ „Ah, da unten, doch sie ist noch nicht geöffnet.“ Na, dann muss ich mit Café und Bocadillos warten, obwohl ich mich nicht aufhalten möchte. Heute ist ideales Wanderwetter, 25 Grad mit leichtem Wind und Schleierwolken.

Danke, Frau Apothekerin, dass sie vor der Zeit geöffnet haben, um mich zu bedienen, die Pause war lang genug. Nur noch ein paar Blicke auf den Plaza Mayor und zehn Minuten auf der Pilgerstraße, dann öffnet sich hinter dem Hügel ein breites, dünn besiedeltes Tal mit Gärten und einem kleinen Fluss. Wie hübsch. Doch dahinter steht die Wand eines lang gestreckten Tafelberges. Muss ich da wieder hinauf? Wo führt der Camino weiter? Da scheint sich ein steiler Pfad hinaufzuwinden, auf dem lauter kleine Gestalten mit Rucksäcken zu erkennen sind. Shit, das ist der Weg. Ein Gemsenpfad. Fast zwei Kilometer extremer Steigung auf gerölliger, ausgewaschener Piste. Uff. Und dann dieser junge Kerl, der mir im Vorbeigehen aufmunternd zunickt, als wollte er sagen ‚Na, wenn du das man schaffst, Alte'. Ha, ich schaff alles, bin schließlich über die Pyrenäen gegangen und fürchte mich nicht mehr vor Anstrengung. Und wenn auch mein Schweiß bei jedem Schritt stärker strömt und die Beine schwerer werden, fühle ich mich gut. Nein, ich muss nicht einmal stehen bleiben, bin nach einer halben Stunde oben auf der Hochebene und sehe entzückt, wofür ich mich gern hier hinaufgequält habe: Die faszinierende Rundumsicht über Hügel, Täler und Dörfer bis zu unvorstellbar weit entfernten Riesenbergen ist wie ein Gottesgeschenk und eines der schönsten Panoramen, die ich je sah. Schade, dass es bald wieder hinunter geht, doch diese herrlichen Bilder machen mich so fröhlich, dass ich jetzt alles schön finde. Und dann erreiche ich eine Quelle mit wohl schmeckendem Wasser und einem Becken zum Füßekühlen, bewundere das einzeln stehende, gotische Refugio San Nicolás am Río Pisuerga, quere die achtbogige Steinbrücke darüber und lege mich zur Mittagsrast in einen Hain am Fluss. Es ist kühl hier und ruhig, nur das Wasser rauscht. Vögel fliegen auf, große zebrafarbene und kleine blaue Schmetterlinge taumeln herum.

Warum kann ich die Pause nicht genießen, will schon wieder weiter? Ist es wegen Maja, flüchte ich vor ihr? Ich möchte meine Entscheidung endgültig gutheißen, nicht mehr zweifeln, und mir fällt Gertraudes Akzeptanzübung ein. „Massiere mit den Fingerspitzen der rechten Hand kreisförmig den Bereich unter dem linken Schlüsselbein, und sag dazu: ich akzeptiere mich voll und ganz, auch wenn mein Handeln nur für mich gut ist." Ob es hilft? Ich glaube daran, tue es, fühle noch keine Veränderung, doch bin sicher, dass es wirkt.

Itero de la Vega liegt wie tot in der Mittagssonne; dahinter beginnt die Tierra de Campos, Kornkammer schon seit Römerzeiten, doch jetzt im September sind es verbrannte Stoppelfelder. Noch acht Kilometer bis zum nächsten Ort durch diese wüstenhafte Steppe auf schnurgeradem, kieseligem Weg. Wie gut, dass ich in einem Kanal meine Arme kühlen kann. Auf dem Bauch im Staub liegend. Egal.

Und dann sehe ich vor mir eine kleine, trippelnde Gestalt in halblanger Hose mit rutschenden Socken in klobigen Stiefeln; schon gestern ist er mir aufgefallen, mit seinem Schlapphut, der gebeugten Haltung und einem Buch in der rechten Hand. Heute spreche ich ihn an, und Paul aus Lyon lächelt durch seine dicken Brillengläser und gibt mir zu verstehen, dass er kaum Englisch kann und Deutsch schon gar nicht. Macht nichts, irgendwie verständigen wir uns, und als er sagt, „It's a long way to Santiago", fällt mir dazu die Melodie von ‚it's a long way to Tipparary' ein, und wir texten und schmettern gemeinsam: „It's a long way to Santiago it's a long way to go it's a long way to Santiago but we do it God likes it so". Lachend verabschieden wir uns bald voneinander, weil ich schneller als er bin. „Buen camino, wir sehen uns sicher wieder."

Es ist Nachmittag, höchste Zeit, dass der Kirchturm zwischen Bäumen Boadilla ankündigt, für heute reicht es. Ich bin dreißig Kilometer gegangen und mein „Hurra" klingt matt. Ich möchte jetzt bitte ein Plätzchen zum Ausstrecken. Aber nicht in der Dorfherberge im ehemaligen Schulhaus. Sie ist mir zu eng und zu dunkel und zu einsam. Nein, ich gehe weiter, es soll hier auch eine private Herberge geben, die paar Schritte durch dieses öde Dorf schaffe ich noch, am Pranger und einem riesigen Steinkreuz vorbei Richtung Kirche, dem Schild nach in einen Torweg.

Ja, das ist es, meiner stolzen Leistung gebührt dieser großartige Platz: Ein blühender Garten voll fröhlicher Leute, mit adretten Gebäuden rundherum und einem richtigen Restaurant, in dem es frisch gepressten Orangensaft gibt. Edward, der nette Junge an der Rezeption behandelt mich wie eine Fürstin, nennt mich respektvoll Mama, nachdem er das Foto meiner Jungs in der Credencialhülle neugierig inspiziert hat, schnappt sich meinen Rucksack und sucht mir ein Bett, „wo dich nicht so viele Schnarcher stören". Und dann zeigt er mir die Duschräume, wo ich im Spiegel eine völlig verdreckte, staubverkrustete Frau sehe, die mir bekannt vorkommt.

Welch eine Lust zu duschen und saubere Kleider anzuziehen, jetzt mag ich wieder unter Menschen gehen, in den schönen Garten. Da fällt mir mit einem Jubelschrei Katharina wie ein Wirbelwind um den Hals: „Wie schön, dass du auch kommst, ich hab dir so viel zu erzählen! Das hier ist Kevin, er kommt grad von Finisterre, wo er den Sommer über in einer Kommune am Strand gelebt hat, geht nach Deutschland zurück und verdient sich sein Reisegeld als Feuerschlucker und Jongleur." „Hi, Kevin." Katharina mit ihrem neuen Strohhut voll bunter Blumen auf dem Lockenkopf plappert und plappert, und ich bin froh zu sitzen, unterhalten zu werden und Unmengen Orangensaft in meine trockene Kehle zu schütten. Ziemlich stark, was dieser unternehmungslustige Student von seiner Reise seit dem Frühjahr erzählt; doch nun will er weiter, und bittet Katharina, seinem Freund eine E-Mail zu schicken, damit der Kevins Eltern bestellt, dass es ihren Sohn noch gibt und er in zwei Monaten zu Hause sein wird.

Wohlig müde höre ich ihr weiter zu. „Stell Dir vor, ich hab eine E-Mail von einem meiner beiden Freunde gekriegt, er kommt nach León und will mich treffen! Ich bin schrecklich aufgeregt, weil ich nicht weiß wie und wo, und freu mich so doll, weil ich mich in den letzten Tagen allein gefühlt hab. Ist mein neuer Hut nicht hübsch, eine Hospitalera hat ihn mir geschenkt? Seh ich gut damit aus?" Ja, du kleine Süße siehst immer schön aus, und dein Freund wird dich mit und ohne Hut mögen. „Aber jetzt lass ich dich mal allein, du möchtest sicher deine Ruhe haben."

Danke, ja. Ich möchte mich in eine schattige Gartenecke lehnen, nur sitzen, schreiben und den Leuten zusehen. Doch Ruhe finde ich nicht. Der gut aussehende, langhaarige Junge, dem ich in Atapuerca ein halbes Brot geschenkt habe, kommt zu mir gehumpelt und spricht mich auf Englisch an. „Magst du mir zuhören?" Nein, mag ich nicht, aber du bist mir sympathisch und wenn ich hier sitzen bleiben kann und mich nicht mehr bewegen muss, bitte. „Okay, wer bist du denn?" Und so lerne ich Eric kennen.

„Es geht mir heut schlecht, ich kann kaum noch laufen, meine Arthrose in der Hüfte schmerzt und seit zwei Tagen begleitet mich eine aufdringliche Frau, die ich nicht loswerde. Das belastet mich so, dass ich weglaufen möchte und kann es doch nicht. Fünf Jahre konnte ich nur am Stock gehen oder gar nicht, jetzt bin ich seit fünf Wochen unterwegs, von Lyon in Frankreich. Doch an Tagen wie heute fürchte ich, dass ich es nicht bis Santiago schaffe und fühl mich als Krüppel. Was soll ich tun? Niemand kann es mir sagen." Armer Junge, ich kann dir nur raten, nicht gegen einen Teil von dir zu kämpfen. Auch deine Schmerzen und die Behinderung gehören zu dir. Mir hat geholfen jeden Morgen zu meinen Schmerzen zu sprechen, ihnen zu sagen, dass sie da sein können, aber mein Leben nicht beherrschen dürfen.

Eric schaut mich spöttisch an: „Was weißt du schon, du scheinst so etabliert und zufrieden, hast du schon jemals Sorgen und Schmerzen gehabt?" Seine Jugend entschuldigt seine Naivität, er könnte mein Sohn sein, was glaubt er, wie ich lebe? „Wie all die verheirateten Familienfrauen mit gut verdienenden Ehemännern und netten Häusern. In Abhängigkeit von der Meinung der Umwelt, angepasst, unfrei. Ohne Sorgen. Ich bin allein, hab weder Frau noch Kinder, bin frei und unabhängig und möchte nicht mit euch Spießbürgern tauschen." O la la. Da ich dich nicht kenne und keine Rücksicht nehmen muss, sag ich dir jetzt, dass dein Horizont ziemlich schmal zu sein scheint, und erzähl dir, dass ich kämpfe, seit ich denken kann, und mich daran erschöpft habe. Dass materielle Sicherheit zwar ein gutes Fundament ist, aber keine wirkliche Bedeutung hat. Und weil du nachfragst, sollst du auch wissen, dass ich das dritte Mal verheiratet bin und von meinen vier Söhnen drei bei ihren Vätern aufwuchsen. Und wie viel Schmerz mir das bereitet hat. Und dass mein Schmerz und meine Selbstzweifel erst weniger wurden, als ich begann, meine Schattenseiten zu sehen und zu akzeptieren.

Wir sind quitt. Und still.

„Komm mit, wir gehen Abendbrot essen."

Mit Roberte, der stillen Kanadierin, die wie Isolde aussieht, und ihre Freunde vermisst, von denen sie sich in Burgos getrennt hat. Mit Karl, einem Brückenbauingenieur aus Salzburg, der eine Entzündung in der Schulter hat, weil sein Rucksack 16 Kilo wiegt, aber trotzdem seine Campingausrüstung „für alle Fälle" weiter mit sich herumtragen möchte. Mit Theresa, der lauten Rothaarigen aus Johannesburg, Erics Heimsuchung, die jeden „Darling" nennt. Und Katharina aus Dresden.

Und ich hatte Freude am Zusammensein, sonderte mich weder äußerlich noch innerlich ab, gehörte dazu. Wurde bedient, versorgt und unterhalten, probierte von jedem Teller und hatte einen wunderbaren Abend, der damit endete, dass Mückenschwärme einfielen und Eric mir beim Gute-Nacht-Sagen einen Kuss auf die Wange gab: „Danke für unser Gespräch."
Auch nett.
So gefiel es mir. Gehen bis zur Erschöpfung und dann Spaß, jetzt war Dynamik in meine Wanderung gekommen.
Auch wenn ich kaputter und erschöpfter als zuvor war – ich fühlte mich stark und glücklich.

Männer und Stiere

Boadilla del Camino - Carrión de los Condes > 24 km

Eine ganze Kanne Tee zum Frühstück. Und Butter, ganz viel Butter. Und danach ein großer Pott Café, von Edward am PC serviert, während ich an meine Kinder die erste Rundmail schreibe. So muss ein Sonntag sein – Königinnentag.

Nein, die E-Mails in meinem Briefkasten möchte ich nicht lesen, was interessiert mich die Welt, ich bin auf dem Camino. Drei Wochen keine Zeitungen und Nachrichten, kein Buch und kein Fernsehen – das Weltgetöse darf gern an mir vorbei gehen, wichtig sind nur noch elementare Dinge: Körper, Wetter, Essen und Gefühle.

Heute ist alles perfekt, die Luft noch kühl und die Dämmerung weicht langsam einem grandiosen Sonnenaufgang. Ja, und dann bin ich plötzlich nicht mehr in der Wüste, sondern in einem grünen Dickicht am Kanal von Kastilien. Mein Gott, ist die Welt schön, ist dieser Weg wunderbar; viel mehr Frauen wie ich sollten hier unterwegs sein, um all die herrlichen Dinge zu sehen, die ich sehe, um sich zu fühlen und wichtig zu nehmen. Und in meinem Kopf blitzt der Gedanke, ein Buch über meinen Camino zu schreiben, wenn ich wieder zu Hause bin. Auch wenn ich noch nicht weiß, ob ich es kann. Aber vielleicht probiere ich auch das – wie das Wandern. Dafür wären tatsächlich Fotos schön, aber als ich eben beim Sonnenaufgang die Gruppe spanischer Wanderer fotografieren sollte, war ich wieder froh, keine Kamera mit mir herumzutragen, weil die Beschäftigung damit für mich den Moment verändert. Und ich zudem sicher nicht begabt genug bin, diese einzigartige Stimmung von Feuchtigkeit, Gezwitscher, Geflatter und Stille in einem Bild festzuhalten. So schaue ich nur, speichere die Bilder im Kopf und intensiviere dabei das Gefühl, allein auf der Welt zu sein und gleichzeitig Teil von allem.

Schade, dass hier an der alten Backsteinschleuse anscheinend Schluss mit dem Wasser ist, dass es nun nach Fromista hineingeht, doch andererseits muss ich fürs tägliche Brot sorgen und dazu habe ich am Sonntag hier die besten Chancen.

„Geh da runter“, der einsame Straßenfeger zeigt in die leere Hauptstraße. Als ich nicht mehr weiter weiß, brauche ich nur köstlichem Duft zu folgen, um eine Pastelería zu finden, in der ich alles Notwendige kaufen kann; plus einem Stück frischen Sonntagnachmittagkuchen. Nur noch einen Café, einen Bissen frisches Brot, einmal um die berühmte Kirche San Martín und die Fabeltiere unterm Dach anschauen, und dann auf einen Sandweg parallel zur Autostraße, der glücklicherweise hinter dem nächsten Ort eine Alternative an einem Fluss entlang hat. Wieder Wasser und Fruchtbarkeit, Raubvögel, Sonnenblumen und Maisfelder, doch leider muss ich nach einer Stunde in einem halbverfallenen Lehmdorf auf den Schotterweg zurück.

Schnurgerade bis zum Horizont begleitet er die Straße, und obwohl man sich hier wirklich nicht verlaufen kann, stehen alle paar hundert Meter Paare kleiner Betonstelen mit stilisierten gelben Jakobsmuscheln auf blauen Kacheln. Gut, dass nur wenige Autofahrer unterwegs sind, doch viele von ihnen hupen und winken jedem Wanderer. Ich freue mich über die Aufmerksamkeit der Spanier und die Achtung, die sie uns Pilgern erweisen. Ein alter Mann, der seinen erwachsenen Sohn im Rollstuhl spazieren fährt, grüßt mich, und wir führen ein ‚Gespräch' auf Spanisch – er, und Englisch-Deutsch – ich, mit viel Gestikulieren und Lachen. Wir tauschen zwar nicht viele Informationen aus, doch ganz viel Herzlichkeit und Freude. Und als ich noch überlege, ob ich nicht Spanisch lernen sollte, trippelt wieder Paul vor mir und ich schmettere unser Lied, in das er brummend einstimmt: „It's a long way to Santiago ....".

„Weißt du, dass uns in Villalcázar de Sirga eine Templerkirche erwartet?" Ha, die geheimnisumwitterten Templer! Pauls Frage reizt meine Neugier. „Was haben die hier in Spanien getan? Waren sie nicht nur in Frankreich und Jerusalem?" „Sie hatten zwei Jahrhunderte Zeit, ihren Einfluss über Spanien bis Portugal auszudehnen, weil sie überall Ländereien geschenkt oder gestiftet bekamen. Europa war für ihre Kreuzzüge dankbar. Außerdem waren sie helle Köpfe, haben das Transport- und Finanzwesen in Europa kontrolliert. Kein Wunder, dass sie Adel und Klerus zu mächtig wurden und man sie seit dem 14. Jahrhundert verboten und ausgerottet hat." Seltsam, dass sie auch in der Neuzeit viele Menschen beschäftigen. Und seltsam, dass wir beide uns so gut verständigen können! Ob es wohl stimmt, dass der Orden im Geheimen weiterbesteht? Was für Ziele kann er in unserer heutigen Welt verfolgen? Bei allerlei Mutmaßungen haben wir den Kirchplatz des Ortes erreicht und sehen zwischen Touristen Eric, anscheinend relaxt bei Tapas und Espresso vor einer Bar sitzend. Wie ein Sonntagsspaziergänger. Nicht so verschwitzt, staubig und erschöpft wie ich, und obwohl er mich gestern so angerotzt hat, umarme ich ihn wie einen alten Freund. Irgendetwas an ihm mag ich.

„Kann ich meinen Rucksack bei dir lassen, während ich mir die Kirche ansehe?“ „Klar, lass dir Zeit“. Erleichtert trete ich durch die reich dekorierten Torbögen und eine ungewöhnlich hohe Vorhalle in die strenge Atmosphäre des imposanten Raums, in dem ein Organist den Hochzeitsmarsch übt. Und wieder kann ich Architektur und Ausstattung nur kurz genießen, weil mich die Pracht emotional erschlägt, kaufe mir eine deutschsprachige Beschreibung, gehe zurück in die Sonne, atme tief durch und sehe mich um.

Klasse, da ist ein Souvenirladen, vielleicht haben die ein Schreibheft, meins ist voll. Ja, es gibt welche, doch der Verkäufer möchte noch mehr Gutes tun und bedeutet mir, dass er ein rotes Jakobuskreuz auf die Muschel malen möchte, die an einer Lederschnur auf meinem Rucksack hängt. Oh nein. Diese Muschel existierte schon in meinem Elternhaus und ist in meinem bewegten Leben nicht verloren gegangen – als hätte sie darauf gewartet, mich zu Sankt Jakobus zu begleiten. Dabei hatte ich nie eine Ahnung, dass diese Art Muscheln Symbol für die Jakobuspilgerschaft sind – obwohl sie Jakobsmuscheln heißen; dass sie von den mittelalterlichen Pilgern als Beweis, ihr Ziel erreicht zu haben, mit nach Haus gebracht wurden und zeitweise als Pilgerausweis dienten. Natürlich liegt diesem ‚Muschelmythos‘ auch eine Legende zugrunde:

Als der Sarg mit Jakobus Leichnam nach der Fahrt über das Mittelmeer in Nordspanien an Land gebracht werden sollte, konnte ein Ritter die Begegnung nicht erwarten, ritt ins Meer dem Schiff entgegen, versank, und war bei seiner Rettung über und über mit diesen Muscheln bedeckt.

Seitdem gibt es sie überall auf dem Jakobsweg. Nicht nur auf fast jedem Rucksack, auch auf den Jakobusstandbildern, als Fassadendekoration und als Türdrücker, wirklich überall. Und meine, die schönste, bleibt so wie sie die letzten 50 Jahre war!

Keine Unterhaltung tröstet mich auf den letzten Kilometern in dieser Einöde, nichts lenkt mich ab. Nichts als Hitze, weit entfernte Baumreihen, gelegentlich ein Hügel und die Spitzen der Picos de Europa im Norden – 90 (neunzig!) Kilometer entfernt. Doch irgendwann tauchen endlich Klostermauern und Ruinen am Stadtrand von Carrión de los Condes auf. Weiter will ich heute nicht. Es soll hier ein Kloster geben. Gleich vorne links. Ja, da ist das geöffnete Tor zum Klosterhof, aber statt der hier lebenden Nonnen empfängt mich ein junger Mann, fragt, ob ich hier bleiben möchte, und leiert mit unbewegter Miene sein Angebot herunter: „Gute Betten in vier Räumen, Innenhof, Küche, sechs Duschen, sechs Toiletten", und gibt mir eine Gebrauchsanweisung für die Tür. „Der Schlüssel für alle liegt in diesem offenen Fenster, leg ihn da immer gleich wieder hin, und wenn du hinausgehst, schließt du die Tür, indem du an diesem Ring in der Mitte ziehst." Aha. Alles klar. Dann führt er mich zwischen Rucksäcken, Stiefeln und Wäscheleinen, vorbei an Paul in riesigen Unterhosen, in eine enge Klosterzelle mit vergittertem Fenster und weist mir das Bett über dem schnarchenden Telefonbuchholländer zu. Wie soll ich da hoch kommen, ohne auf seine Matratze zu treten und ihn zu wecken? Na, dann schlafe ich jetzt nicht, ich fühle mich eh hitzegedörrt und staubig innen und außen, mein Kopf ist dumpf und mein Körper bestenfalls gefühllos. Da hilft nur duschen, ein großer Topf Tütennudelsuppe aus meiner Überlebensreserve und danach dösen; in einer schattigen Ecke des ruhigen Klosterhofes.

„Welcome." Graham stört mich, setzt sich neben mich, fragt wie es mir geht und wo ich letzte Nacht war, und ich frage ihn das gleiche. Wir amüsieren uns, weil er ein Sardinensandwich in der Gruselbar in Hontanas heruntergebracht hat, und dann erzählt er wieder ohne Umschweife Privates, von seinen Selbstzweifeln und Ängsten. „Was kann ich noch leisten? Meine Knie haben Arthrose, ich werde nie mehr Marathon laufen können, und im Job braucht man mich auch nicht mehr. Worauf kann ich noch stolz sein? Vielleicht kann ich wieder an mich glauben, wenn ich es schaffe, nach Santiago zu gehen."

Armer Graham, so siehst du gar nicht aus.

„Gehst du heute Abend mit mir essen? Gegenüber der Kirche soll es ein gutes Restaurant geben." Soll das eine Einladung sein? „Wie nett, mal sehen, ich möchte aber unbedingt heut Abend in die Messe.“ Er macht mich verlegen. „Schau dir vorher die Stadt an, sie ist wunderschön.“ Danke für den Rat, ja, sie ist wirklich schön, genauso verwinkelt und alt wie die anderen, es gibt nur mehr Souvenirläden und wunderbare Parkanlagen am Río Carrión. Hier kann ich unter Rosenbüschen durchatmen, bevor mich auf dem Rückweg mein erster Heimwehanfall erwischt. Aus einer Bar klingt Musik von Buena Vista Social Club, ausgerechnet mein Lieblingssong Chan Chan, mir fehlen plötzlich meine vertrauten Dinge und ich fühle mich schrecklich einsam. Wäre ich doch zu Hause …

Wieder retten mich Brad und Savannah, diesmal sind sie es, die vor einer Bar sitzen. „Bist du jetzt allein? Hast du es geschafft dich zu trennen?“ Beim Erzählen vergeht die Wehmut und meine Fröhlichkeit kehrt zurück. Ist doch gut, dass ich hier bin.

Und dann schaut Eric aus einem vergitterten Klosterfenster und lockt mich mit einem von den Nonnen gebackenen Keks zu sich, wie die Hexe im Märchen. „Du bist so nett, ich mag dich.“ Wieder werde ich verlegen. „Und du hast so schöne Haut.“ Er streichelt mir über die Lederrunzeln an meinem Arm und ich werde rot wie ein Backfisch – was ist denn heute los? „Warum wirke ich auf euch junge schwule Männer so anziehend?“ Eric schaut ungläubig. „Nur weil ich dir erzählt habe, dass ich Berufstänzer war, glaubst du, dass ich schwul bin? Du irrst dich.“ Oh, wie peinlich, dieses Gespräch sollten wir besser hier beenden, ich möchte eh noch Kekse kaufen gehen und fliehe mit klopfendem Herzen.

Die Abendmesse im Kreis der Einheimischen ist für mich schon ein lieb gewordenes, beglückendes Ritual, obzwar mir die protestantischen Lieder fehlen und ich nichts von dem verstehe, was der Priester sagt. Da tue ich einfach, was die Anderen tun, lasse meinen Geist still werden, und gehe wieder zur Kommunion, obwohl ich inzwischen weiß, dass ich dafür katholisch sein muss. Doch wer will mir das verbieten? Das ist eine Privatsache zwischen Gott und mir, ER liebt mich, ohne meine Konfession zu beachten. Würde ich mich so zugehörig und getragen fühlen, wenn nicht alles im Einklang wäre?

Viele Pilger treten für den Reisesegen vor den Altar, auch Eric, der mich wie selbstverständlich brüderlich in den Arm nimmt. Gemeinsam werden wir gesegnet und mit Weihwasser besprengt, bevor der Priester uns bittet zu bleiben; er möchte uns Gästen die Legende der 100 Jungfrauen erzählen die zur Gründung dieser Kirche führte. Auf Spanisch. Und eine Französin übersetzt ins Französische und Eric übersetzt ins Englische:

Ein grausamer Maurenherrscher verlangte 100 spanische Jungfrauen als jährlichen Tribut. Ihre verzweifelten Eltern beteten zur Jungfrau Maria um Hilfe und sie griff ein. Die Heilige Mutter schickte bei der Übergabe eine Horde wilder Stiere, von der die Mauren in die Flucht geschlagen wurden. Die Jungfrauen waren gerettet.

Der Priester ist ein virtuoser Erzähler, macht ein Schauspiel aus der Geschichte, bezieht eine Marienstatue und ein Wandbild mit flüchtenden Kriegern, schnaubenden Stieren und zarten Mädchen ein, macht aus dem Drama ein köstliches Spektakel. „Und draußen über dem Portal findet ihr zum Gedenken die Köpfe von vier toros."

„Heads of tourists?" Graham schaut verwirrt. „Nein, toros, Graham. Stiere." - Gut, dass wir zu lachen haben, denn langsam breitet sich allgemeine Panik aus. „Wisst ihr schon, dass es morgen auf 16 Kilometern nichts zu essen und zu trinken gibt. Nicht mal eine Quelle?!" Ja, wir wissen es, alle reden darüber und klagen, dass heute die Geschäfte geschlossen sind und wir sicher auf dem Weg verschmachten werden. „Dann lasst uns jetzt unsere vielleicht letzte Mahlzeit überhaupt einnehmen – vielleicht bleichen schon morgen unsere Gebeine am Wegrand." Graham und ich schließen uns einer zufällig gebildeten Tischgemeinschaft an, doch heute ist schräge Stimmung und ich bleibe nicht lange, lasse mich bald zu meiner Klosterzelle begleiten. Den liebenswürdigen Graham, den ich nie wieder sehen werde, auf meiner linken Seite, und einen schweigsamen Eric zur rechten.

Mein Panzer schmilzt

Carrión de los Condes - Terradillos de los Templarios > 27 km

„Geh morgen so früh los, wie du kannst, es wird für viele Stunden keinen Schatten geben. Der Weg aus der Stadt ist leicht zu finden. Über die große Brücke, am Kloster San Zoilo vorbei und dann nur geradeaus. Du kannst es nicht verfehlen."

Wie ich solche Ratschläge und die dahinter verborgene Fürsorge liebe, Danke Graham! Klar, dass ich dem folge und als Erste leise den Schlafraum verlasse, meine Kleider auf den Leinen im dunklen Innenhof suche und im Flur packe. Nur die Frühaufsteherfranzosen aus einer anderen Zelle sitzen schon in der Küche und diskutieren das heutige Ernährungsproblem. „Habt ihr genug Essen?" „Nein", Roberte hat gar nichts. „Darf ich dir mein halbes Kekspaket schenken?" Nicht ohne Hintergedanken bin ich froh, dass sie es nimmt. 250 Gramm weniger Gewicht bedeuten weniger Leiden, denn ich muss mir eineinhalb Liter zusätzliches Wasser aufladen. Für geschätzte vier Stunden Weg ist mein obligatorischer Liter einfach zu wenig.

„Buen camino, amigos." Über dem beleuchteten Klosterkirchturm liegt die schmale Mondsichel am schwarzblauen Himmel. Welch ein herzbewegendes Bild. Wehmütig nehme ich Abschied und laufe in die dunkle Stadt. Nur das Gerumpel eines Müllwagens übertönt den Hall meiner Schritte zwischen den Häusern. San Zoilo liegt wie ein riesiger, schwarzer Stein am Weg, und an der großen Straßenkreuzung hinter der Stadt blinkt eine gelbe Ampel für niemanden.

Wo auf dem Camino bin ich jetzt? Jeder nennt andere Kilometerzahlen, doch wenn meine seltsame Rechenweise annähernd stimmt, habe ich mehr als den halben Weg hinter mir, bin mehr als 400 Kilometer gegangen! Das ist sogar für mich, die ich nicht darüber nachdenke, wo ich bin und wie weit es noch ist, ein tolles Gefühl und Anlass zu Stolz. Was könnte mich jetzt noch vom Ziel abbringen? Vielleicht

Krankheit oder Schlimmeres, doch ich fühle mich sicher. Ich werde ankommen.

Eine kleine Teerstraße führt in die vollkommen flache Landschaft und wird nach einer Stunde zur schnurgeraden Piste durch ödes Land. Dessen Eintönigkeit wäre nur dann noch schlimmer, wenn Pauls Horrorgeschichte stimmte, dass es auf der gesamten Strecke nur zwei Bäume gibt, doch neben Gräben sind junge Pappeln gepflanzt. Sie geben zwar noch keinen Schatten, sind jedoch Blickfang vor der Steppe und den teilweise abgebrannten Feldern, deren schwarze, tote Flächen in der Morgendämmerung gespenstisch wirken. Meine Beklommenheit weicht erst mit dem Sonnenaufgang, doch Erinnerungen und Traurigkeit steigen in mir auf – und das Lied ‚Morning has broken', das untrennbar mit zwei Freunden verknüpft ist. Sie sind schon lange tot, doch heute trauere ich um sie und lasse meinen Tränen freien Lauf. Warum diese alten Tränen? Kann ich mich gehen lassen, weil ich allein bin? Es tut mir gut, mit Friedrich und Bernd Zwiesprache zu halten und für ihre Liebe zu danken. ‚Ich werde euch nicht vergessen.' Nein, ich bin nicht gefühlsduselig, spüre nur meine Empfindungen klarer und lasse sie zu. Auch die Dankbarkeit, die meine Tränen ablöst. Dankbarkeit für meine Familie, die Liebe meines Mannes und meiner Söhne. Und dafür, dass ich hier gehe. Irgendetwas passiert seit gestern mit mir, mein Panzer scheint aufzuweichen.

Und in diese Rührung hinein schenkt mir ein Wanderer eine Hand voll köstlicher, dicker Weinbeeren …

Wenn nur mein Rucksack nicht so schwer wäre. Am Gewicht der Wasserflasche erkenne ich die Grenzen meiner Belastbarkeit, trinke so schnell so viel ich kann, und als ich auf einem kreuzenden Teersträßchen den Hinweis «Bar 9 km» gepinselt sehe, gieße ich das zusätzliche Wasser aus und kämpfe mit mir, auch die Flasche wegzuwerfen. Nein, nirgendwo liegt Müll, der ganze Camino war bisher sauber, ich möchte nicht das Sozialschwein sein und nehme die Flasche mit. Auch so trägt sich's schon viel leichter.

Und dann holt mich Katharina ein, geht ein Stück Weg mit mir und erzählt von ihren Liebesverwicklungen, ihrer

Sehnsucht nach Zugehörigkeit und ihrer Angst sich zu binden. „Hoffentlich finde ich meinen Freund in León." Schade, dass ich das nie erfahren werde, denn wir verlassen einander bald wieder und sehen uns nie mehr.

Immer weiter führt der knirschende Pfad durch die immer gleiche Landschaft, nur der Sonnenstand verändert sich. Durch meinen Kopf laufen irgendwelche Gedanken oder auch nichts. Alles ist gut. Die Zivilisation kehrt am späten Vormittag in Calzadilla de la Cueza zurück. Seltsam, dass plötzlich eine Kirchturmspitze auftaucht und dann das kleine Dorf beim Näherkommen in der Niederung. Mit einer Bar, in der fast jeder Pilger nach 17 Kilometern Darben einkehrt und in der es laut und turbulent ist. Dahinein gehe ich mit meiner Melancholie und meinem Wunsch, dass die einzigartige Stille des heutigen Weges nicht aufhören soll, esse und trinke und bin wieder in der Realität des Lebens. Auch gut.

Vor einer Herberge sitzen Wanderer. Ich gehe weiter, vielleicht nach Ledigos? Die Landschaft hat sich verändert, ist wieder hügelig und grüner, und der Weg steigt und fällt neben der Straße. Das Gehen fällt mir leicht, meine Kondition ist gut und ich habe mich an das Klima gewöhnt. Ich will auch nicht in Ledigos bleiben. Die Herberge hat noch geschlossen und davor sitzen lauter Unbekannte. Wenn ich mir die Füße hier im Brunnen kühle, sind die wenigen Kilometer nach Terradillos de los Templarios ein Klacks. Am Weg stehen Entfernungsangaben, die mich reizen, meine Geschwindigkeit zu testen: 10,25 Minuten pro Kilometer sind nicht schlecht und bringen mich schnell in ein ödes Kuhdorf. Soll dies das Dorf mit dem geheimnisvollen Namen sein? Tatsächlich, ich bin am Ziel und starre enttäuscht auf die wenigen Häuser aus Fachwerk, Lehm und Stroh, von denen manche eingefallen sind, und andere auf Lehmuntergeschossen ein weiteres Geschoss aus Ziegeln tragen. Ob das hält? Na, jedenfalls erfüllt der Ort nicht die Erwartungen, die mir sein großer Name suggeriert hat.

„Wo ist die Herberge?" „Where the washing is." Danke, das war eine treffende Auskunft, jetzt sehe ich selbst auch schon die krakelige Aufschrift an einer Hauswand, gehe um eine Ecke und stehe vor einem unsäglichen, unverputzten Anwesen, das wie eine Baustelle wirkt.

Entschuldigung, Señora Hospitalera, ich nehme ganz schnell meine Negativbewertung zurück, denn der kühle Fünf-Bett-Frauen-Raum mit Einzelbetten, bezogenen Decken und Laken und die badezimmerähnlichen Einzelduschen sind erstklassig. Alles ist sehr sauber und ruhig, ich werde gleich ein wenig schlafen, doch vorher muss ich wieder weinen. „Kann ich dir helfen?" Meine mir unbekannte Bettnachbarin schaut liebevoll zu mir. „Danke, nein, das ist nur der Camino."

Was ist denn mit mir los?

Schön, dass ich Roberte im Garten zwischen müden, schreibenden Fremden sehe, unser kurzes Gespräch gibt mir Sicherheit. Jetzt möchte ich Espresso trinken, im Restaurant im anderen Gebäudeteil, und da sitzt Eric, strahlt mich an und winkt mich zu sich. „Gut, dass du kommst. Ich hab dir was zu sagen. Wollen wir spazieren gehen?"

Ich habe mich gefreut, ihn zu treffen, mit ihm durch dieses eigenartige Dorf zu streifen und zu reden. Er hat sich für sein garstiges Verhalten entschuldigt, und für den Kuss (wäre nicht nötig gewesen!). Der sollte Theresa verschrecken – wenn er sich offensichtlich für mich interessierte, würde sie ihn hoffentlich in Ruhe lassen. Das hatte geklappt, jetzt lief er mit mir herum, erzählte von seiner Arbeit als Lehrer und seinem Hobby Shiatsu. Und dass er sich berufen fühlt, Menschen auf dem Camino zu helfen. „Ich habe schon vielen Wanderern Shiatsu gegeben, wenn sie Probleme beim Gehen hatten, möchtest Du zur Wiedergutmachung eine Behandlung?" Klar wollte ich. Und dann lag ich in der Nachmittagssonne auf einem Feld und ließ mir Waden und Füße drücken und massieren, hörte etwas über Theorie und Philosophie fernöstlicher Heilkünste und schmolz entspannt dahin. „Bitte nicht aufhören." „Doch, es ist Abendbrotzeit."

An diesem Nachmittag und Abend habe ich so viel gelacht wie schon lange nicht mehr, und fand diese Seite des Daseins abseits von Stille, Traurigkeit und Alleinsein sehr, sehr schön.

Mouseturtle

Terradillo de los Templarios - El Burgo Ranero > 32 km

6 Uhr 30.
Nein, nicht aufwachen, es ist so schön zu schlafen. War das eine gute Nacht, aber wieso sind alle Betten leer, wo sind die anderen Mädels? Ich habe nicht bemerkt, dass sie gegangen sind, habe herrlich fest geschlafen und fühle mich pudelwohl. Na, dann stehe ich jetzt auch auf und packe, kaufe mir bei der Señora im Restaurant Tee zu den seltsamen Essensresten aus meinem Rucksack, und frühstücke im dunklen Garten. Nur mit mir, weil niemand mehr hier ist, den ich kenne und der mir „Guten Morgen“ sagt. Seltsam wieder so allein zu sein nach der netten Gesellschaft gestern Abend, doch ich habe es ja so gewollt. Eigentlich ist die Kombination von Tagsüber-allein-Wandern und Abends-Gesellschaft-Haben-oder-auch-nicht ideal. Und die Momente, in denen ich mich verloren und einsam fühle? Die gehören wohl einfach zum Leben.

Niemand ist auf der Straße in der Dunkelheit vor oder hinter mir, aber auch heute ist der Weg nicht zu verfehlen. Die Dorfstraße wird zum Feldweg und der wird zur durchgehenden Piste zwischen zwei Landstraßen ohne Verkehr. Was für eine einsame Welt, in der ich mich meines Daseins freue, und welch unvergesslicher Sonnenaufgang über den Hügeln. Jetzt würde ich gern wie ein Vogel fliegen und singen können, doch ein Dankgebet an Gott muss reichen, um meine Freude über mein Leben auszudrücken – wie bin ich doch glücklich! Auch die wohltuende Stille ist wieder um mich, und das weite Land und ein guter Weg unter meinen Füßen.

Die Landschaft ist eintönig, doch mir fehlt nichts. Ich laufe flott, beobachte Vögel, lasse meine Gedanken Gedanken sein, schaue zum einzigen Dorf hinüber, grüße hin und wieder einen anderen Menschen, und muss leider der Piste neben eine Schnellstraße folgen, wo Sahagún in der Ferne zu sehen ist. Noch einmal gabelt sich der Weg, ich wähle den schmaleren, grünen, weil ich nicht weiß, welcher wohin führt, und komme zu einem Flüsschen und einer frei stehenden romanischen Kapelle. Wieder so ein magischer, phantasieanregender Platz, doch die Kirche ist verschlossen, ich kann mich nur draußen in den Schatten legen, um ein Weilchen zu träumen. Natürlich nicht für lange, ich hab jetzt Lust auf Café und Sahagún ist nicht mehr weit, nur noch durch Gartenland, dann bin ich schon zwischen den Häusern dieser alten Pilgerstadt.

Aber wo sind die gelben Pfeile? Der Ort ist größer als die letzten, und es gibt ziemlich viele Gassen. Jetzt vermisse ich einen Reiseführer, fühle mich unsicher, doch gehe einfach weiter und – natürlich kommt alles wie es soll – da ist meine ersehnte Pastelería, ein belebtes Gartencafé auf einem baumbestandenen Platz. Und mittendrin sitzen Roberte und Eric. „Guten Morgen Langschläferin, wir haben auf dich gewartet, denn du weißt doch bestimmt nicht, welchen Weg du heut gehen wirst." „Wie, welchen Weg?" „Für die nächsten 27 Kilometer gibt es zwei Möglichkeiten, den historischen Camino und eine Nebenroute. Aber mach dir keine Gedanken, geh einfach mit mir."

Erics Angebot hört sich gut an. „Warum nicht?" Ich möchte mich um nichts sorgen, nur hier im Baumschatten von den 13 Kilometern in zwei Stunden und zwanzig Minuten heute Morgen ausruhen, mehr von diesem leckeren Kuchen essen, und noch mehr café con leche, „grande, por favor". Schade, dass Roberte sich schon verabschiedet, um sich anderen Wanderern anzuschließen. Wir nehmen uns in die Arme, sie küsst mich liebevoll schwesterlich auf die Wange, und da schmilzt meine Reserviertheit gegenüber Frauen ein wenig.

„Musst du noch einkaufen? Dann tu es jetzt, heut gibt es keine Gelegenheit mehr!" Schon wieder Fürsorge – himmlisch. „Ja, ich lauf schnell rüber zur Apotheke, hab meinen Fußpuder in Hontanas vergessen." Wieder dauert es typisch-spanisch-lange, bis die Apothekerin und ihre Kundin ausgeschwatzt haben, doch in der Zwischenzeit kann ich meinen nächsten spanischen Satz lernen: „Polvo para los pies, por favor."

Ich bin nicht die Einzige, die im Café Schuhe und Strümpfe auszieht, um ihre Füße zu pflegen, aber bestimmt die Einzige, die ihre erste Blase hier entdeckt, eine kleine, an der Spitze meines rechten Mittelzehs. „Ist das wirklich deine erste? Nach drei Wochen? Komm, ich mach das schon." Eric umwickelt mein Zehlein routiniert – und ich kann das problemlos annehmen. Das ist eine gute, neue Erfahrung für mich, die ich doch immer alles selbst können will.

Das alte Sahagún sehe ich nur im Vorbeigehen. Schade, denn noch immer steht das mächtige Benediktinerkloster aus dem 11. Jahrhundert, umgeben von Kirchen und Ruinen ehemaliger Herbergen und Konvente. Eric drängt zur Eile, weil der Weg heute noch weit ist, und ich füge mich. Es ist hübsch, durch die Straßen zu laufen und über die Brücke des Río Cea, von der aus wir moderne, knallbunte Skulpturen auf einer Insel im Fluss entdecken, witzig und leicht nach der Backsteinenge. Auf der anderen Flussseite zeigt Eric auf einen Pappelwald: „Das ist der historische Wald der tausend Lanzen. Kennst du die Legende?

Karl der Große zog mit seinen Rittern zu einer Schlacht gegen den Maurenfürsten Aigiolandus. Sie lagerten hier, und einige seiner Männer steckten ihre Lanzen abends senkrecht in den Boden. Am Morgen waren einige der Lanzen mit Rinde und Laub bewachsen. Es war ein Zeichen, dass ihre Träger in der kommenden Schlacht zu Märtyrern würden! Obwohl die verwurzelten Lanzen dicht über dem Boden abgeschnitten wurden, entspross der Erde dieser neue Wald.

„Danke für die nette Geschichte Eric, aber sprichst du bitte etwas langsamer?" Sein Wortschatz ist wesentlich größer als meiner, ich muss mich bemühen, ihn zu verstehen und mich klar auszudrücken. Er ist nicht sehr geduldig, und ich bin es nicht gewohnt Englisch zu sprechen, kann nicht immer auf den Punkt bringen, was ich meine. Doch Zuhören ist gut, und Zeit dazu habe ich genug auf 19 Kilometern Sandweg an einer kleinen, ruhigen Straße. Das Land ist eben, nur in der Ferne erheben sich Berge. Neben der Straße quaken Millionen Fröschlein in Gräben, und aus flachen Schilflagunen voll schnatternder Enten fliegen Vögel auf. Wir sind gute Wandergenossen, haben das gleiche

Tempo und verstehen uns immer besser. Unsere Stimmung ist leicht und fröhlich, wir schweigen, singen und lachen, wandern immer geradeaus.

„Kannst du dir vorstellen, auch die nächsten Tage mit mir zu gehen? Dann wäre ich sicher.“ Erics Frage überrascht mich. „Sicher wovor, Eric?“ Er zögert. „Ach, ich weiß auch nicht, vielleicht will ich nicht allein sein. Ich weiß so vieles nicht, hab viele unbeantwortete Fragen. Mir fehlt immerzu der Schlüssel zum Verstehen. Bin immer auf der Suche – aber weiß nicht, nach was.“

Ich zucke zusammen. Er benutzt meine Worte. Auch ich fühle mich schon so lange auf der Suche und wüsste gern, wonach eigentlich. Ist es das, was uns trotz unserer Unterschiedlichkeit zueinander zieht? Sind wir Seelenverwandte? Warum sonst wären wir so schnell miteinander vertraut, dieser junge Mann, der mein Sohn sein könnte, und ich? Und warum sonst könnten wir uns eine Stunde später schon streiten, wie es nur Freunde können, als er mir sagt: „Du lavierst herum, don't play, lifetime is too short. Come to reality.“ Was fällt ihm ein, Dinge so schonungslos und punktgenau auszusprechen, wie sonst nur ich es tue! Aber ich weise ihn wenigstens schnippisch in seine Schranken: „Sei bitte nicht mein Therapeut oder mein Lehrer“, und dann schweigen wir maulend, bis ein schattiger Rastplatz lockt. Mein Muskelkater unten an den Schienbeinen wird heftiger und ich habe Hunger, es ist Zeit für bröckelige Kekse, Oliven aus der Dose und krumpelige Käsereste.

Gut, meine Beine hoch zu legen, damit das Zwacken aufhört. Und auch wenn Eric mir einen Vogel zeigt, und sagt, dass es das nicht gibt, glaub ich fest daran, dass sich in meinen Beinen, da wo es wehtut, gerade neue Muskeln bilden.

Nur schlecht, dass nach der Ruhe jeder Schritt von leichtem, ziehenden Schmerz begleitet wird. Und dass der leichte Schmerz stärker wird. „Vielleicht hast du Tendinitis.“ Was soll das sein? Ich verstehe seine Erklärung nicht, aber egal, wie es heißt, es quält mich zunehmend heftiger, und ich nehme Erics Angebot an, die letzten Kilometer meine Beine zu entlasten, in dem er meinen Rucksack trägt. Vorne auf der

Brust. Und ich seinen Stock. „Geh langsam." „Okay kleiner Bruder. Heut Nachmittag geb ich gern die Verantwortung für mich ab, führ du mich und sag mir, was ich tun soll." Ohne Gewicht läuft es sich tatsächlich besser. „Wahrscheinlich bist du die letzten Tage zu viel und zu schnell gegangen. Bestimmt hilft dir Ruhe und morgen ist es besser. Langsames Gehen passt auch besser zu dir. So wie du angezogen bist und dich gibst erinnerst du mich an die kleinen, grauen Mäuse, die ich früh morgens häufig an den Wegen sehe. Doch mit deinem Rucksack siehst du auch ein bisschen wie eine Schildkröte aus. Und wenn du jetzt so langsam gehst, bist du eine echte ‚mouseturtle'."

Mauseschildkröte! Süß! Wer heißt schon so? Jetzt lache ich wieder und versuche die Schmerzen zu ignorieren, die werden schon wieder verschwinden. Wir gehen langsam, brauchen lange und sind halbverhungert, als wir endlich nach El Burgo Ranero kommen. Ein kleines Kaff. Und das einzige Restaurant öffnet – wie überall – erst um 20 Uhr. Aber es gibt im einzigen Laden saftigen Thunfisch-Blätterteigkuchen, den wir auf einer Bank am Dorfplatz kleckernd, krümelnd und gackernd verschlingen.

„Gut, dass ich mit dir gegangen bin, und danke fürs Rucksacktragen Eric." „Kein Problem. Und jetzt ruh dich aus, ich sorg dafür, dass wir bald Abendessen bekommen. Wegen morgen mach dir keine Gedanken, ich kümmere mich um dich. Du hast zwar meine Frage nicht beantwortet, doch wenn du magst, begleite ich dich. Ich bin nicht gern allein."

Unser Zusammensein hatte mir gut getan, ich tendierte zu Ja. Warum sollte ich reserviert und distanziert bleiben wie sonst? Warum immer denken und planen? Wie leicht es ist Ja zu sagen, und wie gut es sich anfühlte, nicht immer die Kontrolle zu haben, hatte ich heute gespürt.
Und ich konnte jederzeit wieder allein meiner Wege gehen … Doch wer weiß, was morgen sein würde. Jetzt interessierten mich nur noch mein knurrender Magen und mein Bett.

Tendinitis

El Burgo Ranero - Mansillas de las Mulas > 20 km

Eric, mein Held, was wäre ohne dich aus mir geworden!

Deprimiert und mutlos hocke ich vor meinem Frühstück. Meine Beine schmerzen nach dieser unruhigen Nacht, kaum konnte ich die Treppe hinuntergehen, jeder Schritt tut weh. Was nun?

Da erscheint mein Ritter und entscheidet für mich: „Du musst zu einem Arzt. Ich werde dich begleiten und deinen Rucksack tragen. Geh, so weit du es schaffst, aber vielleicht müssen wir bis Mansillas." – Nein, das kann ich nicht annehmen. Der Arme kann doch nicht seine Zeit opfern und schon gar nicht zwei Rucksäcke tragen, er kann doch selbst kaum laufen. Es braucht einen Moment, bis ich durchschaue, dass ich den erwachsenen Menschen, der mir Hilfe anbietet, nicht ernst nehme. Und die Realität sehe: Allein kann ich nicht weiter. „Willst du das wirklich auf dich nehmen?" „Wenn ich's dir sage! Ich hab schon mal einen ganzen Tag lang zwei Rucksäcke getragen, mach dir um mich keine Sorgen." Gut. Ich sage: „Ja gern, Danke für dein Angebot, lass es uns versuchen."

20 Kilometer ist Mansillas de las Mulas entfernt. Ob ich das schaffe? Auf dem harten Untergrund des Sandwegs, wo mir bei jedem Schritt ein schneidender Schmerz durch meine Schienbeine sticht? Es muss gehen, langsam und behutsam. Ohne lachen heute, ohne singen, ich beiße die Zähne zusammen, hab's in den letzten Jahren gelernt. Aber das hilft nicht, ich muss doch stöhnen und jammern. Auch die Notfallschmerztablette wirkt kaum. Ich quäle mich schrecklich.

„Du bist sehr tapfer und stark und tust mir Leid." Danke, Eric. „Versuch's doch mal mit ‚suggestiver Körperteilabspaltung', das kenn ich vom Tanzen. Konzentriere dich auf einen Teil deines Körpers und ignoriere die Beine, lass sie mechanisch gehen." Er fasst meine Hand und drückt sie ganz stark, und ich versuche an nichts anderes als an diesen Druck zu

..ken, meine Beine zu vergessen und einfach nur zu gehen. „Es funktioniert nicht!" Ich bin am verzweifeln. „Doch es geht, reiß dich zusammen!" Eric terrorisiert mich unerbittlich und ich leide, aber er lässt nicht locker und zwingt mich zu Disziplin. Immer weiter, doch die Schmerzen beherrschen mich, höhlen mich aus und machen mich gereizt. Ich möchte allein sein und auch wieder nicht, will weinen und traue mich nicht. Aber ich muss weinen. „Eric, geh bitte vor mir." Er soll meine Tränen nicht sehen.

Verzweifelt senke ich den Kopf, und meine Wahrnehmung reduziert sich auf Erics Füße – meine Beine bewegen sich wie automatisch in seinem ruhigen, gleichförmigen Rhythmus, Schritt für Schritt. Wir sind ein Vierfüßler. Ich bin der hintere Teil eines Scharadezirkuspferdes, denke nicht mehr, habe mich ganz übergeben. Lasse mich ziehen. Wenn er stehen bleibt, kann ich keinen Schritt weiter, wenn er den Tritt wechselt, tue ich es auch. Es geht mir sehr schlecht, aber ich halte durch. Stunde um Stunde, bis wir Reliegos erreichen und eine Bar finden, wo ich halb zerstört endlich auf einen Stuhl falle – mit dem Rücken zum Raum, damit niemand mein verweintes Gesicht sieht. Nur Eric gegenüber verstelle ich mich nicht mehr. Er sorgt und kümmert sich liebevoll um mich, befragt den Barkeeper, telefoniert und befiehlt mir zu essen und zu trinken, damit ich zu Kräften komme. Leider gibt es hier keinen Arzt, wir müssen nach kurzer Pause weiter nach Mansillas. „Ich hab dir dort telefonisch ein Pensionszimmer bestellt. Meinst du, dass du es bis dahin schaffst, oder soll ich versuchen eine Taxe für dich zu kriegen?" Nein, so schlimm ist es nicht, noch tragen mich meine Beine. Wenn ich nur nicht vom Stuhl aufstehen und die ersten Schritte machen müsste – jetzt bräuchte ich einen großen Schnaps! Doch stattdessen nehme ich meine zweite und letzte Tablette, die mich nahezu betäubt. Mir wird beinahe alles egal, ich bringe auch die letzten anderthalb Stunden irgendwie hinter mich, lasse mich in eine Pension begleiten, ins Bett legen, und dämmere, bis ein Arzt kommt. Der kennt das schon, diagnostiziert tatsächlich Tendinitis, Sehnenentzündung durch Überanstrengung, und verordnet mir

Ruhe. „Erst einmal ist Schluss mit Gehen, nehmen Sie die Tabletten, die ich Ihnen aufschreibe."

Nicht mehr gehen? Na und? Egal. Lethargisch liege ich und lasse sein, was ist, lasse geschehen, was geschieht, es ist mir gleich. Eric bringt mir Medikamente, Wunschsuppe und Saft. Das tut gut, und langsam erhole ich mich.

„Danke, Eric. Warum tust du das alles für mich?" Wieder lächelt er sein gewinnendes Lächeln: „Ich würde das nicht nur für dich tun, ich sagte dir doch, dass ich allen auf dem Camino helfe, die Hilfe brauchen! Und außerdem hab ich ziemlichen Respekt vor deiner Zähigkeit. Niemand, den ich kenne, hätte das heut ausgehalten." Berührt freue ich mich über sein Kompliment, zu schwach, um verlegen zu werden.

„Warum hilfst du allen?" Er setzt sich auf mein Bett und beginnt zu erzählen, anfänglich allerlei Lalala über Menschenfreundlichkeit, doch zunehmend intimer: Von seiner Einsamkeit und seiner Zerrissenheit zwischen dem Wunsch, sich frei zu fühlen, und dem Bedürfnis nach Zugehörigkeit – er ist plötzlich nicht mehr mein starker Ritter, sondern wirkt hilflos und allein. Und ich reagiere darauf, in dem ich von anderen Menschen und ihren Sehnsüchten und Bedürfnissen spreche – warum? Warum muss ich erst seine fassungslose Wut und Traurigkeit als Reaktion darauf sehen, bevor ich mich beschämt an eine ähnliche Situation erinnere? Als einer meiner Söhne über seinen Kummer und seine Probleme sprach und ich ihm gutgemeinte Ratschläge gab, seine Not erst begriff als er weinend schrie: „Hör doch einfach nur mal zu!"

Ja, ich will aufmerksam sein, da sein, so wie ich es mir selbst wünschte, mich ihm ganz zuwenden und wirklich zuhören. Er hat seine Maske vor mir fallen lassen und vertraut sich mir an, spricht noch sehr lange, wird irgendwann ruhiger, und wie selbstverständlich fällt mir in dieser fragilen Stimmung der ‚Ozeanische Begleiter' ein – ein liebevolles Halten-und-Gehalten-Werden. Ich setze mich an das Kopfende meines Bettes, öffne die Arme und frage Eric, ob er sich zu mir setzen und sich anlehnen möchte. Nur kurz schaut er verunsichert: „Jetzt bist du die Therapeutin", dann legt er

seinen Rücken an meine Brust und den Kopf an meine Schulter, und ich halte ihn und wir sitzen ganz still.
Geborgen vom ganzen Universum.

Lange sitzen wir so, bis er die Stille unterbricht: „Zum ersten Mal seit 17 Jahren versteht mich jemand."

Und ich? Ich fühle mich reich beschenkt, voll innerer Ruhe und tiefem Verstehen, und als hätte ich etwas wieder gut gemacht.

Wiedersehen

Mansillas de las Mulas

„Guten Morgen, wie geht es dir?"
Es ist mir schon zu viel, zur Tür zu gehen. Die Schienbeine schmerzen sogar beim Liegen, aber habe ich ein Wunder erwartet? So schnell kann sich nichts bessern. Wie gut, dass jemand da ist, der sich um mich sorgt und mir Mut macht. „Ich werde mit dir hier bleiben, ein Tag Ruhe wird auch mir gut tun, und du brauchst noch Hilfe." Ja, ich fühle mich hilflos, bin ihm dankbar für sein Angebot, und nun will er mir sogar Frühstück heraufholen: „Du solltest gar nicht aufstehen." Aber Frühstück im Bett war mir schon immer ein Gräuel, und es sind auch nicht viele Treppenstufen hinunter in die Bar, wo der wortkarge Wirt nur kurz aufschaut. „Frühstück macht meine Frau." Scheu scheint sie, war früher sicher mal ein schönes Mädchen, aber jetzt sieht sie verarbeitet und erschöpft aus. Freundlich und still serviert sie uns ein üppiges Frühstück, und dann quäle ich mich wieder die Treppe hinauf, ruhe und schlafe bis zum Nachmittag.

Und halte zwischendurch meinen Ritter auf Trab, der scheinbar nur darauf wartet, dass ich etwas brauche oder wünsche. Welche Wonne. Ich liege in weichen Kissen, die Beine hoch und bitte um Saft und Obst, und „mein Flaschenhalter ist kaputt, vielleicht findest Du einen Schuster" und „Körperöl hätte ich gern aus der Apotheke. Und

Nüsse." Er verwöhnt mich wie eine Mutter und ich genieße es, doch das Stillliegen macht mich zappelig, ich möchte mich bewegen, an die frische Luft. „Glaubst du, ich könnte langsam spazieren gehen?"

Wir probieren es und schleichen durch den Ort. Zu den Auen und Badeplätzen am Río Esla, durch Gassen und über niedliche Plätze mit Geschäften. Wie Urgroßmutter und Großvater. Ganz langsam, dann ist der Schmerz gedämpft. Mit Pausen, wenn es zu sehr zwickt. Ich will geduldig sein und die Grenzen respektieren, die mir mein Körper setzt. Offenbar bin ich schon wieder nicht achtsam genug mit mir umgegangen und muss nun die Einschränkung akzeptieren. Warum ist es nur so schwer, zu lernen? Warum brauche ich schon wieder eine Zwangspause? Lieber Gott, du und ich haben es nicht leicht mit mir.

Am Marktplatz ruhen wir auf einer Bank aus, und heute erzähle ich. Von Maja. Woher wir uns kennen und von unserer Zeit miteinander auf dem Camino. Von meiner Schwierigkeit, mein Bedürfnis nach Alleinsein zu verstehen und umzusetzen, und dass ich mir mein Handeln, tief drinnen, immer noch nicht ganz erlaube. Dabei dreht Eric den Kopf und lächelt jemandem zu, und ich schaue auch und sehe – Maja angewandert kommen.

Ich traue meinen Augen nicht – und fühle mich ertappt. Nein, ich habe sie nicht allein gelassen, um mit jemand anders weiterzugehen. In meinem Kopf rattert es. Ich muss es ihr erklären. Wieso kommt sie genau in dem Augenblick, in dem ich über sie spreche? Was bedeutet das, wo es doch keine Zufälle gibt? Wie ein Automat stehe ich auf, gehe zu ihr und küsse sie – sie reagiert nicht. „Ich glaub das nicht, wir sprechen grad von Dir! Wie geht es Dir? Gut? Ich kann nicht mehr gehen." Ich plappere irgendwas, sie sieht mich an, grinst und sagt „Es geht mir gut. Und du kannst nicht mehr gehen?" Schweigen. Sie lacht. Was für ein schrecklicher Moment. Statt dass wir miteinander reden, geht sie: „Ich muss erst mal ankommen, will jetzt zur Herberge. Bis später."

„Was ist, warum hat sie gelacht?" Eric reißt mich aus meiner Erstarrung. Ich weiß es nicht, aber fühle mich ausgelacht, bin gekränkt, möchte nicht mehr an diesen Moment denken. Und auf „später" habe ich keine Lust. Nein, wir wollen einander auf dieser Reise nicht mehr treffen – beide haben wir es signalisiert und beide haben es verstanden. Gut, dass Eric mich ablenkt: „Lass uns zurückgehen, ich zeig dir was." Ja, bring mich auf andere Gedanken.

In unserer Bar zieht er mich freudig aufgeregt und geheimnistuerisch neben sich vor die Internetstation, öffnet die Websites von Montreux und Lausanne, zeigt mir, wo er geboren und aufgewachsen ist. „Da, zwischen diesen Bergen." Blättert Seite um Seite seiner Homepage auf, erzählt von seiner Familie, seiner Arbeit an der Universität von Wroclaw, vom Tanzen und von seinen Schülern.

Widerstand. In mir entsteht Widerstand. Das will ich alles gar nicht wissen und sehen. Der da auf dem Bildschirm ist nicht mein Caminofreund, sondern ein richtiger Mann mit einem richtigen Leben. Und das hat mit mir nichts zu tun.

Er versteht mich erst, als ich auf seine Frage „Und wo bist du? Zeig mir was von dir" schweige. Doch er sagt nichts, nur die Atmosphäre zwischen uns verändert sich fast unmerklich.

Abends traue ich mich noch einmal auf die Straße. Ins Nebenhaus zum Essen, wo wir uns über einen Vertreter für elektrisch beheizte Bettdecken amüsieren, der im Gastraum eine Verkaufsausstellung aufbaut. Für die Einheimischen in ihrem ganz normalen Leben. Von dem wir in unserer Caminowelt getrennt sind. Durch diese unsichtbare Grenze, die Eric heute durchbrochen hat. Wir sind in einer Sonderwelt außerhalb des Alltags, sind eine Gemeinschaft, die für ein paar Wochen aus dem Lebensgetöse ausgestiegen ist. In eine andere Realität, in der andere Regeln gelten.

In der Nacht weckt mich Türenklappen und Klopfen. Ein bleiches Gespenst, dass sich vor Schüttelfrost kaum auf den Beinen halten kann, kommt fieberglühend von der Toilette gewankt. „Hilf mir bitte, ich muss mich dauernd übergeben und jetzt ist mir schrecklich kalt, gib mir deinen Schlafsack." „Ach du Armer." Gut, dass ich Medizin für solche Fälle dabei habe. „Komm, schluck", und dann bring ich ihn ins Bett, deck ihn warm zu, und bin froh einigermaßen laufen zu können, weil ich mich jetzt revanchieren kann.

Am Morgen geht es seinem Magen besser, doch er hat hohes Fieber und bekommt trotz Gegenwehr von mir Wadenwickel verpasst. Ich fühle mich, als würden wir uns 100 Jahre kennen, bitte die Wirtin um heißes Wasser für Magentee, der tief in meinem Rucksack eingegraben ist, seit ich ihn irgendwo versehentlich gekauft habe, und schaffe es, ihr mit Zeichensprache zu erklären, dass Eric das Zimmer noch braucht. Mir geht es besser, meine Medikamente beginnen zu wirken und die Schmerzen sind weniger geworden. Ich kann sogar schon bis zur Apotheke gehen, ganz langsam. Dann schläft der Patient, und ich ruhe mich auch aus und kann danach den nächsten Gang wagen. Zur Tienda um die Ecke, weil er unbedingt Joghurt möchte. Und dann schlafe ich ein bisschen und schaue wieder nach ihm. Sein Fieber ist anscheinend nicht niedriger, doch er scheint geistig ganz klar zu sein, als er mich bittet: „Beim Schuster gibt es Tim-und-Struppi-Hefte. Kannst du so weit gehen, um mir eins zu kaufen? Ich habe sie als Kind immer gelesen, wenn ich krank war."

Na klar, Mami macht das gern, dann kann ich auch Mansillas erkunden, es ist so hübsch. Überall sind Storchennester auf den Kirchtürmen, und einer der halbverfallenen Wehrtürme hat eine Treppe, die ich ganz vorsichtig hochsteige. Da liegt die verwinkelte, schiefergedeckte Stadt unter mir, in ihrer mächtigen, von Stadttoren durchbrochenen Mauer. Zwischen den kleinen Straßen werkeln Menschen in ihren Obst- und Gemüsegärten, alles scheint Idylle, schöne, heile Welt. Da sitze ich und schaue über den Alltag anderer und es geht meiner Seele gut. Ich fühle mich auf einem neuen Weg, weil ich in den letzten Tagen das Annehmen gelernt habe und Verantwortung für mich abgeben konnte. Nun muss ich nur noch mehr auf mich achten.

Die Wirtin hat ihre Zurückhaltung abgelegt und lächelt immer häufiger. Mit ihren traurigen Augen. Als würde sie gern an meiner Stelle sein. Unterwegs und frei. Doch sie hat nicht das Problem, dass ich jetzt lösen muss: Wir müssen morgen unsere Zimmer räumen, weil sie vermietet sind. Was nun?

Eric sieht da keine Schwierigkeit. „Ich bin morgen wieder gesund und kann nach León laufen. Die 19 Kilometer werden mir nichts ausmachen und du nimmst den Bus. Der fährt an der Brücke gleich hier vor der Tür ab, und in León wird es für dich nicht schwer sein, eine neue Unterkunft zu finden." Nur kurz versuche ich ihn von seiner verrückten Idee abzubringen: „Du redest im Fieberwahn. Wie willst du morgen laufen? Aber tu, was du willst." Ich werde mit dem Bus fahren und noch ein paar Tage in León pausieren. Der Arzt hat von zwei Wochen gesprochen, doch so lange wird es hoffentlich nicht dauern, ich bin da ganz zuversichtlich. Und überdies warte ich beharrlich auf ein Genesungswunder.

Welch ein Tag!

Mansillas de las Mulas - León per Bus

„Du willst also wirklich laufen?" Eric steht tatsächlich mit seinem gepackten Rucksack vor mir. „Warum nicht? Ich habe kein Fieber mehr. Dein Bus fährt in einer Stunde, wir haben noch Zeit zum Frühstücken."

Eine Stunde nur noch, und in meinem Zimmer sieht es aus, als hätte eine Bombe eingeschlagen. Wo kommen bloß all die Sachen her? Schnell die Schienbeine bandagiert und die Klamotten in den Rucksack, und dann runter und raus. Geld und Schlüssel legen wir auf die Theke, weil niemand da ist, offenbar schlafen alle noch, und dann ziehen wir die Tür hinter uns zu und gehen zur Pastelería am Ende der Straße. Aber ich habe keine Ruhe, weil ich nicht weiß, ob und wann wieder ein Bus fährt, will sicher sein und diesen nicht versäumen. Eric hat die gleichen Gedanken: „Treffen wir uns in León? Um 12 Uhr vor der Kathedrale. Ich möchte wissen, ob du heil hinkommst."

Natürlich bin ich viel zu früh an der Haltestelle, habe Zeit Eric kopfschüttelnd hinterher zu gucken als er über die Brücke davonwandert, und kann von der morgendlichen Hatz verschnaufen.

Aber irgendwas ist nicht rund. Irgendetwas stimmt nicht. Was war heute Morgen? Irgendwas ist mit meinem Credencial. Eric hat es stempeln lassen und es mir zurückgegeben. Wo habe ich es hin getan? Gut, dass alle Dinge feste Plätze im Rucksack haben, aber ein Handgriff und ich merke, dass es nicht dort ist, wo es hingehört. Jetzt werde ich nervös, wühle, grabe, packe aus. Es ist überhaupt nicht im Rucksack. Alles ist ausgeleert, alle meine Sachen liegen ausgebreitet auf der Straße, ich finde es nicht. Und jetzt hält der Bus und der Fahrer öffnet die Tür und sieht mich fragend an. Was soll ich tun? Er muss losfahren, obwohl mich das in Panik versetzt, aber ich kann nicht ohne mein allerwichtigstes Reisedokument weiterziehen. Noch einmal wühle ich alle Sachen kopflos durch, packe sie wieder ein und bin kurz vor einem Nervenzusammenbruch. Ich muss es unbedingt wiederhaben. Es kann nur in meinem Zimmer liegen geblieben sein.

Zur Pension sind es nur ein paar Schritte, doch die Tür, die wir vorhin geschlossen haben, ist von außen nicht zu öffnen. Eine Klingel gibt es nicht und auf mein Klopfen reagiert niemand. Ein Postbote kommt. Vielleicht kann der mir sagen, wie ich jemanden im Haus erreichen kann. Doch er versteht mich nicht und schüttelt nur den Kopf. „Cerrado, cerrado." Geschlossen. Ja, das merke ich! Aber vielleicht den ganzen Tag? Was mache ich jetzt? Wie kriege ich in dieser Situation einen klaren Kopf? Erst mal ruhig und tief atmen. Denken. Ich brauche jemanden, der Spanisch spricht, aber auch mich versteht. Die Pastelería! Vielleicht sind dort noch andere Pilger. Also zurück dorthin und zitternd mutig eine Gruppe frühstückender Wanderer angesprochen: „Spricht eine von euch Englisch und Spanisch?" Eine resolute Frau reagiert sofort: „Yes, what's your problem?" Sie versteht nicht nur mein Gestottere, sondern schreitet auch sofort zur Tat: „Ich ruf da an." Aber es läuft nur ein Band. „Na, dann komm mal mit, wir gehen zusammen hin." Im Eilschritt läuft sie vor mir die Straße hinunter „Ist es dort?“, bollert hemmungslos so laut an die Tür, wie ich es mich nicht getraut habe, und brüllt spanische Worte. Immer wieder. Bis nach schier endloser Zeit Bewegung hinter der Scheibe ist – und der wortkarge Wirt schlaftrunken und verwirrt öffnet. „Danke, Señora.“ Ich bin – wieder mal – gerettet.

Doch noch habe ich mein Credencial nicht, muss noch bange Minuten suchen, bis ich es im dritten Anlauf im Chaos zwischen der zerknautschten Bettdecke finde. Mir fällt ein Stein vom Herzen, der Wirt ist mir plötzlich sympathisch und wegen des Busses habe ich keine Sorgen mehr. Ist nicht immer alles gut ausgegangen? „Adiós, Señor, gracias“, wieder hinaus auf die Straße und Adiós, du schönes Mansillas.

Da kommt auch schon der nächste Bus und fährt mich in 30 Minuten zum Leóneser Busbahnhof.

Wo bin ich jetzt und wo muss ich hin? Und kann ich gehen, wenn ich den Rucksack trage? Auf einem großen Übersichtsplan scheint der Weg zur Kathedrale einfach zu sein: Flussparks, Neustadt, Altstadt. Die ersten Schritte sind ungewohnt, doch meine Bandagen verteilen den Muskelzug, es tut nicht sehr weh. Ich versuche den eingeprägten Weg zu finden, doch ich verlaufe mich wieder, wie in Burgos. Wieso habe ich kein Gefühl mehr für Richtung und Ziel? Vor mir ist eine Stadtmauer. Bin ich innerhalb oder außerhalb der Altstadt?

Und wieder kommt ein Retter, sieht mich hilflos umherschauen und zeigt mir den Weg zur riesengroßen Altstadt, die viel prächtiger und belebter ist, als ich es erwartet habe. Zwischen den alten Gebäuden laufe ich durch Straßen und Gassen, bis ich eine kleine Kirche sehe, in der ich Gott danke, dass ich besser laufen kann und mein Herz trotz Aufregung und Schmerzen froh ist.

Ein malerischer Marktplatz voller Menschen, Hühnern, Olivenfässern, Obsttürmen, Gemüsekisten, Weinfässern, Brotverkäufern und lautem Geschrei öffnet sich hinter der Kirchgasse. Ein Viereck aus dreigeschossigen Renaissancehäusern, mit Arkaden und umlaufenden Reihen von Balkonen. Wie eine italienische Piazza, herrlich. Hier ein

Weilchen sitzen und schauen, meinen Blick über die schönen alten Fassaden schweifen lassen – bis ich an einem Balkon im obersten Geschoss ein großes blaues P entdecke, das Symbol für eine Pension. Ja, hier würde ich gern wohnen. Also nichts wie hin und klingeln und durch ein mit Zeitungspapier ausgelegtes, dunkles Treppenhaus hinauf in eine uralte, seltsame Wohnung, in der eine lebhafte, junge Frau mir zuerst ihre Mutter vorstellt und dann ein Zimmer mit einem Balkon zum Marktplatz zeigt. Es ist klein, rumpelig, wunderschön und kostet nur 15 Euro.

Die Kathedrale ist gleich um die Ecke. Nur ein kurzer Weg durch eine Gasse, dann stehe ich im Sonnenschein auf der Plaza de la Regla und bestaune das architektonische Wunder und die umgebenden Gebäude – voller Ehrfurcht vor dem Mut und dem Können der mittelalterlichen Baumeister. Und da kommt Eric. Mit einen großen, bunten Blumenstrauß im Arm. „Für dich, weil du für mich da warst." Puh, was für ein Tag.

Ich würde dir gern meine Gefühle in dem Moment beschreiben, aber ich kann es auch heut noch nicht.
Vordergründig freute ich mich ganz unschuldig, so wie Frau sich über Blumen freut – doch da war auch ein ‚mich-geschmeichelt-fühlen'. Ein intelligenter, sehr gut aussehender Achtunddreißigjähriger schenkte mir einen so riesigen Strauß – das hätte auch heiligere als mich bezaubert! An diesem Ort, in dieser Atmosphäre.
Ich habe keinen Gedanken daran verschwendet, zu verstehen, in welcher Beziehung wir zueinander standen, das hatte sich in den letzten Tagen eh ständig verändert. Ich war einfach glücklich. Nicht nur über die Blumen und weil ich wieder gehen konnte, sondern auch dass Eric mir eröffnete, er würde hier in León bleiben, der Weg hatte ihn angestrengt.
Nein, ich hab nicht hingesehen, ließ geschehen, was geschah, lebte einfach.

„Bienvenido." Meine Vermieterinnen haben noch ein freies Zimmer, von dem Eric entzückt ist: „Das ist wie nach Haus kommen", die Damen sind wiederum entzückt von seiner charmanten Art zu plaudern, rundherum ist eitel Harmonie. Ich setze mich auf meinen Balkon in die Sonne, lege die Beine hoch und beobachte Männer, die den Markt abräumen. Fühle mich beneidenswert frei, brauche nichts zu tun, was für ein Luxusleben. Und so schrecklich krank bin ich auch nicht mehr.

Denn dann hätte ich nicht so viel Spaß am nachmittäglichen Stadtbummel in der lebendigen Stadt. Alle Bewohner scheinen auf den Straßen zu sein, Großfamilien promenieren, sitzen in Straßencafés und Bars. Überall ist Fröhlichkeit, wird getanzt und gelacht. Das zieht uns mit, wir werden übermütig und unbeschwert, und Eric sagt unvermittelt, dass er heute auch gern zu den ganz normalen Familien gehören würde und es passend fände, mit mir verheiratet zu sein. Wie süß, er bringt mich immer wieder zum Lachen. „Du gut aussehender Mann, nach dem sich alle Frauen umdrehen, wählst mich angeschmuddelte Wanderoma? Danke, leider zu spät, ich bin schon vergeben – und du hast scheinbar vergessen, dass ich deine Mutter sein könnte." Er schmunzelt. „Okay, dann muss ich eben weitersuchen. Aber darf ich dich wenigstens zum Essen einladen? Dort oben." Er zeigt auf den ersten Stock eines Luxusrestaurants über einer belebten Plaza, und da sitzen wir wenig später vor blitzendem Porzellan an einem weiß gedeckten Tisch und ich esse das erste Mal kein Pilgermenü – was für ein Wohlleben. Es ist mir gleich, dass ich im Outfit zwischen all den eleganten Samstagabend-Ausgeh-Spaniern ziemlich abfalle, lasse sie denken, was sie wollen, ich fühle mich schön.

Als wäre es noch nicht genug, gehen wir anschließend in ein klassisches Konzert. In die Kathedrale mit ihren Unmengen bunter Glasfenster, voll eleganter Leóneser, die in feierlicher Stimmung die Musik erwarten. Nur auf einer seitlichen Steinbank ist noch Platz, neben – Fred und Nicole, Freunden von Eric, die er vor einigen Wochen zuletzt traf. Kaum, dass die drei die letzten Töne des Orchesters abwarten, um sich lauthals zu begrüßen und Neuigkeiten auszutauschen, auf Französisch. Mich versuchen sie rücksichtsvoll in ihr Gespräch einzubeziehen, aber ich möchte gar nichts verstehen. Die zwei sind mir sympathisch, doch der Tag war voller Aufregung und Freude und jetzt klingt noch die Musik nach, ich kann nichts mehr fassen. „Amüsiert euch noch, ich bin müde und werde schlafen gehen." Nein, ich lass mich nicht überreden zu bleiben. „Aber wir müssen uns wiedersehen, wir sind morgen auch noch hier!" „Ja, gern. Gute Nacht."

Schön, endlich im Bett zu liegen! Völlig ermattet. Das Spektakel der Samstagnacht drang durch die morsche Balkontür, doch es störte mich nicht. Es passte zu dieser Stadt, die mich hoffentlich mit ihrer Energie anstecken würde! Nein, ich wollte den Camino nicht aufgeben, hier würde ich bleiben, bis ich wieder laufen kann. In dieser Stadt, in diesem Zimmer!

Schrecken

León

Warum ich so viel von Eric erzähle? Weil er unbewusst und ungewollt doch zu meinem Lehrer wurde.

León. Was für eine herrliche Stadt! Die Altstadt ist krumm und verlebt, und daneben beginnen die eleganten, geschäftigen Gründerzeitstraßen mit schmiedeeisernen, verglasten Loggien an den Fassaden, vielen Geschäften und Restaurants. Aber wo finde ich heute Morgen in diesen menschenleeren Straßen nur ein Telefon? Max hat heute Geburtstag und ich bin das erste Mal in 20 Jahren nicht bei ihm, da will ich zumindest früh anrufen. Gut, dass ich nicht zu Hause bin, nicht verantwortlich für Party, Essen und gute Stimmung. Kann ihm von Herzen gratulieren und danach durchatmen – bar jeder Pflicht. Er braucht sich auch keine großen Sorgen um mich zu machen, ich kann wieder langsam gehen, wenn ich vorsichtig auftrete. Und dass ich unausgeschlafen und schlecht gelaunt bin, weiß er nicht. Ich hatte Albträume durch meine Schmerztabletten, doch ich werde sie weiternehmen, diese Nächte stehe ich durch. Vielleicht fühle ich mich nach dem Frühstück besser.

Leider nicht. Zwar gibt es auch hier einen hilfsbereiten Straßenfeger, der sich auskennt, und mein Telefonat ist nett, doch dann treffe ich einen Eric, der noch schlechter gelaunt und deprimierter ist als ich, dem gerade die ganze Pilgerei zum Hals raus hängt. „Die Leute mit ihren ewig gleichen Gesprächen, das schlechte Essen, die unbequemen Betten in vollen Schlafsälen, ich hab es so satt", und nun sitzt ihm auch noch eine reizbare, graue Peregrinamaus gegenüber. Armer Mann. Da muss ich mich anstrengen geduldig und freundlich zu sein, damit seine Stimmung nicht noch übler wird. Gerade beginnt um uns die Fiesta zu Ehren des Ortsheiligen und ich wünsch mir einen schönen Tag in netter Gesellschaft.

Schon laufen die ersten Schaulustigen zusammen, erklingt Musik von Trommlern und Spielmannszügen aus allen Städten und Dörfern der Umgebung, die mit Gruppen von Fahnenschwingern zur Kathedrale ziehen, um sich zu einem Riesenspektakel zu versammeln. Zum Wettstreit um die größten Fahnen und Lanzen und das mutige Spiel mit ihnen. Zur Demonstration männlicher Kraft, wenn unter Beifallsgejohle einer der Muskelprotze die bis zu zehn Meter hohe und armdicke Fahnenstange aus einem Köcher an seinem Gürtel hebt, sie auf der Handfläche hochstemmt, versucht die Balance zu halten, und die Kraft aufbringt, dieses Riesengewicht in die Höhe zu heben!

Welch kollektives Geschrei, wenn ein Versuch misslingt und der Fahnenmast mit dem großen Tuch in die Menge zu stürzen droht – dann springen die anderen dazu und versuchen ihn aufzufangen; und an der Menge starker Männer, die nötig ist, die Last zu halten, können wir ermessen wie schwer Lanze und Fahne sein müssen. Die tollen Burschen werden immer mutiger, verrückter und versuchen einander zu übertreffen; Durcheinander, Lärm und Gekreische werden größer, die Musik lauter und schriller. Der Platz füllt sich mit Farben und Lebendigkeit, und ich amüsiere mich und werde wieder fröhlich.

Eric mag die Musik nicht und möchte gehen, und ich begleite ihn. Zum Platz vor der Basílica San Isidoro, einige Gassen entfernt. Hier formiert sich just ein Umzug aus Pferde- und Ochsenwagen, geschmückt mit Blumen und Bildern, beladen mit Produkten der Region, begleitet von fröhlichen Menschen in Trachten: Männern mit breitkrempigen Hüten, roten Halstüchern, Rüschenhemden und Kniebundhosen, Frauen in dirndlähnlichen Kleidern mit blumigen Schultertüchern und dicken, geklöppelten, weißen Kniestrümpfen. Dazwischen Unmengen aufgeregter Kinder. Und dann setzen sich die Wagen rumpelnd in Bewegung und fahren durch die brodelnde Stadt, durch die Massen der klatschenden und jubelnden Feiernden. Ich liebe solche chaotischen Vergnügen, doch Eric sind hier zu viele Leute, er möchte in ein Café, und ich begleite ihn. Aber irgendwas mache ich heut falsch. Ich gehe ihm auf die Nerven, weil ich eine Familie habe, die wichtiger als er ist, mich nicht genug bemühe, so zu sprechen, dass er mein Englisch versteht, und meine Laune schlecht ist. Und überhaupt sind Frauen schwierig und ich als Skorpionfrau unerträglich, und meine vielen Probleme kann kein Mensch aushalten. Ich sitze und höre mir das an und nehme es ernst.

Er hat Recht, ich bin eine Zumutung. Fühle mich klein, minderwertig und schuldig, und wünsche mir, dass mir verziehen wird, dass ich so wenig tauge.

Klapp, die Falle ist zu – ich bin da, wo ich immer wieder lande, merke aber noch nichts, bleibe in der schlechten Atmosphäre, bis ein kleiner Funken in meinem Kopf leuchtet und mich rettet: Sitzt das Wichtige auf deinem Stuhl oder dir gegenüber? Wo bin ich? Will ich bei diesem mies gelaunten Mann sein, bis mir die Luft wegbleibt? Nee. Tschüs. „Ich geh in die Kathedrale, möchte sie bei Tageslicht sehen“, lüge ich ihn an, verlasse die Situation und suche mir ein Plätzchen zum Alleinsein.

Warum kann ich nicht sagen: „Du gehst mir auf die Nerven, ich hau ab?“ Warum bleibe ich sitzen und lasse mich so klein falten? Bis ich so traurig bin wie jetzt, obwohl ich zu dieser fröhlichen Menschenmenge gehören möchte?

Ich weiß die Antwort nicht, und sie fällt mir auch in der Stille von San Isidoro nicht ein, in dieser kühlen alten Kirche. Dort sitze ich und weine, weil ich spüre, dass gerade etwas Schönes kaputt geht. Bis meine Traurigkeit nachlässt und ich zur Fiesta zurückgehe. Ich will mir den Tag nicht verderben. Doch als ich Eric wieder treffe und er mir stolz erzählt, dass er den Nachmittag damit zugebracht hat, sich im Internet über meine Krankheit zu informieren und mir eine Shiatsu-Behandlung anbietet, sage ich dankbar Ja.

Klapp, die nächste Falle ist zu: Wenn du nur nett zu mir bist, ist alles gut.

Statt auf der Straße zu feiern, verbringe ich den Nachmittag mit Eric, versuche Verständnis für ihn zu haben und freue mich über seine Fürsorge.

Bis wir wieder streiten. Wegen nichts. Und er mich bösartig und aggressiv beschimpft. Mir fehlen die Vokabeln für eine angemessene Erwiderung, und vielleicht will ich auch gar nichts sagen, beiße nur die Zähne zusammen, schlucke alles hinunter und übergehe den Vorfall. Spiele Normalität, weil wir jetzt mit Fred und Nicole verabredet sind, langjährigen Eheleuten, die eine neue Existenz als Sport- und Tourismusveranstalter auf La Réunion planen. Sie haben ihre Jobs gekündigt, ihr Haus verkauft, die Habe verschifft, die Tochter für einige Wochen bei den Großeltern gelassen und gehen nun nach Santiago, um Gottes Segen für ihre Zukunft zu erbitten. Die beiden erzählen offen von sich und ihren Wünschen, sind liebevoll miteinander und wirken so beneidenswert glücklich, dass es mir mein Herz rührt. „Unser Neuanfang wird gelingen, weil wir einander vertrauen und uns aufeinander verlassen können."

Ich bin sicher, dass sie es schaffen werden. Und habe Mitleid mit Eric, der beim Zuhören immer stiller und bedrückter wird, weil er auch so was will: Zukunft. Pläne. Beziehung. Und nicht weiß, was und mit wem.

Er tut mir leid, wirkt so schrecklich verlassen und einsam.

Ich lasse die drei allein, bin erschöpft, kann die Konzentration beim Verstehen und Reden nicht mehr aufbringen, friere. Es ist plötzlich kalt geworden, aber es ist auch schon 23 Uhr.

Was für eine schreckliche, gute Nacht. Meine Schienbeine tun weh und ich wälze mich herum, träume schlecht, erwache, schlafe wieder ein, erwache wieder und habe das deutliche Gefühl: aufwachen. Hinsehen.

Hinsehen? Wohin? Langsam formen sich meine Gedanken, steigen Bilder in mir auf, werde ich immer klarer. Mir ist, als hätte ich in einen Spiegel geschaut.

Ja, das bin ja ich, genauso bin ich auch!

Was ich mit Eric erlebt habe, seine Launen und Kritik, war genau das, was andere durch mich erleben. Genau so handle ich an vermeintlich Unterlegenen: Ich schaue nicht auf meine Schwächen, sondern auf die der anderen. Sie sollen sich ändern und sind für meine Stimmung verantwortlich. Ich fordere unnachsichtig Anstrengung von ihnen, damit es für mich leichter wird; will Mittelpunkt sein, bin superempfindlich und habe Angst vor Bewertung. Und um zu strafen, gehe ich auf Distanz.

Mir graust.

Das bedeutet, dass ich gestern Opfer war, wo ich sonst Täterin bin. Oh, mein Gott.

Ich zwinge mich, ganz wach zu werden, um aufzuschreiben was ich am Morgen vergessen haben könnte, und zu jedem der Punkte, die mich verletzt haben, fallen mir von mir begangene Kränkungen an meinen Mitmenschen ein.

Völlig aufgewühlt versuche ich wieder einzuschlafen, schrekke aber nach kurzer Zeit schweißnass aus einem Traum auf:

Eric sitzt auf meinem Brustkorb, will mir helfen zu atmen. Fasst unter meine Rippenbögen, drückt sie zusammen und hebt dann meine Rippen an. Ich sterbe fast.

Zitternd und erschreckt stehe ich auf, versuche, mit ruhigem Atmen und Herumlaufen meine Sinne zur Ruhe zu bringen, und glaube zu verstehen: Durch Erics Verhalten bekomme ich Angst, weil ich mich erkenne, das schnürt mir die Brust zu. Doch im geweiteten Brustkorb findet mein Herz Platz und ich kann meine Gefühle wieder spüren.

Die letzten Stunden Schlaf waren ein Segen, das Grauen ist vorbei. Doch hier liegt mein Heft mit den Aufzeichnungen von letzter Nacht. Ich kann nicht mehr leugnen, dass ich gemein zu mir und anderen bin. Damit muss Schluss sein! Immer hab ich mir vermeintlich Schwache ausgesucht, um sie zu demütigen, niemals jemanden, der mir selbstbewusst gegenübertritt. Um mich stärker zu fühlen? Das würde bedeuten, wenn ich stark bin, Kraft und Stolz spüre, werde ich auf niemanden mehr herabsehen und brauche keine Opfer mehr. Und bin dann handlungsfähig, kann sagen ‚bis hierhin und nicht weiter', werde auch selbst nicht mehr Opfer.

Also her mit euch, Kraft, Mut und Handlungsfähigkeit, ich weiß, dass ihr da seid, lasst mich Löwin statt Maus sein, lasst mich gerechter und liebevoller zu mir und meiner Umwelt werden! Weg mit meinem Gefühl, ich bin weniger wert als alle anderen. Wo ist die schöne, wertvolle Frau? Warum vergesse ich sie immer wieder?

Diesmal weiß ich, warum ich weine. Aus Glück und Erleichterung. Aus Erschütterung und Qual. Und dann muss ich lachen, weil León Löwe heißt, und ich in León zur Löwin geworden bin, und verspreche mir, diese Nacht nie mehr zu vergessen.

Jetzt fühle ich mich besser. Zufrieden mit mir. Und kann Eric anders begegnen, der immer noch hier ist und sich weiter um mein Wohlergehen sorgt, Ingwer für Umschläge um meine Schienbeine kauft und nettes Essen.

Doch als er beginnt, mit den Vermieterinnen zu streiten, packt und mir sagt: „Komm mit, wir gehen woanders hin", bin ich klar.

„Nein, ich gehe nirgendwo hin, ich bleibe hier auf meinem Bett sitzen und schaue mir an, wie du dich aufführst, und werde gleich traurig, aber auch erleichtert sein, wenn du weg bist. Danke für alles, aber es ist anstrengend für uns beide geworden. Wir sind uns zu ähnlich." Er sieht mich überrascht und verunsichert an: „Vielleicht hätten wir mehr miteinander sprechen sollen. Trink viel, setz dir immer was auf den Kopf, geh langsam, mach dir Umschläge um die Beine,

der Ingwer muss fünf Minuten kochen, und pass auf dich auf." „Danke, Papa". Und dann geht er.
„Adieu, mein Freund."

Er würde mir fehlen, aber ich wusste nicht wirklich, warum ich jetzt weinte.
Da saß ich nun allein in León. Was jetzt? Jetzt erinnerte ich mich an meine Kraft. Meinen Beinen ging es besser, vielleicht sollte ich bald weitergehen. Ganz allein. Dann würde ich aber eine Krücke brauchen. Einen Reiseführer. Um mich sicherer zu fühlen und wenigstens zu wissen, wohin ich gehen würde, wenn ich schon nicht wusste, ob ich gehen kann. Also raffte ich mich auf und ging hinaus auf die Straße.
Als Erstes schenkte ich mir einen Rundgang in der Kathedrale, deren faszinierende Fenster im Sonnenlicht leuchteten, und eine Führung in der Basilika San Isidoro mit dem Pantheon der Leóneser Könige und herrlichen romanischen Fresken. Und wieder wirkte der Zauber der Schönheit beglückend auf mich, und mein Mut, den Weg bald fortzusetzen, wurde größer.
Und dann erinnerte ich mich daran, dass ich eine Frau bin, kaufte mir neue Gesichtscreme und ein luxuriöses, schwarzes Laufshirt! Und einen englischen Reiseführer. Weil der so schwer war, riss ich alle Seiten heraus, die ich nicht mehr brauchte. 480 Kilometer Jakobsweg warf ich weg, schweren Herzens, denn die Fotos darauf waren so schön. Mein altes blaues Shirt warf ich dazu. Weil es trotz täglichem Waschen stank.
Dann packte ich den köstlichen Käse aus, den ich in einem winzigen Laden entdeckt hatte, verspeiste ihn mit Wasser und Brot, saß glücklich und ängstlich in der Abenddämmerung und war ganz sicher, dass dies mein letztes Mahl in León sein sollte. Am nächsten Tag würde ich weiterwandern, fünf Tage Ruhe mussten reichen.
Und mit Gottes Hilfe würde ich laufen können.

… damit wir unter Deiner Führung gesund und wohlbehalten zum Endziel des Weges gelangen und bereichert mit Gnaden und Tugenden glücklich in unsere Heimat zurückkehren mit andauernder Freude.
Durch Christus unseren Herrn. Amen.

Mein Weg allein

Helfer

León - Santibáñez de Valdeiglesias > 15 km

Ich werde heut weitergehen, einfach erst mal los. Trotz meiner Angst, der Schmerzen und des Regens, der gegen die Fenster klatscht. Ich bin entschlossen und meine Vermieterinnen machen mir Mut; sind lieb zu mir, nehmen mich in die Arme, obwohl sie böse sein könnten, weil ich ihnen Ärger ins Haus geschleppt habe. „Damit hast du doch nichts zu tun, mach dir keine Sorgen, pass auf dich auf und komm gern wieder. Buen camino".

Mir ist nicht nach „gutem Weg". Draußen ist es dunkel und kalt und der Regen peitscht mir ins Gesicht, als ich das letzte Mal an den weißen Türmen der Kathedrale emporschaue. Dann senke ich den Blick, um die messingfarbenen Jakobsmuscheln auf den Gehwegsteinen zu finden, die den Weg aus der Stadt markieren, drücke mich gegen Hauswände, um nicht allzu nass zu werden – und fühle mich schrecklich verlassen. Ganz allein und klein in dieser dunklen Großstadt im kalten Regen. Nichts von all dem feuchten, grauen Granit um mich her interessiert mich – heute Morgen ist mir einzig mein Selbstmitleid wichtig. Und dass ich nicht in die tiefen Pfützen trete. Und einen Platz zum Unterstellen habe, wenn sich der Dauerregen zu heftigsten Schauern verstärkt. Warum habe ich nicht auch so einen großen Regenumhang? Ich bin neidisch auf die eingehüllten Gestalten, die zielstrebig an mir vorbeilaufen, während ich mich in Hauseingänge flüchte. Meine Jacke ist schon fast durchnässt, hoffentlich bleibt der Rucksackinhalt trocken.

Und nun dieses Industriegebiet ohne Bäume und Häuser. Nur Zäune und lange Straßen. Und wieder schüttet es plötzlich wie aus Eimern und ich kann mich nur in ein Abbruchgebäude retten, hinter eine Plane. Bis auf Schrott in einer Ecke ist es leer, doch als ich meine Brille trockne und wieder sehen kann – stehe ich vor Schafkadavern. Und möchte kotzen. Und schreien. Was mache ich hier auf diesem verdammten Weg mit meinen schmerzenden Beinen bei diesem

Scheißwetter in dieser schauderhaften Baracke? Weg mit der Brille, ich will nichts mehr sehen! Nur noch heulen.

Und mein Mut, und mein Optimismus? Sind irgendwo, aber nicht bei mir …

Will mich denn bitte keiner retten? Eric, komm doch einfach und führ mich wieder, ich will dich dann auch aushalten mit deiner Kompliziertheit und deinen Launen.

Nein.

Es dauert lange, bis der Guss vorbei ist, ich habe Zeit zum Nachdenken.

Warum würde ich Unakzeptables erdulden, nur um weiterhin von Eric begleitet und beachtet zu werden, bin ich abhängig von der Sehnsucht, mich angenommen zu fühlen? Das würde in mein Bild von mir passen, aber da ist auch noch der andere Teil, der sich Freiheit wünscht, frei vom Bedürfnis wichtig zu sein und möglichst perfekt. Ja, das ist es, was ich wirklich möchte: Allein eigene Wege gehen können und dabei zufrieden sein. Wenn ich das leben könnte, hätte ich wirkliche Unabhängigkeit! Und warum soll ich nicht sofort damit anfangen, wann und wo könnte ich es besser üben als jetzt hier? Einfach mit diesem ‚besseren Teil' weitergehen, und das Alte hier lassen – bei den Leichen, wo es hingehört.

Schon sieht der Moment weniger trostlos aus, und der Regen wird eben schwächer. Die Brille kann ich ja noch eine Weile in der Tasche lassen und es mir ersparen die Welt anzusehen, was kann mir schon entgehen, hier an der Hauptstraße.

Durchnässt erreiche ich La Virgen de Camino, wo sich der Weg gabelt, doch mich interessiert nur die Bar, in der es warm und trocken ist, wo es Warmes zu trinken und zu essen gibt und ich meine schmerzenden Beine hochlegen kann. Gott sei Dank, ich kann mich setzen und ausruhen. Doch kaum habe ich einer jungen Frau am Tisch zugenickt, beginnt sie zu erzählen: Von ihrer anstrengenden Reise mit einer Freundin von Mexico per Flugzeug nach Pamplona, dann zwei Tage per Bus nach Roncesvalles, weil sie glaubten, nur dort ihre Credenciale bekommen zu können, und weitere zwei Tage per Bus nach Burgos, wo sie sich völlig entnervt getrennt haben, statt loszugehen. (Sieh an, andere können das noch verschärfter!) Nun fühlt sie sich allein und weiß mittlerweile, dass alle großen Herbergen Credenciale ausstellen. Tja, Pech. „Vielleicht ist es für dich besser allein zu gehen." Mehr kann ich nicht für sie tun, weiß doch selbst nicht, wie es heute mit mir weitergeht.

Doch wieder schickt mir der Himmel Hilfe. Diesmal ist es eine junge, deutsche Frau, die mich anspricht, nachdem sie das Wasser von ihren Kleidern geschüttelt hat. „Hallo, ich bin Mona. Du siehst ja schlecht aus. Fühlst du dich nicht wohl, kann ich dir helfen? Ich weiß ganz gut Bescheid, bin im April schon mal den Camino gegangen. So, wie du aussiehst, solltest du mit dem Bus weiterfahren, ich denk auch darüber nach. Die kommende Strecke führt an der Straße lang, wo uns alle Autos durchweichen werden, oder alternativ über Sumpfland, wo wir bei diesem Wetter versinken. Ich glaube, ich nehme gleich einen Bus und du solltest mitkommen." Danke, Mona, du tust mir jetzt gut. Entscheide du nur für mich, ich mache alles mit.

Und dann parliert und organisiert sie, und kurz darauf stehen wir zu fünft an der Straße, mit Hans und Jutta und der Mexikanerin, die unsicher ist, ob man als Pilgerin denn auch wirklich Bus fahren darf. Da hält schon einer an und eine Frau steigt aus und spricht mit Mona spanisch, und alle steigen ein, und ich hinterher, halte dem Fahrer Geld hin, doch der winkt ab. Hmm, komisch. Irritiert steuere ich einen freien Platz an, zwischen freundlichen, neugierigen Frauengesichtern, und als ich von allen Seiten Deutsch angesprochen und mit Fragen überschüttet werde begreife ich: wir sitzen in einem privaten Reisebus der Sorte ‚Pilgerfahrt Bilbao-Santiago in einer Woche'.

„Eine echte Fußpilgerin, in unserem Alter! Wie kommen Sie denn auf die Idee und wie geht es Ihnen damit?" Die adretten Frauen sind fasziniert und löchern mich mit Fragen, bis wir eine Viertelstunde später in Hospital de Órbigo halten. Hier steigen alle aus, um die populäre Römerbrücke zu besichtigen, und damit ist die Fahrt auch für uns zu Ende. Macht nichts, es regnet nicht mehr, ich bin aufgeheitert und ausgeruht, habe etwas Unangenehmes einfach übersprungen und hoffe die sechs Kilometer bis zum nächsten Ort zu schaffen. „Danke Mona, adiós."

Hübsch ist dieser kleine Ort, doch ich mache keinen unnötigen Schritt, um mir die Brücke anzusehen, nur in die Tienda, für Nüsse und Reservetütensuppe, und dann hinaus aufs Land. Auf einen welligen Weg zwischen Gärten voller Paprika und Obst auf Hügel, Dächer und Wäldchen zu. Sicher wird der Bauer mir verzeihen, dem ich eine der roten, knackigen Pimientos klaue, ich kann nicht widerstehen; und die Falläpfel sind mir sicher gegönnt, denn die Leute im nächsten Dorf sind noch freundlicher als anderswo. Jeder, den ich beim Mist schaufeln, Holz sägen oder Knoblauch sortieren treffe, strahlt mich an und grüßt „Hola, peregrina, bist du allein, geht es dir gut?" Ja, es geht mir gut und ich bin stolz auf meine heutige Leistung, komme gerade ein Stück weiter in die Welt zurück.

Noch ein, zwei Hügelchen über Felder, eine Rast am Wegrand mit Blick über die ruhige Landschaft bis nach León zurück, dann bin ich am Ziel, in der kleinen, alten Herberge in Santibanez de Valdeiglesias, einem kleinen, alten Dorf. Sarah, die junge Hospitalera, sitzt mit einem Bär von Mann beim Essen in der Küche und lässt sich nicht stören. „Such dir ein Bett." Es gibt kleine Zimmer mit wenigen Betten und noch weniger Leuten, Toiletten und Duschen sind draußen im verwunschenen Obstgarten. Anscheinend ist dies ein ehemaliges Schulhaus, vor meinem Bett steht eine alte Schulbank, auf der ich meine Sachen zum Trocknen ausbreiten kann; das Regenwasser hat sich im Rucksacküberzug gesammelt und ist durchgesickert.

Wohltuend ruhig ist es hier, und ich danke allen meinen Engeln und guten Geistern, die mich hierher geschleppt haben. Endlich kann ich die Bandagen lösen und mir mit herrenlosen Socken Ingwerumschläge machen, bei Mona und Hans Tee schnorren und ins Bett sinken.

Nach meinem Schläfchen ist das Haus voll. Die Amerikanerin meines Alters, die sich gerade im Bett über mir einrichtet, erzählt, dass sie die 500 Kilometer seit Roncesvalles in fünfzehn Tagen gelaufen ist, weil ihr Flugzeug Santiago in zwei Wochen verlässt. Während ich zwischen Mitleid und Respekt schwanke, kommt eine Menge junges Volk triefend hereingestürzt und lagert sich im Wohnraum auf dem Fußboden, unter den Leinen mit all den nassen Kleidern. Mittendrin sitzt ‚Bär' Raymond aus Kanada, den ein schlimmer Fuß seit drei Tagen hier festhält. „Hier bin ich am richtigen Platz", vertraut er mir an, denn hier hat er die heilkundige Hospitalera und den örtlichen Priester als körperlichen und seelischen Beistand. „Und dir will ich auch erzählen, dass ich in den letzten Tagen zu meiner ‚inneren Frau' gefunden habe, und mich aufgewühlt und bereichert fühle." Emphatisch erzählt er von seiner verstorbenen Tochter, damit zusammenhängenden Träumen und der Anwesenheit Luzifers auf der Welt, „der uns mit seinen drei Erscheinungsformen ‚skin, proudness and materialism' versucht". Dazu habe ich aktuell auch was zu sagen. Raymond quittiert jeden Satz mit einem erstaunten „IMAGINE!", und tröstet mich mit seinem schier unerschütterlichen Glauben: „Vielleicht musste ich krank werden und hier bleiben, um dich zu treffen und dir von Gottes heilsamer Liebe zu erzählen. Mit Sicherheit hat ER dir deine Tendinitis geschickt, damit du inne hältst und etwas Neues verstehst. Doch Gott hilft uns immer wieder auf". Er zieht unvermittelt sein kariertes Hemd über seinen vernarbten Bauch und den Holzfällerbrustkorb hoch: „Ich war sehr krank, aber ER hat mich wieder gesund gemacht, damit ich hierher kommen konnte, und ER wird es mir auch noch ermöglichen, nach Lourdes und Fatima zu gehen."

Sarah hat für einige von uns gekocht, und auch bei dieser Mahlzeit sind Gott und die Kirche Hauptthema. Christian, ein Jesuitenzögling aus Berlin, schmettert meine Kritik an der Institution katholische Kirche ab: „Reduziere sie nicht auf Männermacht, Frauenfeindlichkeit, Zölibat und Abtreibungsdebatte. Sie vermittelt Glaubensinhalte, bewahrt Traditionen und bereichert das Leben der Gläubigen durch Gemeinschaft, Zeremonien und Mythen." Darüber muss ich nachdenken, doch vorher nehme ich dankbar Sarahs Geschenk einer Halsreflexmassage an, mit selbst gemachtem Rosmarinöl. Danach rauche ich noch eine Zigarette mit Raymond, setze Oinki neben mich und lese die Briefe meiner Kinder zum wiederholten Mal.

Es hatte geklappt. Ich konnte wieder laufen. War nicht verloren gegangen, an Einsamkeit verdorrt, hatte mich auch nicht im Regen aufgelöst. Anscheinend war es mir wieder möglich, allein zu gehen und mich dabei wohl zu fühlen. Meine Depression vom Morgen war heiterem Gleichmut gewichen, und allmählich wuchsen meine Tatkraft und meine Ungeduld.

Distanz

Santibáñez de Valdeiglesias - Astorga > 13 km

Astorga.

Vor drei Tagen habe ich nicht erwartet, diese Stadt so bald zu erreichen, nun liege ich hier in einem warmen Bett in diesem famosen Schlafsaal, froh, so weit gekommen zu sein. Kristin hat mir eben meine gewaschenen Kleider gebracht. Getrocknet und zusammengelegt. Die Liebe, ich bin ihr so dankbar, dass sie mir diese Notwendigkeit abgenommen hat, es wurde höchste Zeit dafür! Mona und Hans sind auch hier und haben mir angeboten, mich morgen auf dem Weg in die Berge zu begleiten.

Alle sind nett zu mir, doch trotzdem ist mir nach Absonderung und Alleinsein. Ich mochte mich nicht zu der lustigen Truppe gesellen, die vorhin zusammen gegessen hat; habe mit dem Kochen gewartet, bis sie weg waren, wollte nicht dazugehören. Jetzt sitzen sie unten, trinken Wein und lachen, und ich liege hier und schließe mich wieder aus. Aber irgendwie ist das stimmig, und irgendwie fühle ich mich wohl damit. Ich brauche Ruhe, um die letzten Tage zu verarbeiten.

Den ganzen Tag ist mir Gutes geschehen. Sarah hat uns mit Musik geweckt, Frühstück gemacht und mir noch eine

Massage geschenkt, bei der ihre junge Katze neben meinem Bein lag, „um die schlechte Energie aufzunehmen". Und Raymond, der mich beim Abschiednehmen segnete und fast erdrückte, hat mir, neben der Bitte für ihn und Sarah in Santiago zu beten, auch den guten Rat „Folge immer deinem Herzen" mitgegeben. Schön. Welch ein schöner Gedanke! Es ist mir schwer gefallen, diesen tröstenden Ort zu verlassen, zumal es schrecklich regnete und wehte. Und bitterkalt war. Aber mein Weg ist noch lange nicht zu Ende.

Es wurde trotz des Wetters ein schöner Morgen. Im Dorf hatte ich noch auf dem Schotterweg von einem trockenen Fleck zum anderen hüpfen müssen, wie über Inselchen in einem See, dann wurde der Weg fest und führte mich durch Steineichenwälder und Heidelandschaft mit duftenden Zistrosen. Still kreisende Raubvögel schienen die einzigen Lebewesen außer mir zu sein. Erst als zwei Stunden später Astorgas Türme im Regendunst vor den Montes de Léon auftauchten und ich mich einer Straße näherte, sah ich das erste Auto. Konnte gerade noch aufs Feld springen, als es mit hoher Geschwindigkeit durch die Pfützen auf mich zuhielt, und wurde nur um Zentimeter von einem meterhohen Wasserschwall verfehlt. Augenblicklich stieg rasende Wut in mir hoch und ich brüllte böseste Verwünschungen hinter dem Fahrer her – und das entspannte und erleichterte mich und ich begann wieder zu singen, froh über meine neue innere Freiheit: Der gestrige Tag ist überstanden und meine Schmerzen sind nicht schlimmer geworden. Das Wetter könnte zwar wärmer und trockener sein, doch heute hadere ich nicht.

Am Wegkreuz von Santo Toribio traf ich andere nasse Gestalten, die auf der Alternativroute an der Hauptstraße gewandert waren. Gemeinsam freuten wir uns über den Blick auf Astorga, und noch mehr über das kleine Städtchen direkt vor uns, weil wir schon von dort oben eine Bar erkennen konnten. Endlich ein trockener Ort, um unsere nassen Sachen auszuziehen.

Das hatten andere vor uns auch schon getan. Es gab kaum noch freie Plätze auf Stühlen und Fensterbänken, und zwischen den tropfenden Kleidern verkündete ein bis auf die Haut nasser Hans: „Heute kauf ich mir endlich einen Regenumhang.“ Die Wirtin blieb in all dem Chaos ruhig, servierte riesengroße Salchichon-Bocadillos, die für drei Leute reichten, kochte unablässig Kakao und Café und behielt gute Laune, obwohl der schöne Raum einem voll gerumpelten Flüchtlingslager glich. Und dann sagte jemand, „Der Regen hört auf“, und alle packten wieder ein und zogen weiter. Der Himmel war wirklich heller, ich konnte meine Jacke im wärmer werdenden Wind auf dem Rucksack trocknen und wurde schon wieder übermütig. Weil es doch so gut ging mit dem Laufen, könnte ich vielleicht auch weiter als bis Astorga gehen, wenn das Wetter so blieb …

Der wieder einsetzende Regen war das ‚Gottesurteil‘ hier zu bleiben, und die steilen Straßen in die Stadt hinauf taten ihr Übriges: Meine Beine waren an der Grenze des für heute Zumutbaren. Und dann kam ein richtiger Wolkenbruch, vor dem ich mich in eine Kirche flüchten musste.

Dort bin ich der Mutter Maria begegnet.

Von der Altarwand lächelte sie strahlend bekrönt im blaugoldenen Gewand mild zu mir herab, mitten in mein Herz. Und ihr hingebungsvolles, liebendes Halten der Hände des zarten Jesusknaben berührte mich so sehr, dass ich sie das erste Mal als Mutter begriff. Als Mutter der Liebe. Ich konnte mich nicht mehr abwenden, nur entzückt schauen und wieder weinen; vor Ergriffenheit und Glück. Da tippte mir ein alter Herr zart auf die Schulter und gab mir wortlos lächelnd ein Kärtchen mit einer Kopie dieses anmutsvollen Heiligenbildes in die Hand. Schenkte mir mit dieser Geste ganz viel Liebe, und vor Dankbarkeit musste ich noch mehr weinen.

Nur ungern hab ich mich aus dieser heiligen Atmosphäre gelöst, doch die Kirche wurde geschlossen, ich musste wieder hinaus. Traf draußen Christian und seine Freundin Kristin, und gemeinsam fanden wir dieses komfortable Refugio, gleich hinter dem skurrilen Gaudípalast und der Kathedrale.

Seitdem drehte sich alles darum, wie meine Jacke wasserfest wird oder ob ich mir einen Regenumhang besorge, und was ich heute einkaufen und essen möchte. Mein Kopf wurde immer langsamer und dumpfer, ich konnte mich nicht einmal entscheiden, einen der himmlischen Schokoladenläden zu betreten, und wurde in meinem Tran fast von einem Lastwagen überfahren. Trotzdem bin ich noch in die Kathedrale gegangen, doch sie hatte es schwer, an die in Burgos und León heranzureichen. Das Pilgermuseum im Gaudípalast hätte ich mir gern noch angesehen, doch es reichte mir, und ich beschloss, den Rest des Tages im Bett zu verbringen. Mit dem Bauch voll köstlicher Kartoffeln, roter Beete und Alfalfa-Sprossen.

Hier liege ich nun. Habe von der älteren Amerikanerin neben mir gehört, dass zu fest geschnürte Schuhe zu Tendinitis führen können, beobachte die Menschen im Raum und ärgere mich über die herbe, grauhaarige Frau, die mich beschuldigt, ihre Wolldecke genommen zu haben. Wie kommt sie darauf? Mag sein, dass meine gleich aussieht, doch die lag auf meinem Bett, als ich kam, da waren diese Dame und ihren beiden Freundinnen noch gar nicht hier. Sind eh seltsame Personen, viel zu selbstbewusst! Ich kenne sie zwar nicht, und eigentlich wirken sie interessant und unkonventionell – aber auch stark. Ich mag sie nicht. Muss ich ja auch nicht. Ach, eigentlich gehen mich diese seltsamen Frauen gar nichts an. Ich möchte nur in Ruhe gelassen werden, allein sein und schlafen.

Meine Zigarettendose

Astorga - Rabanal de Camino > 21,2 km

Oh nein, bitte nicht schon wieder Regen! Sein gleichmäßiges Prasseln auf dem Dachfenster über mir bereitet mir Angst und Unbehagen. Ich habe immer noch keinen Regenumhang, was wird mir das läppische Imprägnierspray nützen, warum hat sich gestern alles nur darum gedreht? Überhaupt habe ich nicht mal irgendwas zu essen, und wo sind die Kompressen, die ich kaufen wollte? Heute ist der Weg zwanzig Kilometer weit, schrecklich. Ich möchte nicht wieder nass werden und frieren, aber hier liegen bleiben kann ich auch nicht.

Werden sich die Dinge zum Guten fügen, wie jedes Mal, wenn ich vertraut habe? Bloß, wie geht das mit dem Vertrauen, heute Morgen?

Viel einfacher, als ich fürchtete: Die Menschen um mich sind freundlich, ich kann mich an einen gedeckten Frühstückstisch setzen, und mit schon viel besserer Stimmung entdecke ich, dass der Hospitalero Regenumhänge verkauft. Und dann schenkt mir Mona Gummibänder, mit denen ich Plastiktüten über meinen Schuhen befestige, bin nun wetterfest ausgerüstet und fühle mich vor allem gewappnet. Hans lässt es sich nicht nehmen, mich in diesem charmanten Peregrinaoutfit zu fotografieren, weil ich in diesem starren grünen Plastik mit der Kapuze bis auf die Nasenspitze außergewöhnlich allerschrägst aussehe. Um fürs Foto zu lächeln, brauche ich mich nicht anzustrengen, ich bin wirklich ein Glückspilz. Jetzt habe ich alles, was ich brauche, sogar zwei freundliche Menschen, die mir über die Berge helfen wollen. Wovor sollte ich noch Angst haben?

Gut gelaunt wandern wir aus Astorga in die Landschaft Maragatería, zu der die Montes de León hier auslaufen, in eine unwirtliche, steinige und karge Gegend. Jahrhundertelang mussten die hier lebenden Maragatos ihr Brot als Fuhrleute verdienen; weil das Land sie nicht ernähren konnte, blieben die Dörfer rückständig und arm, bewahrten dadurch ihre Traditionen in Architektur und Kultur und profitieren jetzt davon: Touristen und Filmindustrie haben die malerischsten Orte entdeckt. „Schau, dort an der nördlichen Bergflanke liegt Castrillo de los Polvazares, das bekannteste von ihnen, ich hab es mir im Frühling angeschaut.“ Leicht gesagt, liebe Mona, bei diesem Dunst sehe ich nichts. Nichts als leere Felder und Regenschleier.

Mehr als einen Monat bin ich unterwegs und kein Tag ist wie der andere. Es ist erstaunlich, wie groß der Kontrast zwischen den dynamischen Städten und den entvölkerten, ländlichen Regionen ist, und wie verschieden meine Gefühle dazu sind.

Der Regen ist zu Dauernieseln geworden, wir laufen wie in einer nassen Wolke, in der dann und wann ein ödes Dorf aus grauen Bruchsteinhäusern auftaucht. Von dunklen Schieferdächern tropft das Regenwasser in die wattige Stille, nur unsere Regencapes rascheln und knistern. Meine nassen Beine gehen automatisch, mit leerem, gebeugten Kopf trotte ich hinter Hans und Mona her. Aber wo sind sie plötzlich geblieben? Schnell zurück, sie sind abgebogen, nach links zu einer Bar. Ich quetsche mich hinter ihnen in den rammelvollen kleinen Raum in einem geduckten Haus, zwischen Rucksäcke und ausgebreitete Klamotten anderer Wanderer an langen Tischen. Wir reihen uns irgendwo ein, legen irgendwo unsere Sachen ab, bleiben ein Weilchen, wärmen uns und trinken Cola, weil die Kaffeemaschine kaputt ist. Egal, ich kann sitzen, eine Zigarette rauchen und ein wenig ausruhen, bevor wir zurück auf den Weg gehen.

Wir sind auf tausend Meter Höhe und die Natur wird karger. Zwischen Hügeln wachsen Kiefern und Ginster, die Wolken hängen tief, und nur die Landstraße neben uns, auf der gelegentlich ein Lieferwagen vorbeifährt, erinnert an den Rest der Welt. Fast unmerklich wird es freundlicher, der Regen weniger. Mona geht gemächlich mit mir, im richtigen Tempo für meine Beine und erzählt von ihrem ersten Camino im Frühling. „Ein Stück meiner Seele ist damals hier geblieben und ich muss noch einmal gehen, um wieder ganz zu sein“. Nach anfänglicher Skepsis mag ich sie. Ihre resolute Dominanz hatte mich zu sehr an Eigenschaften erinnert, die ich mir mühselig abgewöhnt habe. Doch heute erlebe ich ihre warmherzige Offenheit und Unbeschwertheit und bin dankbar für ihre Begleitung. So vergeht der Weg nach El Ganso, das mit eingefallenen Strohdächern und umgestürzten Hausmauern verlassen und trostlos wirkt. Aber es gibt Menschen und eine Bar – diesmal mit warmen Getränken.

Und hier fehlt mir meine Zigarettendose, die gewohnte, geliebte, vor dreißig Jahren in einem Kramladen entdeckte, als ich für Opa Tabak kaufte. Die mich überall hin begleitet. Sie ist verschwunden, wahrscheinlich im Chaos der kleinen Bar liegen geblieben. „Geh zurück und hol sie, oder versuch mit einem Auto mitzufahren.“ Nein, ich kann keine zusätzlichen zehn Kilometer gehen. Und die wenigen Autos – ich glaube nicht, dass ich eins finde. „Weißt du, dann soll es wohl sein, dass etwas von dir hier bleibt. Lass einfach los.“ Ja, ich lasse los, entscheide mich, den Verlust zu akzeptieren, und merke, dass es zwar traurig, aber gar nicht schwer ist.

Weiter. Gemächlich. Mona singt Lieder, ich sing den Refrain und Hans hört zu. Schön mit den beiden. Schön Quatschlieder zu singen, zwischendurch zu schweigen und gelegentlich zu schwatzen. Hans und ich sind in Deutschland fast Nachbarn, das gibt Nähe, und er erzählt rundheraus, dass er schon Herzinfarkte und eine Bypassoperation hatte. „Da nimmst du diese Anstrengung auf dich?“ Ich bewundere ihn. „Ich treibe seit Monaten regelmäßig Sport, walke, hab mich gut vorbereitet und fühl mich jetzt ausgezeichnet.“ Ganz schön mutig, Hans! Aber sind wir nicht alle mutig, dass wir hier rumlaufen? Auch ich, die ich heute schon so weit gehe? Es geht mir wahrlich noch nicht gut, doch im Zickzack entschärfe ich die steilen Anstiege, und meine liebe Begleitung und die ruhige schöne Natur lassen mich meine Beschwerden fast vergessen. Ich kann mithalten, obwohl wir erst am Nachmittag die Weggabelung vor Rabanal erreichen. „Gehen wir zum Refugio Gaucelmo? Es liegt neben der Kirche und dem Benediktinerkonvent, wird von englischen Freiwilligen geführt und hat einen guten Ruf.“ Ich überlasse Mona die Entscheidung, will mich um nichts kümmern müssen.

Nett ist es hier, zwischen den alten Häusern und der uralten Templerkirche gegenüber dem Torweg zur Herberge, in dem – Fred und Nicole herumstehen. Damit hab ich überhaupt nicht gerechnet! Verblüfft und beglückt fallen wir uns in die Arme und reden gleichzeitig drauflos. „Great, dass du es bis hier geschafft hast! Wo ist Eric?“ Ach ja, Eric. Nicoles Frage verwirrt mich. „Ich dachte, ihr wüsstet es, er hat León vor mir verlassen. Wenn ihr ihn trefft, grüßt ihn bitte. Schlaft ihr hier?“ Die zwei haben nur telefoniert, gehen nie in Herbergen, schlafen im Zelt. „Aber die letzten Nächte waren so kalt und nass, dass wir uns hier in den Bergen Pensionen suchen werden.“ Ich bin zu erschöpft und aufgewühlt über unsere Begegnung und die dadurch auftauchenden Gefühle, um ihre Einladung zu einem Drink anzunehmen. Stelle mich nur schnell für ein Foto neben Fred, dann wünschen wir uns gegenseitig Glück für die Zukunft und gehen auseinander.

„Leider ist das letzte Bett im Haus grad vergeben, du musst ins Nebengebäude.“ Das Lächeln des smarten Hospitalero kann nicht gut machen, was mich erwartet: ein ‚Stall‘ aus groben Feldsteinen, in dem es duster, feucht und kalt ist. Es nützt nicht viel, dass ich mir eine der herumliegenden Wolldecken hinter mein Bett an die Wand hänge, die scharfe Kälte aus den Mauern durchzieht den ganzen Raum. Ich mag nicht mal duschen, weil ich jetzt schon friere. Da fliehe ich ins Haupthaus, in die warme Küche, lasse mich von Mona und Hans zu Bratkartoffeln einladen, und vertreibe mir die Zeit, indem ich ungläubig beobachte, welche ungeheuren Essensmengen die jungen Männer am Tisch verschlingen.

Es kostet mich Überwindung, in die schaurigkalte Kirche zu gehen, doch der Hospitalero hat mir den Besuch der Vesper ans Herz gelegt. Der kleine Raum ist voller Pilger, die Atmosphäre himmlisch. Zwei der hier lebenden Benediktinermönche singen lateinischen Wechselgesang; ich lese murmelnd den Text mit, fühlend, dass die Worte den Geist transportieren und meine Seele erreichen. Als danach Pilger verschiedener Nationalitäten Bibelworte verlesen, gehöre ich wieder dazu, bin Teil dieser innigen Gemeinschaft, fühle mich geborgen und reich beschenkt. Vor dem Hinausgehen zünde ich einige Kerzen für meine Lieben an, denke an zu Hause und meine Begegnungen, bin ruhig, gestärkt und dankbar.

Wenn ich nur nicht in dieses kalte Schlafverlies müsste! So lange wie möglich bleibe ich in der Bibliothek am warmen Kamin, doch irgendwann muss ich hinüber, stopfe alle meine Kleider in meinen Schlafsack, krabble dazwischen und werde wehmütig: Zu Hause würde ich jetzt am warmen Ofen sitzen. Was mache ich hier in der Fremde, in dieser Kälte? Fliegen Zugvögel nicht auch im Herbst in die Wärme? Vielleicht wäre ich jetzt besser zu Hause.

Steine

Rabanal de Camino - Riego de Ambrós > 21,5 km

Ich funktionierte wieder, fast so zuverlässig wie immer. – Bloß nicht länger schwächeln als unbedingt nötig, die Zähne zusammenbeißen wie gewohnt …
Aber die äußeren Unbilden waren nicht mehr die wirkliche Herausforderung. Mehr und mehr ging es um eine andere Ebene. Ich nahm wahr, was um mich und mit mir geschah, wurde davon aber nicht wirklich berührt. Es fühlte sich an als wäre ich in meiner Mitte angekommen. Das Wichtigste waren meine Gedanken und die Leere, meine Gefühle und mein Abseitsstehen.

Die Herausforderungen hören nicht auf. In der Nacht war ich vor Kälte zitternd aufgewacht, meine Nase tropft und ich friere beim Aufstehen bis auf die Knochen. Dennoch freue ich mich auf diesen Tag – besonders auf diesen, weil ich gespannt auf das Cruz de Ferro bin – das mystische Symbol des Jakobswegs schlechthin für mich. Paolo Coelho hat diesen Platz sehr geheimnisvoll beschrieben und meine Neugier geweckt; in einigen Stunden werde ich dort sein.

Aber erst mal muss ich aufstehen und mich auftauen, meinen Körper auf normale Temperatur aufheizen. Zum Glück gibt's heißes Wasser und ich brühe mich ab, bis der Dampf im Duschraum so dicht ist wie der Nebel draußen und ich mich weich und wohlig fühle; spüle Heimweh und Selbstmitleid in den Abfluss, bin wieder die Löwin – mit kleinen Behinderungen – bereit zu neuen Abenteuern!

Das erste wartet schon: Zwanzig Schritte durch die Kälte, um in die warme Küche hinüber zu kommen, wo der nette Hospitalero zum erstklassigen Frühstück mit Unmengen Tee Geschichten erzählt, während er mich bedient. Wo mir plötzlich beim Geschmack des frischen Brotes bewusst wird, dass meine Esskultur verloren gegangen ist: es ist mir gleichgültig geworden, was ich in mich hineinstopfe, ich esse nur noch zum Selbsterhalt, gierig und maßlos wie ein Tier in der

Wildnis. Nur Essentielles ist noch wichtig, satt und warm zu sein wie jetzt. Und mich sicher zu fühlen, wie heute Morgen nach den Fortschritten der letzten Tage. Darum kann ich auch wieder allein gehen, nur mit meinen Gedanken und den Steinen, die ich zum Cruz de Ferro tragen will, wie alle Pilger seit tausend Jahren, um symbolisch Sünden abzuladen.

Ich reihe mich in die Menge der anderen Wanderer, gehe hinter ihnen ins Dunkle. Durch Matsch und Pfützen, Nieselregen und dicken Nebel, der die verheißene schöne Aussicht verschluckt, hinauf nach Foncebadón. Sechs Kilometer holprige Pfade und leere Landstraßen durch feuchtes Grau. So verlassen schien mir die Welt noch nie. Und der Ort? Entlang der Dorfstraße liegen Berge schiefergrauer Trümmer, gibt es keine Fassade, kein Dach mehr, alles scheint seit Generationen verlassen. Auch dies soll ein wichtiger Ort des historischen Jakobsweges gewesen sein? Nichts ist davon geblieben. Der Hirte, der mit seinen Ziegen aus dem Nebel auftaucht, verstärkt noch den gespenstischen Eindruck dieses scheinbar irrealen Szenarios. Wie im Film. Bis plötzlich Mona vor mir steht. „Willst du Café trinken gehen? Ich war grad im neuen Restaurant neben der wieder aufgebauten Herberge. Hier soll ein Touristenzentrum errichtet werden, eine der alten Pallozas hat man schon rekonstruiert." Da steht der traditionelle, fensterlose Rundbau aus Granit, unter dessen Strohdach in alten Zeiten Menschen und Tiere zusammen lebten. Sieht ganz hübsch aus mit seinen Verzierungen aus keltischen Symbolen; aber trotzdem, vielleicht ist es hier schön, wenn die Sonne scheint, jetzt ist es nur unübertrefflich trist. „Komm, wir gehen zusammen, es ist nicht mehr weit. Schau, dort waren früher das Kloster und die Herberge." Irgendwo im Nebel sind Ruinen zu ahnen, dann folgen Feldwege zwischen Gneismauern, meterhohem Ginster und Heidekraut – bis wir auf dem Pass des Monte Irago sind, am höchsten Punkt des Camino Francés, auf 1.517 Metern Höhe. Vor einem gigantischen Steinhaufen, aus dem ein mächtiger Eichenstamm ragt. Er trägt ein eisernes Kreuz, das Cruz de Ferro.

Ja, da bin ich nun endlich – im kalten Dunst, in einem unerwarteten Pilgergewimmel und muss warten, bis ich auf dem festgetretenen Pfad über Geröll zur kleinen Freifläche am Fuß des Kreuzes hinaufsteigen kann. Schon vor zweitausend Jahren haben die Römer hier ihrem Gott Merkur gehuldigt, und jetzt gehen wir skeptischen Heutigen hierher, um unsere Sünden abzuladen …

Ich habe mich entschieden, die meinen mit nach Santiago zu nehmen. Hier, schön nah am Himmel, will ich meine Lasten und Wünsche ablegen, mit meinen vier Steinen, die ich unterwegs gesammelt habe: Einen kleinen, weißen Kiesel für meine Hoffnung, Zufriedenheit zu finden; einen rosafarbenen Quarz mit einem Sprung in der Mitte für die Illusionen, die so schön sind, doch mich immer wieder in die Irre leiten; ein abgebrochenes Stück roten Granit für mein Leben, weil es ein Teil eines festen, schönen Ganzen ist und ein helles Steinherz für mein ‚steinernes Herz', das in den letzten Jahren mehr und mehr mein Fühlen ersetzt hat. Ergreifend ist es, fast ein bisschen heilig – und unterhaltsam, was hier alles liegt! Wer hat wohl diese Riesenbrocken hier raufgeschleppt? Viele Steine sind beschrieben oder bemalt, sogar Fahrradteile, Kleidungsstücke, Tücher und Briefe liegen um den Stamm oder stecken in seinen Ritzen. Schade, dass so großer Andrang herrscht und ich Platz für die nächsten Wartenden machen muss, Radfahrer in kurzen Hosen und dünnen Shirts, die sich steif gefroren von ihren Rädern mühen, sich ein bisschen warm zappeln und zitternd vor Kälte hinauflaufen. Die Armen tun mir Leid. Immer noch ist es neblig und nass und weht eisiger Wind, und ich friere, obwohl ich alle meine Kleidungstücke übereinander trage und meine Wollsocken als Handschuhe. Doch diese jungen Männer scheinen zur Sorte Merknix zu gehören, springen wieder auf die Räder und jagen johlend ohne Sicht bergab.

Ich werde mich zu anderen Wanderern in den Windschatten der kleinen Kapelle setzen, mich am heißen Tee aus meiner Trinkflasche aufwärmen, Nüsse essen und noch ein bisschen ergriffen sein.

Klappt nicht. Meine Gedanken kreisen einzig um das köstliche, saftige Brot, das der Hospitalero mir heute Morgen zum Mitnehmen angeboten hat. Wie dumm, es abzulehnen!

Und nun verschenkt auch noch ein Spanier direkt vor meiner Nase Schokolade an Kristin und Christian, und ich kriege nichts ab und bin neidisch beim Zuschauen. Na ja, ein Pilger muss dankbar und zufrieden sein, mit dem was er hat …

Eigentlich bin ich erschöpft, doch mein Herz ist plötzlich ganz leicht, als hätte es sich umgehend entsteinert, und ich *muss* wieder singen. Melodien und Lieder quellen aus meinem Bauch während ich locker bergab und auch wieder ein bisschen bergauf gehe, dann höre ich Hunde bellen, sehe Gänse herumlaufen und stehe unvermittelt in Manjarín. Vor dem berühmten Anwesen von Tomás, einem Pilger, der 1993 in den Ruinen dieses verlassenen Dorfes eine Herberge errichtet hat, über die jeder auf dem Camino spricht. Genial, wie es hier aussieht! Schilder und Gerümpel lenken zum größten der halbfertig aussehenden Gebäude und ein junger Souvenirverkäufer lädt mich ein hineinzugehen: „Stell deinen Rucksack hier ab und wärm dich auf." Will ich? Es soll hier Café geben und der Schornstein raucht – also rein, in den düsteren Küche-Ess-Schlaf-Raum, an einen bollerigen Ofen. Ich setze mich zu einigen Bekannten, froh über die Wärme, aber fassungslos über diesen rumpeligen, schmuddeligen Platz. Unsäglich. Hinter mir ist so etwas wie eine Bibliothek und um die Ecke ein Andachtsraum mit Heiligenbildern im Kerzenlicht. Auf dem Herd dampft ein Kessel, ein junger Mann wäscht riesige rußige Töpfe ab und Tomás wandert herum, ohne uns zur Kenntnis zu nehmen. Wie er sich wohl fühlt? Seit zehn Jahren lädt er Menschen in sein Haus, gibt Obdach, Nahrung, Wärme und Unterhaltung. Was bekommt er zurück? Woher nimmt er die Energie für so viel Liebe? Hans erzählt, dass Tomás in der Tradition der Templer lebt. Gibt ihm das die Kraft? Aber wo ist die Aura, die Atmosphäre, die ich hier erwartet habe? Ich fühle mich unbehaglich, verabschiede mich bald und wandere weiter ins Tal hinunter, werde wieder weich, offen und fröhlich. Rundherum reißen die Wolken auf und geben eine herzbewegende Sicht über die gestaffelten, grünen Bergketten frei. Die Vögel singen wieder und die Natur scheint lebendig, doch da liegt vor mir ein mehr als handgroßer, grau-roter Frosch auf der Straße, als würde er schlafen. Bäuchlings, den linken Arm unter der Brust, die Zunge aus dem riesigen Maul hängend. Er ist tot.

Meine Gedanken beginnen um das Leben zu kreisen, um mein Leben. Warum fällt es mir so schwer, mich zu lieben, für mich zu sorgen? Warum gebe ich meine Zuwendung und Liebe anderen und beachte mich so wenig? Das will und muss ich ändern: Alles, was ich geben möchte, werde ich zuallererst mir geben, Zärtlichkeit, Aufmerksamkeit und Achtung. Ich verspreche mir, mich von jetzt an jeden Morgen liebevoll zu begrüßen, mich zu streicheln, mir zu sagen, wie toll und schön ich mich finde und wie stolz ich auf mich bin; fange gleich damit an, spreche zu mir, streichle mir die Wangen und merke, wie gut es mir tut, liebe Worte von mir zu hören. Bin ich verrückt? Und wenn schon! Will ich mich nicht davon befreien, zu gefallen, und unabhängig von der Angst vor Ablehnung und Bewertung werden? Hier auf der Straße kann ich üben, bin allein und frei. Nur selten überholt mich ein Pilger, noch seltener fährt ein Auto vorbei, still liegen die mit Macchia und Heide bewachsenen Berge. Erst hinter einer Straßenkehre sehe ich wieder Zivilisation: die fruchtbare Landschaft El Bierzo und die Stadt Ponferrada, ganz weit unten. Welch wunderbarer Blick! Wohin ich mich auch drehe, ist es schön, schön, schön, schön, schön.

Der Weiler El Acebo, am Ende einer steil abfallenden Piste, ist ein Stück dieser Schönheit. Raue Steinhäuser, auf deren geschnitzten Holzbalkons Mais und Wäsche trocknen, stehen eng zusammen. Ihre dunklen Schieferdächer ragen weit in die malerischen Gassen. Rosen ranken an Fassaden, wackelige Außentreppen führen in die oberen Geschosse, es duftet nach Heu und Gemütlichkeit. Hier würde ich gern bleiben. Aber ich tue es nicht. Weil alle anderen weiter nach Molinaseca gehen, noch neun Kilometer, und ich eigentlich auch noch weiterkann. Trotz der achtzehn Kilometer bisher. Ich probiere es.

Und schaffe es nicht. Obwohl ich mich immer wieder hinsetze und auf den nachgiebigen Rand neben der Straße ausweiche, schmerzen meine Beine vom bergab laufen immer stärker. „Halt ein Auto an und lass dich runter fahren." Kristin und Christian sorgen sich schon wieder um mich. „Danke, ich geh nur noch bis Riego de Ambrós."

Nun reicht es aber wirklich. Humpelnd öffne ich die riesige, schwere Tür zur Herberge in einem ehemaligen Palast, frage mich erneut, wieso es in diesen kleinen Dörfern solche prächtigen Gebäude gibt und bin überrascht, wie hell und modern dieses ist. Hospitalero Julio, ein Student, zeigt mir ein nettes ‚Abteil' mit vier Betten: „Du kannst hier allein schlafen, es wird heut nicht voll werden."

Herrlich zu duschen, mich auszubreiten und zu erholen, doch ich habe Hunger und muss unbedingt Tee trinken. In der geheizten Küche übt Janet mit Julio spanische Vokabeln, ihren bandagierten Fuß auf dem Tisch. Zwei Tage wartet diese dynamische, englische Rentnerin hier schon auf Besserung ihrer Fußschmerzen, freut sich über weibliche Gesellschaft und vereinnahmt mich auf liebevolle Weise. Da hat Mona gerade noch gefehlt, die kurz nach mir eintrudelt, und uns mit dem Thema ‚Männer und Frauen auf dem Camino' aufs Köstlichste unterhält. Sie erzählt von einem Pilger, der jede auch nur annähernd in Frage kommende Frau fragte, ob sie nicht mit ihm eine Familie gründen wollte, und bald auf dem ganzen Camino bekannt war. „Es gibt eine Menge Leute, die hier unterwegs sind, um einen Partner zu finden. Erinnerst du dich an die Mexikanerin in der Bar hinter León? Sie erzählte mir, dass sie einen Mann zum Heiraten finden möchte und in Spanien bleiben will. Und dann gibt es auch ganz viele, die jemanden für eine Nacht suchen." Janet schaut entsetzt über ihren Brillenrand. „Was, das gibt es?" Mona lässt sich nicht aufhalten uns aufzuklären: „Klar, das ist doch so, wie sich zu einem Tennismatch verabreden." Es dauert nur Sekunden, bis wir kreischen wie pubertierende Girlies und uns jede Menge Unsinn einfallen lassen, wenn wir zwischen unserem Gekicher Luft zum Reden finden. Ach Mona, du bist zu verrückt! Die Gesichter hinzukommender Männer, die uns ansehen, als wären wir irre, machen alles nur noch schlimmer: wir lachen bis uns die Bäuche wehtun und ich Angst kriege, mir in die Hose zu pinkeln.

Vielleicht stimmt, was Mona sagt. Heute sah ich an einem Busch über dem Weg eine durchsichtige Plastiktüte mit einem gelben Brief ‚von Jana/Netherland an John/GB' hängen. Und rennt nicht auch Eric herum, um eine Frau zu finden? Überall in der Welt haben die Menschen Sehnsucht nach Beziehung und suchen Kontakt, natürlich auch hier. Will nicht jeder zu jemandem gehören? Janet beneidet mich, dass zu Hause jemand auf mich wartet: „Es muss schön sein, für einen Mann sorgen zu können."

Ja, es ist schön – aber auch nicht einfach, einen Partner zu haben, nicht wahr Wiebke?. Weil wir alle immer zu viel von einander erwarten und Träume und Bedürfnisse haben, die uns unser Gegenüber nicht erfüllen kann oder will. Müssen wir sie unterdrücken oder können wir sie von anderen Menschen erfüllen lassen? Oder sie uns selbst erfüllen? Je länger ich unterwegs war, desto mehr Fragen tauchten auf. Hoffentlich würde ich Antworten finden.

Hilfe!

Riego de Ambros - Ponferrada - Cacabelos > 29 km

– Eine Freundes- und Familiengruppe geht mit mir den Camino hin und her. In einer unklaren Situation gehen alle meine Sachen verloren. Ich brauche aber dringend einen Anzug, sonst kann ich nicht weitergehen. Ein Freund gibt mir 200 Euro, damit ich mich neu einkleiden kann. Das Geld hätte ich bei ihm gut – wegen einer Wohltat an seiner Tochter. Ich bin gerettet. –

Seltsamer Traum. Aber er war so deutlich, dass er mir nicht aus dem Kopf geht. Wenn nur nicht diese hektischen, lauten Männer hier in der Küche wären, könnte ich ihn vielleicht verstehen. Sie geben keine Ruhe. „Weißt du wie der Gasherd angeht?" Sie nerven. „Gasherd? Ich?" Nee, ich bin total aus der Welt, zu blöd, zu weit weg von allen praktischen Fähigkeiten. Dann gibt's halt keinen Tee, sondern kaltes

Wasser. Bis Mona kommt, mit einem Handgriff die Gasflasche öffnet und sich von mir verabschiedet. „Ich werde zusammen mit Janet mit dem Bus nach Ponferrada fahren, sie in ein Krankenhaus bringen und dann allein weitergehen. Genieß du den Weg hinunter nach Molinaseca, es ist eine der schönsten Strecken."

Mona hat Recht, es ist wirklich wunderschön durch die Flussauen zu wandern, zu den Berggipfeln hinaufzusehen, von denen sich die letzten Nebelfetzen lösen, endlich wieder einen strahlenden Sonnenaufgang zu erleben und den Duft nach Kiefern und Lehm einzuatmen. Glücklich laufe ich die Serpentinenstraße in der Schlucht des Río Sil hinab, freue mich an seinem Rauschen und über die ulkigen Formen der Bergrücken, die mit ihren Tannenreihen wie liegende Riesendrachen mit gezackten Kämmen wirken. Alles um mich ist frisch und neu, da mag ich im steingrauen Molinaseca nicht bleiben, wandere nur durch, froh, gestern nicht hierher gegangen zu sein: Die Herberge steht in einem Garten voller Zelte, aus denen gerade die letzten Schlafmützen kriechen.

1000 Höhenmeter bin ich seit gestern Mittag in eine andere Welt herabgestiegen. Die Einsamkeit der Berge liegt hinter mir und glücklicherweise auch die Kälte. Die Luft ist mild, in Gärten stehen Obstbäume, Palmen und Feigen, und auf den Hügeln sind Scharen von Pflückern bei der Weinlese. „Kann man die Trauben essen?" Der junge Mann mit der Kiepe hat meine Gesten verstanden, lacht und reicht mir eine Hand voll. Sie sind klein und grün und zuckersüß. Und dann hält zufällig ein Bäckerwagen neben mir, und die Bäckerin verkauft mir frisches Brot, und ich wandere fröhlich kauend durch dieses Schlaraffenland aus Weinbergen, Städtchen und Wiesen.

Zwischen den Hügeln taucht Ponferrada auf, groß und lang gezogen. Hier ist auch schon die historische ‚Eiserne Brücke' über die ich in die Altstadt komme, nun muss ich nur noch ein paar Gassen hinauflaufen, um endlich die berühmte Templerburg zu sehen. Da ragt sie vor mir auf, mächtig beeindruckend – toll. Wie aus einem Märchenbuch steht sie da, perfekt renoviert, mit Türmen, Toren und Zinnen. Es wunderte mich nicht, wenn jetzt Ritter auf ihren Pferden herauskämen und an den Gauklern vorbeiritten, die auf der Straße vor mir Dudelsack spielen! Wie nett. Hier will ich ein Weilchen sitzen und gucken und träumen.

Die Stadt ist 1500 Jahre alt und hat hübsche Ecken, doch es ist schon Mittag und meine Etappe noch lang. Nur die Zeit für ein Gebet leiste ich mir noch, möchte Gott danken, dass ich kaum noch Schmerzen habe, und in der Kühle des Kirchenraums Kraft schöpfen für die nächsten sechzehn Kilometer. Erfrischt mache ich mich auf die Suche nach einem Geldautomaten, doch als ich endlich einen finde, akzeptiert er meine Karte nicht. Macht nichts, ich habe noch 40 Euro, die reichen für mindestens zwei Tage, in denen sich sicher eine andere Gelegenheit ergeben wird.

Es wird heiß zwischen den Häusern. Gut, dass es stadtauswärts geht, auf rot- und braunfleckige Bergflanken zu, die schon seit der Römerzeit durch Erzabbau zerstört sind. Der Weg lässt sie rechts liegen, führt durch grüne Vororte, zu einer breiten, dichtbesiedelten Ebene – fruchtbar und sonnig. Welch ein Kontrast zu den letzten Tagen! Nein, hier brauche ich kein Regencape mehr, kann es in den nächsten Mülleimer werfen und meinen leichter gewordenen Rucksack zurechtruckeln. So fühlt es sich viel besser an, so kann ich leichter über die Erdhaufen an einer Baustelle steigen, leichter große Schritte machen – bis mich ein leichtes Knacken an meiner rechten Hüfte erstarren lässt.

Nein, das kann nicht sein.

Ich weiß was geschehen ist, bevor ich nachschaue, habe es irgendwie seit Wochen gefürchtet: der Rucksackgurt hat meine Kreditkarte in der Bundtasche meiner Hose in zwei Teile zerdrückt.

Ich fasse es nicht. Das kann nicht wirklich passiert sein.

Doch. Und jetzt stehe ich hier auf einem Kirchplatz, Samstags in Spanien, brüllend und trampelnd, und kann nicht glauben, dass ein Mensch so blöd sein kann wie ich, und bin stinksauer auf mich und möchte irgend jemand anderen beschimpfen und irgendjemand anderem die Schuld geben und niemand ist hier und ich steh hier allein, fast pleite und mit keiner Idee, auf welchem Wege ich zu Geld kommen kann. Mir ist zum Heulen. Was kann ich tun? Ich stampfe im Kreis herum und denke, aber meine Gedanken rotieren, ohne eine Lösung zu finden.

Bis mir mein Traum der letzten Nacht einfällt: *... ich hab alles verloren, auch meinen Anzug, ohne den ich den Camino nicht weiter gehen kann ... und mir wird geholfen.* Ziemlich witzig. Und? Wer hilft mir jetzt?
„Wo ist hier einer?"

Wie war das mit dem Vertrauen? Vielleicht sollte ich daran glauben, abwarten und die Dinge geschehen lassen. Was bleibt mir auch anderes übrig ...

Trost gibt mir, dass meine lieben Beine mich die nächsten Stunden durch eine herrliche Landschaft tragen. Der Sandweg ist eben und von Feigen- und Nussbäumen beschattet, durchquert Dörfer, Weingärten und Felder mit Bohnen, Kohl und ungeheuren Mengen von Riesenkürbissen in allen Grün- und Grauschattierungen. Männer treten in Plastikwannen Saft aus Traubenbergen, andere pflügen Felder oder ernten. Alte Frauen nicken freundlich von ihren Bänken am Straßenrand, Hunde schnüffeln an mir, ohne zu bellen. Es könnte ein wunderschöner, idyllischer Nachmittag sein, doch ich bin schwer genervt, obwohl der erste Schock verflogen ist. Als ich in einem Dorf eine Bar sehe, und mir überlege, ob ich mir einen Espresso erlauben kann, beschließe ich, Ja. Irgendeine Lösung werde ich finden müssen, werde mit meinen 40 Euro nicht bis nach Santiago kommen und schon gar nicht von dort nach Hause. Ich wage es einfach, lebe genauso wie vorher, es wird sich fügen.

Vielleicht habe ich Glück und treffe hier in Cacabelos einen Bekannten, der mir helfen kann. In der kilometerlangen Pilgergasse und ihren Nebenstraßen drängen sich Passanten, aber nirgendwo ist ein vertrautes Gesicht; nicht auf den vielen kleinen Plätzen, hinter keiner Ladenscheibe, in keinem Café, auch in der Herberge nicht. Schade, dass ich mich nicht richtig übers Ankommen freuen kann. Dabei bin ich so stolz, am zehnten Krankheitstag neunundzwanzig Kilometer gegangen zu sein! Auch die besonders schöne Architektur der

Herberge würde mich normalerweise entzücken: Viele aneinander gereihte Zweierkabinen unter einem gemeinsamen Dach umschließen hufeisenförmig einen granitgepflasterten Platz mit einer Kirche in seiner Mitte. Eines dieser Zimmerchen beziehe ich allein, habe Leselampe, Schrank und weiches Bett und könnte mich augenblicklich hier wohlfühlen – wenn mein Kreditkartendilemma nicht wäre. Ich brauche Rat, doch niemand von all den Wäsche waschenden und essenden Menschen auf dem Platz zwischen Kirche und Häusern habe ich je gesehen, keiner, den ich anspreche, versteht mich. Nur die Hospitalera macht mir Mut: „Geh morgen nach Vega de Valcarce, dort ist mindestens eine Bank, vielleicht kann dir dort am Montag geholfen werden."

Ich finde keine Ruhe. Muss wieder über die alte Brücke in den seltsamen Bauernort zurück. Laufe durch die Gassen, auf der Suche nach Trost für meine Sorgen und Belohnung für meine vielen Kilometer heute, finde ihn bei einem Bäcker mit einer Riesenauswahl Keksen, und kaufe mir gierig eine große Tüte gemischte, mit ganz viel Schokolade drauf.

Das hilft, langsam geht's mir besser. Als ich sehe, dass in meiner Kirche eine Messe beginnt, gehe ich hinein, in einen Raum voller Frauen. Eine scheinbar homogene Menge; dunkel gekleidet in grau, blau, schwarz oder braun, gepflegt, geschminkt und gut frisiert wie alle Frauen in Spanien. Ich gehöre nicht zu ihnen, bin ein fremder Paradiesvogel in einer hellblauen, schmutzigen Wanderjacke, muss mich überwinden, mich dazuzusetzen.

Aber ihre freundlichen Blicke schmelzen meine abwehrende Kälte, und ihre Umarmungen beim Aufruf zum Frieden sind so warm und herzlich, dass ich mich fast wie unter Freundinnen fühle. Als alle zur Kommunion gehen und ich sitzen bleiben will, nehmen sie mich energisch zwischen sich und führen mich zum Altar, drücken mich zum Abschied und sagen mir mit herzlichem Ausdruck Worte, die ich leider nicht verstehe.

Ich danke ihnen in meiner Sprache. Danke dafür, dass sie mich daran erinnert haben, welchen Schatz an Liebe ich mir durch meine Distanziertheit vorenthalte. Danke ihnen, dass sie mich in ihre Mitte genommen haben, obwohl wir zu verschiedenen Welten gehören.

Wirklich? Ist unser Leben wirklich verschieden? Die Erschöpfung in ihren Gesichtern ist mir nur zu vertraut – nein, wir haben die gleichen alltäglichen Sorgen und Freuden. Und können sie miteinander tragen und teilen.

Ich sollte meine Angst ablegen und mich endlich zugehörig fühlen.

Düsternis

Cacabelos - Vega de Valcarce > 24 km

Mich fröstelt. Gott sei Dank ist der Tee aus dem Automaten wenigstens heiß, die Steinbank ist schrecklich kalt im kühlen Wind. Im Morgendunkel zittern Taschenlampen, weil der Strom wieder ausgefallen ist, wie gestern Abend, doch wir müssen packen, weil die Herberge um acht geräumt sein soll. Ich bin fertig, sitze und schaue den anderen zu, höre eine Kakophonie aus Hundegebell und Hähnekrähen und wundere mich, dass schon wieder Sonntag ist. Letzte Woche war ich in León und davor in Boadilla, und davor –?

Wenigstens brauchte ich mir da noch keine Sorgen um Geld zu machen; jetzt fühle ich mich unsicher und wieder mal verlassen, sehne mich nach Eric. Er würde jetzt wissen, was zu tun ist, könnte mir die Sicherheit geben, die mir momentan fehlt – ich bin es leid, für mich zu sorgen. Nein, geht weg Gedanken, ich möchte endlich unabhängig sein, ohne Anpassung, frei. Die Probleme nimmt mir eh keiner wirklich ab, nun sollte ich endlich losgehen und Grübeln und Emotionen beiseite lassen. Weil jeder Schritt heilt und mich ruhig macht. Weil ich mich auf der Straße wohl fühle, zwischen den Weinbergen vor dem nächsten Bergriegel, der grau und baumlos in der Dämmerung auftaucht.

Wie werde ich die gute Luft und die Stille vermissen. Später, wenn ich wieder in die Welt zurückgekehrt bin, in die

Neuzeit. Ja, auch Villafranca del Bierzo ist Mittelalter und Sonntagmorgenruhe, mit einem Blick überschaubar in einem Tal liegend; graue Schieferhäuser unten, Burg, Kirche und Klöster an den Berghängen. Und vor mir am Weg die kleine Santiagokirche, in der kranke oder sterbende Pilger früher Ablass für ihre Sünden bekamen, wenn sie es nicht bis Santiago schaffen konnten. Ich schaue sie mir nicht an, bin satt von all der Fülle bisher – doch ich muss mich ansehen lassen. „Eine echte Fußpilgerin! Woher kommst du, und wie lange bist du schon unterwegs?" Diesmal sind es Franzosen aus einem Reisebus, die mich bestaunen wie ein blaues Pferd und mir gute Wünsche nachrufen.

Bergab über Treppen und Gassen führen mich gelbe Pfeile durch die unbelebte Stadt. Letzte Kirchgänger hasten an mir vorbei, Orgelmusik klingt von irgendwo. Sonst geschieht nichts. Und eh ich mich versehe, überquere ich einen reißenden Fluss, habe die Stadt hinter mir und bin auf einer Straße im engen Tal des Río Valcarce.

Hier wollte ich nicht hin, wollte oben auf den Bergen gehen, wo es auch einen Weg gibt, doch wie soll ich dort hinkommen? Die ausgerissenen, losen Blätter meines täglich dünner werdenden Reiseführers beschreiben nur diesen historischen Camino. Also gehe ich weiter. Im feuchten Flusstal, in dem der Tau gefroren ist. Unter Autobahnen auf Stelzen in schwindelnder Höhe über mir. Hier bin ich richtig, denn der düstere Weg passt zu meiner Stimmung – mein Denken kreist darum, ob ich in Vega de Valcarce Geld bekommen werde.

Aber hier unten ist auch Leben, gibt es Dörfer zu denen Wege abschwenken, die zu Waldpassagen werden. Hier duftet es nach frisch geschlagenem Holz, plätschern Quellen, und der Boden ist über und über mit dicken, glänzenden Maronen bedeckt. Ich habe noch nie welche gegessen, bin neugierig, öffne ein paar große, blanke mit meinem unverzichtbaren Messer und bin überrascht von ihrem leckeren nussigen Geschmack. So viel pralle Natur, wenige Meter neben all dem Beton! Vor einem Holzstapel sitzt eine fingerlange, rotgraue Gottesanbeterin in der Form eines Zweiges, lässt sich nicht stören, ist einfach nur da. Und ich Mensch? Sorge mich um Geld und Essen und saubere Socken.

Pereje, eines der altmodischen Straßendörfer am Berghang, hat eine Bar mit einem Telefon. Endlich eine Gelegenheit Max anzurufen, ihm von meiner Not zu erzählen und vielleicht Trost zu bekommen. Er reagiert wie ich es erwarte: „Mach dir keine Sorgen, es wird schon eine Lösung geben, wenn gar nichts geht, komm ich und bring dir Geld." Ach, er ist lieb wie immer, geduldig und gütig. Ich könnte glücklich sein, habe jemanden, der sich kümmert und sorgt, aber er strengt mich auch an. Mit seinem Jasagen, dass ich schwer aushalte. Weil ich nie sicher bin, ob es ein Kompromiss ist, hinter dem Unzufriedenheit Aggression ausbrütet, die irgendwann unerwartet über mich hereinbricht. Doch jetzt will ich das Gute nicht zudecken und dankbar für sein Angebot sein. Wenn ich ihn bitten würde, wäre er morgen hier. Aber das will ich nicht und meine Anspannung bleibt.

„Hola, Hans." Im nächsten Ort lacht er mir von seinem Rastplatz zu. „Schön dich wieder zu treffen, hast du Mona gesehen?" Zwei Wochen sind die beiden miteinander gewandert, bis sie sich hinter Manjarín ohne Abschied aus den Augen verloren haben. „Nein, ich weiß auch nicht, wo sie ist. So ist der Camino, man trifft sich und muss sich wieder loslassen. Komm, lauf mit mir weiter." Hans kommt eben von den Bergen herunter und erzählt begeistert von den herrlichen Ausblicken dort oben. Redet und redet. Über sich und sein Leben, seine Reisen und seine Familie. Und dass er sich im Moment ziemlich genervt fühlt. Eingeengt, durch die liebevolle Fürsorge seiner Frau, mit der er vorhin telefoniert hat. „Sie macht sich meiner Meinung nach zu viel Sorgen um mich." Ich kann ihn verstehen, kenne dieses Unbehagen und die Schuldgefühle, wenn es meinem Mann meinetwegen nicht gut geht. Wir sollten lernen, dem anderen die Verantwortung für sein Fühlen und Handeln zu lassen, damit wir uns bei aller Nähe und Verbundenheit in unseren Beziehungen frei fühlen können. Weil Freiheit so wunderbar ist.

Das Tal wird weiter und heller, doch noch immer sind die Autobahntrassen über uns und scheinen Vega de Valcarce in seinem gewundenen Flusstal mit ihren massigen Betonstelzen zu erdrücken. Ich bin am Ziel. Hans geht weiter, nicht ohne mir Glück bei meinen Bankgeschäften zu wünschen. Der Ortskern umlagert den Fluss zwischen beackerten Hängen, die Herberge ist mittendrin, doch bevor ich hinaufgehe, muss ich schauen, ob es eine Bank gibt. Es gibt drei, das sollte reichen, jetzt kann ich ruhiger morgen früh abwarten.

Und dann ist da eine kleine Kirche, deren Tür einladend offen steht: Ein fröhlicher, hellblauer Raum mit einem Sternenhimmel als Decke, von dem das Auge Gottes auf mich herabschaut. Was er wohl über mich denkt? Vorne liegt ein Besucherbuch mit vielen Texten. Ich lese die Worte Fremder und schreibe hinein, was mir aus dem Herzen quillt, damit später Fremde meine Worte lesen können, bin danach erleichtert und froh.

Bis ich die Herberge betrete. Sie ist schaurig, besteht aus zwei zusammengestellten Betongebäuden, mit einer Durchgangsküche in einem offenen Treppenhaus. Die beiden Schlafsäle sind groß und ungemütlich, im einzigen kleinen Zimmer hat sich ein Ehepaar eingerichtet. Ich will sie nicht stören und laufe unschlüssig zwischen den hässlichen, unsauberen Räumen hin und her, wähle den mit den augenscheinlich sympathischeren Schlafgenossen, suche eine Matratze, die nur wenig stinkt, und ein Kissen, das nicht ganz schmutzig ist, finde mich widerstrebend ab.

Der herrliche Blick von der Küchenterrasse auf die Burgruine Sarracín über dem Ort und die Sonnenstrahlen auf meiner Nase hellen meine Stimmung auf. Ich werde mein Tagebuch holen, um zu schreiben. Auf diesem Stuhl in der Abendsonne. Es dauert nur eine Minute, bis ich zurück bin, doch die hat dem unsympathischen Spanier genügt: Er hockt groß und breit auf meinem Platz. Weil auf allen anderen Stühlen seine dreckige Kleidung zum Lüften hängt und liegt. Und ich stehe da, stumm wie immer, wenn mir so viel rücksichtslose Dreistigkeit begegnet. Und ärgere mich über mich, weil ich mich nicht zur Wehr setze.

Stattdessen koche ich meine Tütennudelsuppe mit dem Rest Tortilla von heute Vormittag und schlüpfe in das fürchterliche Bett, weil es nichts mehr gibt, für das sich das Wachsein lohnt. Auch die Geschichte der einzigen anderen Menschen in meinem Schlafsaal nicht. Weil es mich nervt zu hören, dass diese beiden Männer in 21 Tagen 850 Kilometer vom Somport-Pass nach Santiago gehen wollten – bis einer von ihnen vereiterte Blasen bekam und sie mit dem Bus fahren mussten. Jetzt hat er dazu noch eine Sehnenreizung, liegt mit einem Eisbeutel auf dem Knöchel im Bett, hadert mit seinem Los und versteht offenbar gar nichts. Nicht die Botschaft ‚nimm dir Zeit' und auch nicht ‚beachte dich liebevoller', und das ärgert mich. Weil ich selbst es auch kaum besser mache.

Und außerdem zieht langsam eisige Kälte durch die dünnen Wände und ich habe alles satt. Gute Nacht.

Geschenke

Vega de Valcarce - Hospital da Condesa > 18 km

„Nein, ich kann Ihnen nicht helfen, mit dieser Karte werden Sie nirgendwo in Spanien Geld bekommen." Na toll. Die Bankangestellte legt den Telefonhörer nach ihrem fünften Gespräch auf die Gabel. „Und wenn ich eine Online-Überweisung von meinem Konto zu ihrem Konto hier mache? Sie müssten mich nur kurz an ihren PC lassen." Sie schüttelt ihren Kopf: „Nein, so etwas geht nicht." Und nun? Ratlos sitze ich ihr gegenüber. „Es gibt vielleicht noch eine Möglichkeit per Post. In einer Stunde kommt die Posthalterin zu mir, ich will sie fragen, kommen Sie dann noch mal wieder." Normalerweise würde ich jetzt heulen, doch ich bin supergelassen, habe Hoffnung, werde in den anderen Banken mein Glück versuchen. Wer vorhin den eisigen Ostwind auf der dunklen Frühstücksterrasse überlebt hat, gibt nicht so schnell klein bei …

„Buenos días, Señores." Die beiden Männer an ihren Schreibtischen heben kaum die Köpfe, als ich sie anspreche, schauen blasiert ablehnend und bedeuten mir, dass ich störe. Danke, na dann nicht. Bleibt Bank drei.

Hier begrüßt mich ein smarter Mann lächelnd, streicht sein Haar nach hinten, knöpft sein Jackett auf, lehnt sich zurück und steckt sich eine Zigarette an. „Also" – tun kann er eigentlich nichts, in so einem Fall ist nichts zu machen, „doch vielleicht …"; er nimmt meine Karte, klebt die Teile mit Tesafilm zusammen und – steckt sie in den Geldautomaten. Ich halte den Atem an und mein Herz klopft schneller, aber natürlich funktioniert das nicht – doch sie kommt wenigstens wieder raus. Jetzt geht es um seine Ehre, er bietet mir einen Stuhl an und beginnt zu telefonieren, und weil ich Zeit habe und mir egal ist, wo ich sie zubringe, mache ich's mir gemütlich und warte. Inzwischen hat ein Bus vor der Tür Dörfler ausgeladen, die in den Raum strömen, mich anstarren und ihn ausfragen. Er wird ein Stück größer und erzählt, und wieder drehen alle die Köpfe zu mir, schnattern miteinander und freuen sich über die Abwechslung, die mein Missgeschick ihnen bietet. Ein kleiner, alter Mann tritt einen Schritt vor und spricht mich an – auf Spanisch – und ich antworte – auf Deutsch –, das hebt die Stimmung, alle werden fröhlich und laut, bemitleiden mich, lachen und schwatzen. Irgendwann schüttelt mein Caballero den Kopf. „Sorry. No possibility."

Die Stunde ist um, ich versuche es noch einmal bei der Dame in Bank eins. „Zeigen Sie mir, wo Sie in den nächsten Tagen sind." Sie schaut auf den Plan, nickt fröhlich und beendet meine Sorgen: „In Sarria ist eine Post. Wenn jemand in Deutschland Geld per Western Union dorthin anweist, können Sie es zwei bis drei Stunden später dort holen." Sarria ist 60 Kilometer entfernt, höchstens drei Tage Fußweg, so lange reicht mein Geld. „Vielen, vielen Dank, jetzt kann ich unbeschwert weitergehen."

In einen herrlichen Tag. Durch Eichen- und Kastanienwälder im engen Flusstal, steil hinauf, und über eine kleine Brücke in das Straßendorf Ruitelán mit seinen großen Obstgärten in einer Flussschleife. Auf einen holperigen Pfad zu einer schmalen Landstraße, von der ich das erste Mal einen freien Blick über die Berge vor mir habe. Jetzt muss ich ein kurzes abschüssiges Stück hinunter, auf einen steinigen Hohlweg zwischen geschichtete, überwucherte Schiefermauern, von denen Farn, Brombeerranken und Feigen hängen, glitsche auf Kuhfladen aus, ächze über den erneuten steilen Anstieg und bin glücklich. Ein knorriger, alter Mann bückt sich hinunter zu dem mit Walnüssen übersäten Weg, und legt mir einige davon in die Hände. Gerührt danke ich, steige weiter, vorbei an Bauern, die an steilen Hängen mit Sicheln Gras mähen oder am Wegrand Holz spalten, bis ins verwunschene La Faba. Hier wird Mona im nächsten Frühling Hospitalera sein, doch ich will mir nicht die Herberge anschauen, mag nicht einmal auf der anderen Dorfseite ins Tal blicken; ich brauche Abkühlung. Im Schatten zwischen Gehöften und Baumkronen hänge ich matt Arme und Beine in den Dorfbrunnen und schließe erschöpft die Augen. Wie ruhig es hier ist. Glückliche Mona, ich beneide sie.

Der Aufstieg ist noch nicht zu Ende, weitere schattenlose Kilometer mit wechselnden atemberaubenden Bergpanoramen folgen. Rundherum sonnenbeschienene Weite, Berg hinter Berg, Stille und Einsamkeit. Ich bleibe oft stehen, schaue mich um, weiß kaum, wohin mit meinem inneren Strahlen und fühle mich eins mit Gottes grandioser Natur. Bete, singe und genieße jeden Moment.

Der Anblick eines Getränkeautomaten am Wegrand neben einer Bank holt mich in die Realität zurück. Warum nicht hier mit dieser schönen Aussicht vespern? Da kann ich auch gleich meine Wäsche zusammenlegen, die auf meinem Rucksack baumelnd getrocknet ist, und mich mit einer netten deutschsprachigen Gruppe unterhalten, die den Weg herauf keucht und nach Cola jappst.

Und kaum bin ich wieder unterwegs, weiß ich, wie weit ich noch gehen muss: 152,5 Kilometer. Galicien beginnt, ab hier stehen alle 500 Meter Wegsteine mit einer Jakobsmuschel, einer Ortsbezeichnung und der Entfernung bis nach Santiago de Compostela. Hier am Rand des Pfades steht der erste – und nach kurzer Freude finde ich es schrecklich. Endlich bin ich so weit aus der Welt, dass ich Denken und Kontrolle beiseite lassen kann, doch ich werde von nun an ständig sehen, wo ich bin, werde meine Entrücktheit nur bewahren können, wenn ich meine Wahrnehmung reduziere. Immer wieder neue Plage!

Gegen Mittag bin ich am höchsten Punkt dieses Aufstiegs, im uralten keltischen O Cebreiro, ignoriere große Hunde, Touristen, Souvenirgeschäfte und Restaurants und steuere direkt die schlichte Pfarrkirche neben dem Friedhof an. Sie stand schon dort, als es noch keine Wallfahrt nach Compostela gab, ist selbst Wallfahrtsort, denn dort ist eines der ‚Gralswunder' geschehen:

Ein Mönch des Klosters Cebreiro zelebrierte unwillig die Heilige Messe für einen einzigen Bauern, der bei schrecklichem Wetter den Weg hier hinauf nicht gescheut hatte. Der Mönch dachte, dass der Bauer ein schöner Dummkopf sei, für Brot und Wein diese Mühe auf sich zu nehmen. Da verwandelten sich vor beider Augen die Hostie in Fleisch und der Wein in Blut.

Wenige Jahre zuvor hatte das 4. Laterankonzil das Dogma von der realen Gegenwart Christi in Hostie und Wein beschlossen, da kam dieses Wunder gerade recht, um die Weisheit der Kirchenmänner zu bestätigen. Seit damals sind Hostienteller und Kelch in dieser Kirche Ziel unzähliger Gläubiger, und auch ich bin neugierig, die Reliquien zu sehen, von denen ich viel gelesen habe. Als ich vor ihren steinernen Schrein im romanischen Kirchenraum trete – werde ich verzaubert. Edel und schlicht stehen sie hinter Panzerglas und halten mich fest, als würde von ihnen Kraft ausgehen. Und je länger ich hier stehe, desto stärker zweifle ich an meiner bisherigen Einstellung. Was weiß ich kleiner Mensch überhaupt? Was hindert mich, an das zu glauben, was ich fühle? Warum kann nicht auch unbeseelte Materie spirituellen Geist transportieren? Nachdenklich und viel weniger kritisch verlasse ich die Kirche und O Cebreiro, bergab und im Schatten. Das tut mir gut!

Erschöpft von Aufregung, Erkältung, Aufstieg und Hitze bin ich froh, die Herberge in Hospital da Condesa zu erreichen. Ein kleines Haus hinter Ställen und Scheunen, mit offener Tür und einem Zettel daran:

GEHT HINEIN, ABENDS KOMMT EINE HOSPITALERA.

„Hola.“ Ein junger Mann sitzt mutterseelenallein im Wohnraum, da will ich mich erst mal weiter umsehen. Es gibt nur einen einzigen Schlafraum – und wenn nun niemand mehr kommt? Ich höre auf mein Bauchgefühl und beschließe hier zu bleiben; der Mensch scheint sympathisch zu sein, und letzte Nacht habe ich mit zwei Männern allein in einem Saal geschlafen, habe mich überhaupt noch nie unsicher oder bedroht gefühlt. Überflüssige Gedanken, denn als ich meinen Rucksack absetze, wird es laut und deutschsprachig, kommen die deutsch-schweizerische Gruppe ‚Cola-Automat‘, ein Münchner Ehepaar mit spitzen Filzhüten und ein Quotenspanier.

Frolian erzählt Geschichten, Andreas und Lothar braten Maronen, Rainer setzt sich auf die Terrasse, um wie jeden Tag ein kunstvolles Aquarell zu malen. Wir anderen lassen die Beine von der Terrassenmauer zwischen Bohnen und Kohlfelder baumeln, genießen in der Nachmittagssonne den Blick auf die Berge, sind wie eine große Familie. Peter läuft drei Kilometer zurück, um einzukaufen, („Ohne Rucksack ist das überhaupt kein Problem“) Bier und Schokolade für die Männer, und Nudeln und Tomaten für ihn und mich. Ich werde für uns kochen und er will netterweise bezahlen, weil ich ihm von meinem Finanzdesaster erzählt habe. Noch während ich mich darüber freue, kommt der bayerische Ehemann zu mir: „Meine Frau und ich möchten dir hundert Euro leihen. Du kannst es uns überweisen, aber wenn du unsere Kontonummer verlierst, behalt es oder verschenk es weiter“. Und ich kann dieses Angebot leicht annehmen, drücke die beiden innig und bin ihnen sehr dankbar.

Dann koche ich in einer Küche, in der es nicht einmal ein Messer oder einen Kochlöffel gibt, höre mir Peters Probleme bei seiner Doktorarbeit an, schnorre bei den Schweizern köstlichen Käse zur Nachspeise, lasse mich verulken und werde aufmerksam, als das Gespräch auf die vielen Hunde kommt, die uns unterwegs begegnen und von denen ich mich oft bedroht fühle, weil ich ihr Verhalten nicht einschätzen kann. „Das Wichtigste ist, dass du deine Furcht nicht zeigst und unerschrocken auftrittst. Sieh ihnen nicht in die Augen, aber behalte sie im Blick, und wenn einer angreift, tu so, als würdest du dich nach einem Stein bücken, um ihn damit zu bewerfen. Und wenn das nicht hilft, versuche ihm auf die Nase zu schlagen oder knie dich auf den Boden." Frolians Schwester scheint Erfahrung zu haben. „Danke Melusine, ich werde es erst mal mit mutigerem Auftreten versuchen und mich nicht gleich halb aufgefressen fühlen, wenn ein Hund mich anbellt." Die nette junge Frau lacht, wickelt sich aus einer Wolldecke und reicht sie mir: „Die Decke haben wir von der Hospitalera für dich erbeten, damit du heut Nacht nicht frierst und dich noch mehr erkältest." Wie rührend.

Meine Erkältung konnte kaum schlimmer sein, aber dieser wunderschöne Tag überdeckte meine Zipperlein. Ich wurde allen Widrigkeiten zum Trotz immer glücklicher und schwereloser; kein Wunder bei so viel Liebe und Hilfe von allen Seiten! Und hatte anscheinend endgültig das Annehmen gelernt, meine Fortschritte wurden unübersehbar.

Verstimmung

Hospital da Condesa - Samos > 27,5 km

Es wäre so schön einfach gewesen, im Kloster Samos die Ursache für meine gen Nullpunkt tendierende Stimmung zu sehen – weil die Herberge darin nicht meinen Erwartungen entsprach! Aber natürlich machte nichts und niemand mir das Leben schwer, außer ich selbst und meine zunehmende Dünnhäutigkeit.

Verklärte Vorstellungen von einem besonderen spirituellen Ort hatten mich einen weiten Umweg gehen lassen – doch statt einer behaglichen Zuflucht erwartete mich eine dunkle Riesenhalle, in der ich mich augenblicklich unwohl fühlte. Ich war

schockiert und genervt, bin hinaus in die Nachmittagssonne geflüchtet, unzufrieden mit den Umständen und mir, weil ich so schnell das innere Gleichgewicht verloren hatte.

Das Haus war dunkel und still und alle anderen schliefen noch, als ich leise meine Sachen im engen Schlafraum zusammensuchte und mich über die Treppe zur Küche hinuntertastete. Es blieb dunkel – nirgendwo ließ sich Licht anschalten. Wunderbar, ich liebe es in Dunkelheit herumzugeistern und alle meine Sinne zu nutzen, fand mich fühlend und ohne viel Suchen gut zurecht und konnte sogar Teewasser aufsetzen, weil der Herd funktionierte.

Durch die großen Küchenfenster waren die Bergkonturen vor dem schwarzen Sternenhimmel zu erahnen, zwei, drei Autos beleuchteten im Vorbeihuschen die Küche für einen Moment und ich fühlte mich sehr wohl, wie allein auf der Welt.

Frolian und Lothar beendeten meine meditative halbe Stunde, als sie die Treppe heruntertrappelten, nach Männerart umgehend den Grund für die Störung suchen und beheben mussten und wieder ihre Späße mit mir trieben. Dann kam aus dem Wohnraum ein verschlafener Rainer, der gestern Abend noch mein Bettnachbar war, aber anscheinend seit irgendwann hier unten geschlafen hat, und auch die anderen erschienen gähnend und verwuschelt in der Küche. Andreas kochte Nudelsuppe, wir tauschten Käse gegen Tee, teilten unser Brot und waren so fröhlich wie gestern Abend.

„Adiós, vielleicht treffen wir uns wieder." Gern! „Es war schön mit euch und lustig", und gut, mal wieder Deutsch zu sprechen. In den letzten Tagen blieb ich oft beim Denken stecken, um nach einem passenden Wort zu suchen, weil ich in meinem lückenhaften Englisch dachte. Vielleicht würde mein wirrer Kopf jetzt zurückschalten.

Das Dorf war wirklich das schmutzige Kuhdorf, als das Andreas es gestern nach seinem Rundgang geschildert hat, doch die Ruhe und die uralte Kapelle machten den holperigen, modderigen Weg wett. Ich fand meinen Rhythmus, wurde wieder zu einem Teil der Straße und wanderte leichtfüßig auf den höchsten galicischen Pass des Jakobswegs, wissend, dass ich nach diesem Alto do Poio stetig bergab gehen werde. Bis nach Santiago. Ein seltsames Gefühl. Wie oft hab ich in den vergangenen Wochen ‚das erste Mal' erlebt, und nun gibt es schon ‚ein letztes Mal'.

Nachdenklich trank ich meinen Café auf der Passhöhe, genoss den Blick zurück über das grüne Gebirge und begann Abschied zu nehmen. Nur noch 140 Kilometer bis Santiago. Erst fünf Wochen lebe ich auf der Straße und an fremden Plätzen und erkenne mich in meinen Reaktionen und Gefühlen kaum wieder. In mir geschieht Verstehen und Veränderung, manchmal bewusst und laut, doch auch so sanft und unmerklich, dass nur die neuen Gedanken und mein ungewohntes Verhalten von den inneren Prozessen zeugen. Fragen haben sich gestellt und beantwortet, und ich bin sicher, dass auch die fehlenden Antworten noch kommen werden. Ich kann jetzt abwarten, habe meine Ungeduld verloren, werde täglich stiller und fühle mich gut dabei. Besonders wenn ich allein bin. Wie sollte ich auch noch mehr Reflexion verarbeiten? Ich möchte nur noch dem nachspüren, was bisher geschehen ist und einfach weiter gehen. Und Eric irgendwann erzählen, welche Veränderung unsere Begegnung in mir ausgelöst hat und wie dankbar ich ihm bin. Wo er jetzt wohl ist? Hoffentlich geht es ihm so gut wie mir.

Es ging mir wirklich gut, ich war glücklich auf diesen vielen Kilometern auf einem Pfad neben der auto- und menschenleeren Straße nach Triacastela, freute mich über blühenden Ginster, feucht duftende Wiesen, die Dörfer und Feldwege und über einen einzigartigen Walnussbaumwald.

Auf einem Wiesenweg betrat ich den Ort und traf Rainer. „Die anderen sind schon weitergegangen, über die Berge nach Calvor, wo gehst du?" „Ich will morgen in Sarria sein und nehme den Weg über Kloster Samos. Das ist zwar sieben Kilometer weiter, aber es sitzt in meinem Kopf, dass ich dorthin will. Irgendjemand hat von den Messen und Vespern der Benediktinermönche erzählt, dass man unbedingt dabei gewesen sein muss, ich stell es mir wunderschön vor und kann zur Zeit jeden Kontakt zum Himmel brauchen." Meine finanzielle Situation belastet mich mehr als mir lieb ist – trotz des Rettungshunderters und Max' beschwichtigender Worte am Telefon: „Ja, das Geld ist schon angewiesen, schreib dir die Codenummer auf, außer ihr brauchst du nur deinen Ausweis, die Summe und meinen Namen als Einzahlenden, mach dir keine Sorgen, es wird schon klappen." Wie selbstverständlich er ohne zu zögern alles für mich tut, ich kann mich wirklich auf ihn verlassen. Das ist eine der Eigenschaften, die ich schätze. Doch sonst? Warum ist der Gedanke so schrecklich, dass er herkommen könnte, um den Rest des Weges mit mir zusammenzugehen? Früher hätte ich überglücklich Ja gesagt, damals, in den Jahren unserer verliebten Symbiose. Doch seit einiger Zeit rücke ich ab und kämpfe um Freiräume, bin oft enttäuscht und unzufrieden, und er ist enttäuscht, dass ich nicht glücklich bin. In dieser Spirale stecken wir fest und wissen nicht weiter. Mal sehen, was passiert, wenn ich verändert nach Hause komme.

Die Codenummer habe ich mir gleich dreimal aufgeschrieben, um ganz sicher zu sein, und am Ortsende den Weg nach Samos eingeschlagen. Bin an einer großen Straße entlanggelaufen, habe beim ersten Dorf den Río Ouribio überquert und sein ruhiges Tal betreten, das ich viele Stunden durchwanderte. Enten schnatterten auf dem Fluss, Mühlenwehre rauschten, die Luft schwirrte von Insekten und Schmetterlingen, es war wolkenlos und warm und ich wanderte im Schatten von Bäumen neben moosbewachsenen Steinmauern. Kreuzte häufig den Bach, durchwanderte stille, menschenleere Dörfer, zeichnete die originellen Feldbegrenzungen aus quadratmetergroßen Schiefertafeln in mein Tagebuch und beobachtete fischende Kormorane. Es war wie in einem Traum, nur schrecklich heiß. Der Weg schien kein Ende zu nehmen, ich massierte meine Handflächen, weil dann auch die Fußsohlen weich werden, konzentrierte mich auf Atemübungen und trank Unmengen Wasser aus den vielen Brunnen und Quellen. Wann würde ich endlich da sein? Wieder ein Ort, eine Straßenunterquerung, eine Piste, eine lange, lange Mauer, dann endlich stand das Kloster vor mir, umgeben von wenigen Häusern, in ein enges Tal zwischen

Felswänden eingequetscht. Ein Ehrfurcht gebietender, mächtiger, sandfarbener Barockbau zwischen Kräuter- und Blumengärten. Mit einem hübschen Park, in dem ich auf die erste Bank sank und mich freute, mein Ziel erreicht zu haben. Endlich hinlegen und ausruhen!

Nichts hatte mich auf den Schock einige Schritte weiter vorbereitet: Der Straßenverkehr dröhnt in eine steinerne, hohe Halle mit unzähligen knarrenden Eisenbettgestellen. Ein schrecklich klammer, düsterer Raum. Und ich musste hier bleiben, konnte nirgendwo anders hin. Meine Erschöpfung und Müdigkeit wurden zu Ärger und Enttäuschung. Da half nur Zähne zusammenbeißen und in ein oberes Bett krabbeln, um der Kälte des Steinfußbodens zu entgehen. Nicht mal einen Tee konnte ich mir kochen, und die nasse Wäsche musste in die Bäume auf der anderen Straßenseite. Für ein Schläfchen war es zu ungemütlich und laut, wenigstens war das Duschwasser warm.

Und die abendliche Vesper der Mönche, für die ich den weiten Weg auf mich genommen hatte? Trotz kontemplativer Stimmung, Orgelspiel und gesungener Gebete blieb ich Zuschauerin und Zuhörerin. Meine Seele ließ sich nicht erreichen. Nicht einmal bei der anschließenden Messe konnte ich mich sammeln.

Ich fühlte mich allein, suchte mir einen Platz, um mein Tomatenbrot zu essen, erlaubte mir, verstimmt zu sein und verkroch mich in mein grauenvoll quietschendes Bett. Abgeschirmt von allen und allem durch meine wundertätigen Ohrstöpsel.

Was war mit mir los? In der Natur war es mir so gut ergangen, hier blieb mein Herz zu. Irgendetwas in mir war im Missklang. Bedrückte mich die Angst wegen des Geldes ? Oder meine Erkältung?

Freiheit?

Samos - Sarria - Morgade > 25 km

„Nimm den Bus, damit du rechtzeitig in Sarria bist!“ Der Hospitaleromönch steht auf der dunklen Straße und zeigt nach drüben zur Haltestelle, doch bis ich meine Bedenken ausgeräumt habe und mich entschließe mitzufahren, ist der weg. Dann muss ich also laufen. Auf der Straße laufen, damit ich in Sarria bin, bevor mittags die Post schließt. Zwölf oder dreizehn Kilometer. Dabei habe ich heute überhaupt keine Lust auf Anstrengung, bin total verschnupft und müde, und überhaupt, muss ich denn jeden Tag Disziplin aufbringen? Ich mag nicht gehen, vielleicht halte ich einfach ein Auto an. Es funktioniert nicht, niemand reagiert auf mein zaghaftes Winken, weil wohl sogar die Autofahrer merken, dass ich nicht wirklich entschlossen bin. Es ist nicht ehrlich, ohne Not zu fahren, schließlich nenne ich mich Fußpilgerin, habe Zeit genug und meinen Beinen geht's gut; und nur um mich zu schonen? Nein, ich kann es immer noch nicht. Kann es mir nicht ohne ‚wenn und aber‘ gut gehen lassen, habe offensichtlich noch immer nicht Raymonds Worte „Geh mit deinem Herzen“ verinnerlicht. Also, noch mal meine Liebhabeübung.

Jetzt wird es hell, und eigentlich ist es gar nicht so schlecht hier auf der Straße ohne viel Verkehr an diesem schönen Morgen. Kein Matsch, kein Geröll, ich brauche nicht auf den Weg zu achten, einfach nur trotten und schauen. Über die waldigen Hügel und die Flussniederung, auf letzte blühende Gräser am Straßenrand, die Gruppe wandernder Frauen, von denen eine ein schlimmes blaues Auge hat (woher wohl?) und zu den seltenen Häusern. Vor einem steht eine Mutter mit ihrem Kind und wartet auf den Schulbus, schlecht angezogen und mit mürrischer Miene, und bei ihrem Anblick bin ich erneut dankbar für mein Freisein.

Aber sie braucht nicht zu laufen. Wie ich. Kilometer um Kilometer, und es wird schon wieder warm. Welch nette Überraschung ist da ein Tisch mit Schälchen voller Himbeeren vor einem Gehöft und ein schattiger Ruheplatz gleich gegenüber unter Nussbäumen. Dann folgt ein Hohlweg, in dem mehrere Meter dicke Stämme ungeheurer Eichen und Kastanienbäume seitlich abgesägt wurden damit der Weg passierbar bleibt.

All diese Belanglosigkeiten vertreiben mir die Zeit, bis Sarria vor mir liegt. Eine richtige kleine Stadt, mit einer richtigen Einfallstraße voller Autos, Menschen und Baustellen. Und einem großen Spruchband über der Straße, mit dem Pilger begrüßt werden. Nett.

Jetzt werde ich aufgeregt, doch die Post ist leicht zu finden und noch offen, und der Herr am Schalter versteht, was ich möchte. Mir fällt ein Stein vom Herzen.

Zu früh. Nach dreißig Minuten werde ich ungeduldig, irgendwie geht hier gar nichts. Warum habe ich mir auch den einzigen Mann ausgesucht, der anscheinend nicht Bescheid weiß? Er sucht Formulare, telefoniert, sucht Formulare, telefoniert, sucht Formulare, telefoniert … Gut, dass ihm irgendwann eine seiner Kolleginnen meine Angelegenheit aus der Hand nimmt – aber dann ruft sie mich zu sich: „Tut mir Leid, Señora, der überwiesene Betrag weicht von der erwarteten Summe ab. Das muss geklärt werden und wird noch ein Weilchen dauern."

Boing. Wie ein platzender Luftballon explodiert die Spannung in meinem Bauch und wird zu Wut und ich stürze nach draußen, schnaubend vor Zorn – auf Max. Das hat bestimmt er verbaselt hat die Summe geändert und vergessen es mir zu sagen wie immer ständig vergisst er alles. Ich stampfe vor der Post auf und ab, rauche und schimpfe innerlich, bis ich den Teufel in meinem Kopf kichern höre und erschrocken stehen bleibe. Halt, was war das jetzt? Ich habe doch dieses Problem produziert, warum will ich Verantwortung dafür auf ihn abwälzen?

Beschämt schleiche ich wieder auf meinen Warteplatz und sitze demütig die nächste Stunde ab, bis der Fehler bei irgendeiner Stelle in Madrid geklärt ist, ich meinen dicken Packen Geld verstauen kann und erleichtert hinausschwebe. Jetzt bin ich in Sicherheit, leiste schnell allen Beschimpften

Abbitte und gehe feiern. Mit Cola und Kuchen auf einer Bank am Fluss, zwischen allen alten Männern des Ortes, die sich hier zum Rauchen und Schwatzen zusammengerottet haben. Dann steig ich hinauf in die Altstadt und mit jedem Schritt wird meine Erleichterung größer, bis ich lächle und innerlich Juhuuuu schreie und mich an allem freuen kann. Über die Hausfassaden und Portale, und besonders über die segnende Christusgestalt über der Tür zur Kirche San Salvador die kindlich und archaisch wirkt. Da bin ich auch schon am Ende der Stadt und laufe auf einem gepflasterten Pfad durch einen herrlich schattigen, efeudurchwilderten Eichenwald, hinter dem sich ein weites gelb-violettes Blütenmeer ausbreitet.

Die prächtigste Natur liegt vor mir. Zuerst duftende Ginster- und Heidehügel, dann Wiesen und Wälder, dann dörfliche Welt. Zwischen hohen Birken stehen Wegkreuze an Feldern, auf denen metergroßer Stängelkohl und Mais wächst. Mittendrin erheben sich die originellen Hórreos, steinerne Maisspeicher auf Stelzen mit gemustert durchbrochenen Wänden. Schmale Pfade schlängeln sich zwischen verwitterten Mauern, bestehen aus Steinen und Platten, sind alte Corredoiras, die schon in Vorzeiten neben Bächen angelegt wurden, um trockene Wege zu schaffen. Verstreut liegen Gehöfte und Dörfer mit schiefergedeckten, kastenförmigen Gebäuden aus Granit, und in einem von ihnen raste ich zwischen Stroh, Hühnern und Katzen am Dorfbrunnen. Aus ihrem Stall glotzen mich Kühe an und machen mir Appetit auf Milch. Doch woher? Die vorüberschlurfende Alte mag ich nicht fragen, also bleibt's bei Wasser. Ist auch nicht schlimm, ich fühle mich wohl und gelassen, selbst vor dem großen Hund habe ich keine Angst mehr, er darf gern bei mir sitzen. Und der uralte, gebeugte Mann in seinem schäbigen Jackett, der mit seinem Stock in einem Häuflein Mist stochert und mich aus den Augenwinkel mustert? Ich würde ihn am liebsten umarmen und ihm sagen, dass er zu beneiden ist, in diesem wunderschönen Land zu leben!

Zum wievielten Mal ziehe ich die zerfledderte Herbergsliste aus meiner Hosentasche und der Plastiktüte, um nachzuschauen, wie weit welche Herberge entfernt ist? Mir war irgendwann Morgade aufgefallen, weil es nur fünf Betten hat, bis dort sind es jetzt nur noch einige Kilometer. Mir ist nach Ruhe. Nur keine große, quirlige Herberge mit Gequatsche heute, vielleicht klappt es und ich finde dort ein Bett.

Mein Wunsch wird erfüllt. Hinter einer Wegbiegung steht ein ummauertes, solides Einzelgehöft mit einer Bar, an der ein Schild lehnt: CASA MORGADE CAMAS 5 Euro. Nun muss ich mich nur noch durch eine Schulklasse Fünfzehnjähriger drängeln, die unter viel Getöse auf ihrer Wanderung nach Santiago hier rasten, dann nickt mir die freundliche Wirtin ein „sí sí" zu.

Ich bin heute die Erste und bekomme alles, was ich will: ein sauber bezogenes Bett im gemütlichen Vierbettzimmer mit viel Platz für meine Sachen. Und einen sauberen Duschraum mit heißem Wasser. Und Ruhe, weil die Gören weitergezogen sind, wie wunderbar. Und danach frische Milch (!) von den Kühen der Bäuerin in meinen Café, und ein Riesenstück selbst gebackenen Kuchen dazu. Dann feuert die Hausfrau den Ofen mit dicken Holzscheiten an, die Wärme zieht durch mein Schlafzimmer und ich weiß, dass ich heute nicht frieren werde. Habe plötzlich das Haus für mich allein, schaue mich drinnen und draußen um, setze mich auf eine Felsterrasse, von der ich die Sonne hinter Hügeln versinken sehe, grüße vorbeiwandernde Pilger und hoffe, dass sie weitergehen.

Vier gehen nicht weiter. Spanische Männer, die mein Zimmer verwüsten und die Dusche überschwemmen – und furchtbar nett sind. Eben Männer. In ulkigem Radebrech erzählt mir der Braunäugige, dass sie seit drei Tagen auf dem Weg nach Santiago sind. Aha, sie gehören zu den vielen Spaniern, die nur das letzte Stück Camino gehen, damit als vollwertige Pilger gelten und eine Compostela-Urkunde bekommen. Wie jeder, der die letzten 100 Kilometer zu Fuß oder die letzten 200 Kilometer per Fahrrad oder zu Pferd zurückgelegt hat. „In drei Tagen wollen wir am Ziel sein, aber jetzt muss ich etwas essen. Kommst du mit runter in die Bar?"

Da sitzen die drei seltsamen Frauen aus der Herberge in Astorga. Und diesmal brauche ich sie nicht mehr innerlich abzulehnen, kann meine Animositäten bleiben lassen, weil ich mich nicht mehr mit ihnen vergleiche, in ihnen nicht potenziell tüchtigere, gewandtere, schönere, klügere, jüngere Konkurrentinnen sehe. Weil mir jetzt meine Qualitäten und Fähigkeiten bewusster sind und ich stolz auf das bin, was ich auf diesem Camino geleistet habe. Gern setze ich mich zu ihnen und feiere mit, denn sie stoßen gerade auf den Hundertkilometerstein vor dem Haus an. „Nur noch 100 Kilometer, unvorstellbar nach dem, was wir schon hinter uns haben! Wir sind von der ungarischen Grenze durch Österreich, die Schweiz und Frankreich geradelt. Haben dann gehört, dass es den Jakobsweg gibt, pilgern seit Saint-Jean zu Fuß und sind total überrascht, dass so viele Leute unterwegs sind. Wir glaubten, der Camino wäre ein Geheimtipp." Verdacht, wie ich. Wolldecken-Aila ist Mexikanerin und überraschenderweise sehr lieb, die blonde Aishe hat sie auf einer Reise kennen gelernt. Anisa, die dritte im Bunde, geht erst seit zwei Wochen mit ihnen, teilt ihre seltsame Neigung, nachts zu wandern und gelegentlich draußen zu schlafen. Aishe erzählt, dass sie seit Jahren durch die Welt reist. Ruhelos, nirgendwo zu Hause und immer auf der Suche.

Schon wieder eine verwandte Seele! Eine, die keinen Stillstand will, sondern hinter jeder Ecke ein spannendes, neues Stück dieses wunderbaren Lebens entdecken möchte – auch wenn es Angst und Schmerzen bereiten kann, zu lernen und sich zu spüren.

Wir könnten noch Stunden reden, doch die drei möchten weiter, dolmetschen nur noch zwischen mir und der Hausmutter. „Was soll sie Dir kochen? Du kannst haben, was du magst." Was mag ich denn noch? Einen Teller Suppe zum Wärmen und um bei Kräften zu bleiben. Ich fühle keinen Hunger mehr. „Gracias und hasta luego, Mädels. Vielleicht sehen wir uns in Santiago."

Da werde ich bald sein. Und dann? Wie soll ich nach all diesen Wochen, in denen ich es genossen habe, mich um nichts als um mich selbst zu kümmern, ins normale Leben

zurückkehren? Zu Pflichten, Kompromissen und Rücksicht. Ein schrecklicher Gedanke. – Am liebsten würde ich auf dem Camino bleiben. Immer weitergehen. Nicht denken, nichts planen, nie mehr Sorgen.
Mich nie mehr einfügen.

Fülle

Morgade - Portomarín - Ligonde/Airexe > 29 km

Seltsamer Morgen heute. Schon im Haus war es ruhig, weil die Spanier noch schliefen, doch draußen ist absolute, graue Stille. Undurchdringlicher Nebel, der alle Geräusche schluckt und alles verbirgt. Nur die uralte, kleine Kapelle gegenüber dem Haus taucht aus dem Halbdunkel auf und lockt mich in ihre offene Pforte, und ich staune über den Boden aus gewachsenem Felsen und Tausende von Zetteln, die den schlichten Altar und die Wände bedecken. Gebete, Wünsche oder Grüße? Schade, dass es zu dunkel zum Lesen ist, doch auch ich lasse meine Wünsche und meinen Dank hier, fühle mich danach im Einklang mit allem und beginne meinen Tagesmarsch.

Nichts lenkt mich ab, weil ich nichts sehen kann, ich bin ganz bei mir und meinen Gedanken, folge einfach den buckligen Steinen unter meinen Füßen hügelauf und hügelab. Zwischen schemenhaften Eichen und Pinien und dem gelegentlichen Duft von Eukalyptus, durch kleine Dörfer mit noch kleineren Kirchen und grauen Gehöften und fühle mich in dieser seltsam gedämpften Stimmung wohl, obschon mir das Gehen heute schwer fällt. Ich bin müde und mache häufiger Pausen als sonst, aber warum soll ich mir nicht Zeit lassen? Andererseits drängt es mich vorwärts, zieht es mich zum Ziel, das ich doch eigentlich noch nicht erreichen möchte, um möglichst lange in diesem wunderbar sorglosen Zustand zu bleiben. Es ist gut, mich schmerzfrei und stark zu fühlen und Dinge zu tun, die meine Ängste früher verhindert

haben. Doch am besten gefällt mir, im Zentrum meiner Aufmerksamkeit zu sein und keine Erwartungen erfüllen zu müssen. Ich bin nicht mehr dieselbe, die in Saint-Jean auf den Camino gegangen ist, und empfinde es wie ein Wunder, jeden Tag Seiten an mir zu entdecken, die schon immer da waren, doch erst hier in der Ruhe in mein Bewusstsein treten. Warum war ich bisher so wenig ich selbst?
Ein Ruf reißt mich aus meinen Grübeleien.

Von einer Lichtung winkt mir ein dunkelhaariges Mädchen aus einer Gruppe Frauen, doch ich muss zweimal schauen, bis ich mich besinne und erstaunt Savannah erkenne, meine junge australische Ratgeberin – ohne ihren Freund. „Hi, wieso bist Du hier, ich glaubte euch weit vor mir, wo ist Brad?" Savannah runzelt die Stirn. „Wir haben uns getrennt. Schon vor Wochen, und gehen jeder unseren Weg. Vor Santiago wollen wir uns wieder treffen." Oh, sie hat anscheinend die Ratschläge an mich selbst umgesetzt, doch ich frage nicht, bleibe nicht, um mich mit ihr zu unterhalten, obwohl ich sie gern habe. Mir ist heute Morgen nicht nach Gesellschaft. „Vielleicht treffen wir uns auch dort, buen camino", rufe ich ihr zu und ziehe nachdenklich weiter. Wir müssen alle irgendwann einen Weg allein gehen, um uns auf uns selbst einzulassen und uns kennen zu lernen …

Seit Tagen habe ich schon nicht mehr auf die restlichen Blätter meines Reiseführers geschaut, weiß nicht, was mich erwartet, und bin fast überwältigt, als hinter einer Straßenbiegung die hohe Brücke über den fast leeren Stausee des Río Minõ auftaucht, auf dessen anderer Seite sich die Häuser Portomaríns einen Hang hinaufziehen.

Wie eine unwirkliche Kulisse verbindet tief unten eine zweite alte Bogenbrücke dicht über der Wasseroberfläche Niemandsland miteinander, dort, wo früher die Stadt lag, bevor der Fluss gestaut wurde und man sie am Berg neu errichtet hat. Von hier sieht es aus, als wäre sie schon immer dort gewesen, und auch als ich auf der anderen Flussseite die Gassen hinaufsteige, deutet nichts darauf hin, dass die Häuser und Arkaden erst vierzig Jahre hier stehen, dass ein Teil der Stadt und die Ordenskirche damals abgetragen und hier wieder aufgebaut wurden. Neugierig steige ich die Stufen zum Stadttor hinauf.

Heute ist Markttag, die Straßen sind rappelvoll. Bauern haben an den Straßenrändern Stände aufgebaut, schwatzende Horden wimmeln geschäftig durch die Gassen, und ich dränge mich in die bunte Lebendigkeit, mag zu gern sehen, was hier verkauft wird, und die Menschen beobachten, will die Gesichter der Einheimischen betrachten und ihre Stimmen hören.

Männer feilschen um Schafe und Ponys, haben runde Käselaibe in allen Farben und Größen zu Pyramiden gestapelt und laden mich ein, zu probieren. Andere haben unübersichtliche Haufen Eisen vor sich liegen, zwischen denen ich handgeschmiedete Sicheln, Hacken und Messer erkenne. Ein Bauer verkauft mir kopfschüttelnd einen Apfel: „No mãs?" – warum nicht mehr?

Bäcker bieten duftende Brote an. Eine Frau zeigt auf das große, dampfende Fass vor sich und bedeutet mir, näher zu kommen, doch als ich hineinschaue, zucke ich angeekelt zurück: ein Gewirr dunkelroter Pulpos mit Armen voller blasser Saugnäpfe schwimmen darin umeinander. Das soll eine Spezialität der Region sein? Ohne mich, da esse ich lieber wieder ein Bocadillo und gehe danach zum Marktplatz hinauf, wo meine spanischen Schlafgenossen im Trubel mit vollen Mündern sitzen und mich mit ihrem Riesenbrotlaib und einer geräucherten Wurst einladend heranwinken. Zu spät, ich habe gegessen, winke nur zurück, schau mich um, zeichne einige der skurrilsten Fabelwesen und menschenfressenden Monster von der Kirchenfassade in mein Tagebuch, und verlasse die Stadt.

Der Nebel hat sich verzogen und die Sonne ist stechend heiß, doch glücklicherweise gibt es auf den nächsten achtzehn Kilometern oft Schatten und mir ist nach Langsamsein. Irgendwann überholen mich die vier Spanier, fragen, wo ich heute schlafe, und wundern sich, dass ich es nicht weiß. Weil ihre Etappen vorgeplant sind. Und nicht viel später überhole ich sie, und sie geben mir achselzuckend zu verstehen, dass ihre Pläne sich geändert haben: der Glatzköpfige hat seine

Stiefel auf den Weg geworfen, versucht seine lädierten Füße zu verpflastern und geht nicht weiter. Armer Mann.

Ich wandere und wandere, genieße jeden Schritt und meine Losgelöstheit, bis am späten Nachmittag meine Müdigkeit zu groß wird. Scheinbar am Ende der Welt gibt es Airexe, einige alte Bauernhöfe und eine typisch galicische Herberge an einer Sandstraße zwischen Feldern. Ich finde ein freies Bett und einen abschließbaren Einzelduschraum, in dem ich mir endlich mit meiner Nagelschere die Haare schneiden kann. Wenn es nun noch etwas zu Essen gäbe, wäre alles perfekt.

„Ja, meine Tante kocht für dich, wenn du noch fünf Leute mitbringst." Die Englisch sprechende Tochter der Hospitalera hat meine Frage nach einer Mahlzeit verstanden. „Um sieben Uhr, dort rechts, im großen Bauernhaus."

Fünf Leute, das kann nicht schwer sein, denn hier sind zwanzig, und tatsächlich sind wir im Nu acht: die ersten zwei Kinder, die mir auf dem Camino begegnen, mit ihren dänischen Eltern, einige Frauen und – Janet aus Riego de Ambrós. Kreischend fällt sie mir in die Arme, und wir sind gleich wieder so albern wie letzte Woche. Es geht ihrem Fuß nicht gut, sie lässt jeden Tag ihren Rucksack mit einem Taxi transportieren und kann dann laufen, will unbedingt in Santiago ankommen und nimmt dafür Kosten und Schmerzen in Kauf. Fröhlich schwatzend humpelt sie mit uns durch ein großes Tor in das Gehöft.

In der Riesenküche steht das junge Mädchen von vorhin am Herd und rührt in Töpfen. Wir setzen uns um einen fast raumlangen Granittisch, in dessen Sockel ein Ofen eingebaut ist, der nicht nur unsere Füße wärmt, sondern auch eine Eisenplatte in der Mitte des Tisches, auf der schon zwei Suppentöpfe dampfen. „Meine Tante ist noch in der Kirche, sie wird gleich kommen." Ihre Großmutter, eine vielleicht siebzigjährige vitale Alte, rennt herum, klappert mit Geschirr und Besteck, strahlt uns mit ihrem zahnlosen Mund an und schwatzt pausenlos auf uns ein. Eliza aus Washington übersetzt, die Dänenkinder staunen über alle Fremdartigkeit, ich fülle Suppenteller, die Tante stürzt herein und macht sich über Bratpfannen her, ihre Schwester stürmt hinterher, legt einen halbmetergroßen, eisernen Kirchenschlüssel aus den Händen und beginnt ebenfalls herumzuwirbeln. Dabei erklärt sie, dass die Eier von ihren Hühnern, das Gemüse aus ihrem Garten, der Käse aus der Produktion ihres Mannes und das Quittengelee von Oma stammen, stellt Teller um Teller mit immer neuen Speisen hin – „das müsst ihr auch noch unbedingt probieren“ –, erzählt, dass sie hier alle zusammen wohnen und wie viele Familienmitglieder es sonst noch gibt, räumt, kocht Kaffee, sucht Schokolade für die Kinder und Kekse für uns, fragt ungläubig, „möchtet ihr wirklich nichts mehr?“, und erzählt dazwischen die restlichen Familien- und Krankengeschichten, bis wir alle genudelt und ermattet zusammensinken. „Aber ihr müsst wenigstens noch ein Stück selbst gebackenes Brot für morgen früh mitnehmen.“

Der Abschied fällt schwer und ist laut und herzlich. „Danke, ihr wunderbaren Frauen, dass ihr uns Fremde so verwöhnt habt, es war lecker und fröhlich und gemütlich und wohltuend.“ Wir zahlen jeder sechs Euro, probieren, ob unsere Beine unsere dicken Bäuche noch tragen, und gehen durch die kühle, klare Luft zur Herberge hinüber. Käuzchen rufen und der pralle Vollmond leuchtet am schwarzen Nachthimmel, ich fühle mich wie im Paradies und möchte den Abend am liebsten noch nicht beenden.

Auch anderen gefällt die entrückte Stimmung. Einige Leute sitzen auf dem Weg und schauen zum Mond hinauf, und einer von ihnen ist – Brad, mein Flaschenfinder! „Unglaublich, wir haben uns länger als drei Wochen nicht gesehen, und heut Morgen traf ich Savannah und jetzt dich!“ Brad zuckt zusammen. „Where did you see her? We avoid to meet another.“ Interessant! „Keine Angst Brad, wenn sie jetzt noch nicht hier ist, wird sie heut Abend nicht mehr kommen, du hast noch ein paar freie Tage.“ „Ein paar Tage? Am Sonntag möchte ich zur Messe in Santiago sein.“

„Heut ist Donnerstag. Wie, bitte, willst du in zweieinhalb Tagen über 70 Kilometer gehen?“

Er gibt mir keine Antwort. Aber mich fröstelt es plötzlich. Nur noch 70 Kilometer.

Rückzug

Airexe - Ribadiso > 35 km

Wie selbstverständlich mein Morgenritual in der Fremde schon geworden war ...

Zwischen fremden Menschen erwachen, schweigend packen, trockenes Brot mit Tee frühstücken, beim Hellwerden hinaus auf die Straße. Dort fühlen, ist es nass oder kalt? Mich orientieren, wo setzt sich der Weg fort? Und dann gehen, gehen; der Umgebung gewahr werden, langsam den Tag willkommen heißen, tief atmen, mein Befinden und meine Stimmung spüren, mich begrüßen.

Ich habe das spanische Festland fast durchquert – wie viel hundert Städte und Dörfer waren es? Wie viele Schritte bin ich gegangen? Mir ist, als hätte ich nie anders gelebt. Die Landschaft ist auch heute so lieblich wie gestern. Werde ich diese Schönheit, den Lebensrhythmus und die frische Luft vermissen? Wehmütig wandere ich nach Palas de Rei hinein, froh mich abzulenken, doch nehme kaum noch Architektur und Kunst wahr, sehe nur ein kleines Städtchen mit allerlei Läden und geschäftigen Menschen in den Straßen. Was ist mir überhaupt noch wichtig außer Essen für die nächsten Stunden? Zum Trost dürfen es heute ein paar Leckereien sein, Joghurt, Obst und nach kurzem Zögern eine große Tafel Nussschokolade. Ja, ich darf mir die Kalorien erlauben, meine Hose schlottert und ich kann meine Rippen zählen, doch als mir Eliza auf dem Kirchplatz über den Weg läuft, schenke ich ihr die Hälfte, um es mir nicht zu gut gehen zu lassen. Sie ist unbeschwert wie gestern, futtert mir die Süßigkeit gleich aus der Hand, lacht mit mir und zieht dann weiter. Ich fülle noch einmal meine Wasserflasche und folge.

Über große und kleine Straßen, durch Pinienwälder und hohe Eukalyptushaine, in denen ich Schutz vor der stechenden Sonne finde und duftendes Eukalyptusholz aufhebe, um die nächsten Stunden daran zu schnuppern. Durch vertraut romantische Dörfer und immer öfter durch moderne, vorbei an neuen Herbergen, die hier in Galicien wie Pilze aus dem

Boden schießen, aber noch in keinem Reiseführer stehen. Auch in einem klitzekleinen Dorf gibt es so eine Baustelle, aus der Musikfetzen dringen, und was ich höre, weckt Erinnerungen, lässt mich innehalten und lächeln.

Tatsächlich, es ist „Tell Laura I love her"! Wie lange hab ich das nicht gehört? Wer war ich, als ich dieses Lied geliebt habe, damals vor vierzig Jahren? Hier kann ich nicht einfach vorübergehen, öffne wehmütig berührt die Tür, hinter der ein Mann vom Fußbodenfliesen aufschaut. „Nein, mein Haus ist noch nicht eröffnet, aber einen Café kannst du haben und die Musik gern noch mal hören. Und danach spiel ich dir meine Lieblingsmusik vor. Kennst Du Farinelli?" Die Pause wird lang, wir sprechen über Musik, die Pilgerei, über Spanien, die Rinder vor der Tür und die Fliegen im Raum. Dabei fällt eine von ihnen in meinen Café und stirbt, und ich fische sie raus und trinke weiter, aber der Wirt ist ganz verzweifelt über dieses Ärgernis und schenkt mir zur Wiedergutmachung einen Apfel aus seinem Garten, den er liebevoll poliert. „Komm wieder, wenn meine Herberge fertig ist. Im nächsten Jahr. Adiós."

Draußen ist es noch heißer geworden und mein Kopf beginnt zu schmerzen, als wäre es nicht genug, dass ich heute ganz wirr bin. Ob Monas Übung ‚Atme Geist ein und Gedanken aus' hilft? Langsam wird mein Hirn leerer, doch es kostet schrecklich viel Konzentration, bewusst zu atmen, alles in mir ist zäh und schwer und ich bewege mich wie ein Automat. Auch nach einer erneuten langen Rast im Schatten hoher Bäume geht es sich nicht besser, und dann kläffen mich zwei schreckliche Hunde an und die grölende Schulklasse sitzt am Weg, und ich merke, dass ich heute weder Hunde noch Kinder mag.

Und dann Melide. Nach vierundzwanzig Kilometern. Hohe, hässliche Häuser und eine schmutzige, laute Durchgangsstraße. Und die Hitze. Fix und fertig lege ich mich auf die nächste Bank im Schatten auf einer Verkehrsinsel, neben rumpelnde Trucks, in den Gestank der Auspuffgase. Egal, ich kann nicht weiter, will einfach nur schlafen und tue es. Wie lange hat mich das alte Paar wohl schon beobachtet, das mir freundlich und verständnisvoll zunickt, als ich wieder die Augen öffne?

Was jetzt? Weiter? Ja, ich muss, denn eben ist die Schulklasse in die nächste Gasse Richtung Herberge gestürmt, hat fast Eliza umgerannt, die ohne Gepäck von dort kommt. Sie hat in die Herberge eingecheckt und möchte dort wieder weg. „Es ist furchtbar schmutzig, laut und voll dort, da bleib ich nicht, ich such mir jetzt eine Pension oder ein Hotel." Hier? „Komm mit mir, ich gehe weiter, wir werden etwas Netteres finden. Ich hab mir im Kloster Samos notiert, dass es hier überall Unterkünfte gibt." Sie entscheidet sich schnell: „Okay, warte auf mich, ich hol nur meinen Rucksack und reserviere ein Bett für Janet, das hab ich ihr versprochen." Gemeinsam schleichen wir durch eine Straße voller Restaurants, in deren Fenstern sich Pulpos türmen, stadtauswärts auf die Feldwege.

Hatte ich wirklich richtig hingesehen, was auf der Liste im Kloster stand? „Eine Herberge? Nein hier gibt es keine, ihr müsst nach Ribadiso." Die beiden alten Damen, die mit verschränkten Armen und müden, blinzelnden Augen auf Küchenstühlen am Wegrand im Schatten ihres Hauses Siesta halten, nehmen uns alle Hoffnung. Meine Liste stimmt nicht, es gibt weit und breit keine Unterkunft. Daran ändert jetzt auch Elizas unglückliches Gesicht nichts, besser wir lachen, weil wir eh nichts ändern können und setzen uns zu den Frauen. Sie füllen unsere Wasserflaschen, und Eliza übersetzt mir, dass die zwei über den jährlich wachsenden, mächtigen Pilgerstrom staunen und ihn für einen Beweis für zunehmende Frömmigkeit halten. Sie können sich nicht vorstellen, dass es auch andere Motive für die Anstrengung der Wallfahrt nach Santiago de Compostela gibt …

Auch diese Rast hat ein Ende. „Los, es sind nur noch acht oder neun Kilometer". Gut, dass wir beiden erschöpften Frauen uns mit Galgenhumor gegenseitig Mut machen, bis wir in Castañeda eine Bar entdecken. „Dort muss es Betten geben", Eliza ist nicht zu halten, geht hinein und fragt, doch der Barbesitzer antwortet mit verschmitztem Lächeln: „Betten? Nur für meine Frau und mich", stellt uns Espresso zur

Erfrischung hin und führt uns in Versuchung: „Wenn ihr nicht mehr gehen könnt, fahre ich euch gern nach Ribadiso, es ist nur drei Kilometer von hier." Entrüstet lehne ich spontan ab, doch Eliza reagiert unkompliziert: „Ich bin Amerikanerin und liebe es nicht, mich zu quälen. Natürlich fahre ich mit." Unter 365 Schirmmützen an der Raumdecke kämpft meine Bequemlichkeit mit meiner vermeintlichen Pilgerehre, doch als der gute Mann sein Auto vor die Tür fährt und Eliza ihren Rucksack hineinlegt, gebe ich mir einen Ruck und kapituliere. Acht Stunden bin ich schon auf den Beinen, jetzt schenkt mir ein Fremder die Kräfte einer weiteren halben Stunde mit wenigen Minuten Autofahrt und setzt uns in Sichtweite eines Flusses am Waldrand ab.

„Dort unten am Río Iso liegt die Herberge von Ribadiso. Niemand hat euch gesehen, steigt schnell aus und geht diesen Weg hinunter." Verstohlen setzen wir die Rucksäcke wieder auf, versprechen einander verschwörerisch Stillschweigen über unsere Schummelei und gehen die letzten Meter für heute. Nur noch um eine Wegkrümmung – da tönt es plötzlich mehrstimmig aus einer Gartenbar: „Hola, Lore, wieso bist du schon hier? Das passt nicht zu deinem Schildkrötentempo!" Die Gruppe ‚Cola Automat' sitzt beim Bier und macht sich schon wieder über mich lustig. Hoffentlich haben sie uns nicht aus dem Auto aussteigen sehen! „Ihr seid einfach zu langsam", kontere ich lachend, laufe beschwingt in ein liebliches Flusstal und freue mich über den herrlichen Garten am Fluss vor uns, in dem die Herbergsgebäude zwischen grasenden Schafen stehen. Mit viel Platz in kühlen Bruchsteinhäusern und mit Waschhäusern im Garten, in denen ich nicht nur mich, sondern auch meine müffelnde Kleidung gründlich wasche. Es ist noch warm genug zum Wäschetrocknen, und so schmutzig wie jetzt möchte ich nicht nach Santiago kommen.

Grüppchen von Pilgern lagern im Gras am Fluss, ich sehe viele bekannte Gesichter, doch es hat für mich keine Bedeutung mehr, ich schließe mich nicht mehr an.

Beim Abendessen sitze ich zwischen fremden Menschen, und das ist mir recht. Ich bin für mich und doch in Gesellschaft, und habe eine unterhaltsame Stunde. Die Belgierin meines Alters mir gegenüber hat auch vier Kinder und auf dem Pilgerweg die erste Auszeit ihres Lebens; der Franzose neben ihr fragt, ob wir von der Frau aus Nizza gehört hätten, die mit der Asche ihres verstorbenen Mannes auf dem Camino unterwegs ist, um ihn in Santiago bestatten zu lassen. Da schauen wir uns betreten an, bis jemand respektlos in die Runde wirft: „Hoffentlich ist die Urne nicht so schwer". Und als die kuhäugige, großbusige Bedienung tanzend und singend einen Fernsehwerbespot nachspielt, damit wir verstehen, welcher Art die Nachspeise ist und dabei eine Flasche Wasser über den Tisch und mich ausschüttet, amüsieren wir uns, regen uns über so eine Lappalie nicht mehr auf. Was ist noch wichtig?

Auf dem dunklen Feldweg gehe ich allein zurück, mit meinem immer noch wirren Kopf und einem unerklärlichen Gefühl von Bedrücktheit und lasse den Tag vorüberziehen. Fünfunddreißig Kilometer habe ich heute geschafft, davon zweiunddreißig zu Fuß. Jetzt sind es nur noch vierzig bis zum Ziel. Zwei Tage. Am Sonntag werde ich dort sein.
Wer bin ich dann?

Der 40. Tag

Ribadiso - Pedrouzo - Santiago de Compostela > 44 km

Nie hätte ich erwartet, dass dies der letzte Tag meiner Wanderung würde …

Der Morgen ist anders als die vorhergehenden. Nach unruhigen Träumen bin ich gereizt und launisch und wünsche alle anderen Menschen weit weg. Nur, dass Melusine und Peter mich füttern, weil eine Maus in der Nacht mein Brot angeknabbert hat, ist in Ordnung, und ich verstelle mich, bin freundlich und locker. „Adiós bis heute Nachmittag in Pedrouzo.“ Dort ist die beste Möglichkeit den Rest des Weges zu teilen, wir werden uns zwangsläufig wiedertreffen.

Dass sich so viele Wanderer mit mir zusammen auf den Weg machen, bin ich gar nicht mehr gewohnt, doch weil ich auch heute wieder langsam bin, treffe ich eine Stunde später in Arzua nur noch Nachzügler und, allein auf der kühlen Straße vor einer Bar, Eliza. „Good morning, trink einen Café mit mir.“ Ich bleibe, doch lieber wäre ich allein, und als sie mich fragt: „Was ist mit dir los, du wirkst so traurig?“, laufen mir Tränen über die Wangen, die ich schnell abwische, während ich mich abwende. Ja, ich bin traurig, doch weiß nicht warum, fühle mich durcheinander, ärgerlich, bitter, versuche es zu überspielen – „ach, es ist nichts“, stürze meinen Café hinunter und laufe weg. An der Nationalstraße aus dem Ort auf eine Piste und bergab, über Dörfer und wieder auf Pisten in Eukalyptuswälder, und dort bin ich ganz allein und das ist gut so. Ich werde immer trauriger, wütender und aufgeregter, weiß immer noch nicht warum, habe kein Bild dazu, fühle, dass etwas in mir geschieht, das sich meiner Kontrolle entzieht – bis alle Gefühle sich zu unbändiger Wut bündeln, die wie ein Vulkan aus mir herausbricht und urplötzlich aus mir heult und schreit; hinter der ein Bild entsteht und Worte, und dann ist es da: Papa.
Ich hasse meinen Vater.

Meinen lieben Papa, an den ich die schönen Seiten meiner Kinderzeit geknüpft hatte. Nenne ihn jetzt Verbrecher: „Du charakterloser Egoist hast nur an dich gedacht und dein Leben gelebt und Kinder in die Welt gesetzt, mit denen du deinen Spaß haben wolltest, solange es für dich gut war, und dann hast du sie wieder verlassen, um zur nächsten Frau und zu den nächsten Kindern zu gehen. Und ich hab dich so geliebt und dachte, du liebst mich auch und bleibst bei mir, wie du es versprochen hattest. Lügner. Gemeiner Verlasser! – Nach dir und deiner Liebe hab ich immer und überall gesucht!“ Ich schreie die Worte heraus, wünsche ihn mir vor mich, um ihn zu töten, bebe vor Erregung.

Erschöpft verkrieche ich mich ins Unterholz des Waldes, niemand soll mich sehen, ich muss verstehen, was gerade geschieht, versuche meine Gedanken zu klären und meiner Erschütterung Herr zu werden, doch sobald ich beginne zu denken, wird die Wut größer, fließen meine Tränen wie nie zuvor. Ich kann nichts mehr wegdenken, meine Gefühle sind da. Alle verdrängte Wut und Traurigkeit und Sehnsucht, bisher verdeckt von Angst und Illusion. Aber jetzt fühle ich und habe zu den Gefühlen Bilder.

Es war schrecklich. Schrecklich, sich nicht erwünscht und erkannt zu fühlen. Schrecklich, zu hören, dass ich kleines Kind am Familienelend schuld bin. Schrecklich, hilflos zwischen zerstrittenen Eltern hin und her gezerrt zu werden.

Und nun kommt auch Abscheu gegen meine Mutter hoch und ich schreie zu den Baumwipfeln, als wäre sie dort oben: „Mama, warum war ich dir nie wichtiger, warum fühle ich mich heute noch nicht genug geliebt von dir, warum durfte ich nicht sein, wie ich bin und warum konntest du mich nicht beschützen?“

Ich hasse sie. Ich hasse sie beide so sehr in diesem Moment, wie ich es nie für möglich gehalten habe. Ja, ich darf hier im Wald brüllen und weinen und meine Eltern hassen, weil sie mein Leben geprägt haben und ich keine Chance hatte, irgendetwas anderes zu tun, als das zu suchen, was ich mir so sehr wünschte. Anerkennung als Mensch und weibliches Wesen, und mich angenommen fühlen als liebendes und geliebtes Kind. Darum hatte ich keine Freiheit der Wahl meiner Lebensform, war abhängig und ohne Reflexion für andere Wünsche und Bedürfnisse, musste alles tun, um geliebt zu werden und meine Sehnsucht nach einer heilen Welt zu stillen, nach einem glücklichen Familienleben. Ohne zu wissen, was es ist. Konnte nur scheitern. Und dafür hasse ich sie, ich das Opfer, die Angepasste. Oh, mein Gott, wie grauenvoll ist das, all den Schatten meiner Kindheit zu begegnen. Ich hasse sie so sehr. Und verstehe von Minute zu Minute mehr, warum ich in meinem Leben bis heute so und nicht anders gehandelt habe, und weine und weine. Aus Selbstmitleid.

Und nicht nur das Verstehen um die Dinge ist wichtig, sondern das Fühlen. Ich erlaube mir meine verschütteten Gefühle – Wut und Hass und Traurigkeit – das ist die wirklich ungeheuerliche Dimension. Ich nehme mich wichtig genug, um fühlen zu dürfen. Endlich. Ich darf um mich weinen, lasse es geschehen, bin verzweifelt und froh, beschönige nichts mehr, nehme niemanden in Schutz, weine um mich.

Erschöpft taumele ich weiter, doch immer wieder steigt Wut in mir hoch und ich schreie, weine und trete gegen Bäume. Setze mich abseits des Weges, denke über das gerade Erlebte nach und habe keinen Zweifel, dass dieses Erkennen und das Wiederfinden meiner Gefühle der Sinn meines Caminos ist.

Erst als ich offensichtlich keine Träne mehr in mir habe, gehe ich widerwillig weiter, biege ungern zur Herberge in Pedrouzo ab, möchte niemandem begegnen. Doch irgendwo muss ich heute bleiben, spiele die Unbekümmerte, dusche, suche mir ein Bett. „Bei Rainer ist noch was frei, er wird sich freuen, wenn du in seiner Nähe schläfst." Frolian neckt mich wieder, und jetzt verstehe ich, dass Rainer in Hospital da Condesa meinetwegen auf dem Fußboden geschlafen hat, um meinem Erkältungsgeröchel und -schnarchen zu entgehen, muss grinsen, obwohl mir überhaupt nicht danach zu Mute ist. Leihe mir Nähzeug von Lothar, um meinen Schlafsack zu reparieren, beschäftige mich, lenke mich ab. Doch das nützt nichts, alles in mir ist aufgewühlt, mein Denken kreist um meine Traurigkeit und meine Eltern.

Ich verkrieche mich in mein Bett, finde keine Ruhe, in mir drängt es weiter. Ich möchte nach Santiago, will dem Heiligen Jakobus meine Sorgen und mein Leid, ‚mein Paket', in dem Erkennen und Verstehen zusammengezurrt sind, bringen, springe wieder auf, koche mir Tee. Unruhig sitze ich in der leeren, großen Küche. Kann ich weitergehen? Noch mal 22 Kilometer oder mehr? Es ist 16 Uhr. Egal, ich muss los, habe keine Wahl, es zieht mich. Ich stopfe meinen Rucksack wieder und verlasse das Haus.

In schnellem Schritt stürme ich in die Bar nebenan, stürze einen doppelten Espresso herunter, kaufe Zigaretten und dann vorwärts. Ich spüre meinen Körper nicht, fühle keine Müdigkeit oder Erschöpfung, laufe wie noch nie. Es geht leicht. Ich will nach Santiago! Will ich? Nein, das bin nicht ich, die will. Ich muss einfach gehen, muss ‚mein Paket' abliefern und bitte Gott, mir zu helfen, dass ich es heute noch ablegen kann.

Ich bin wie betäubt, meine Traurigkeit weicht einer hohen Anspannung. Dörfer, Straßen und Wälder durchlaufe ich, halte auch bergauf mein Tempo durch, bleibe nur bei starker Mattigkeit kurz stehen, um zu rauchen, kann es nicht abwarten anzukommen. Es beginnt zu regnen. Macht nichts, ich haste im T-Shirt weiter, will den Regen auf der Haut spüren, die Kühle, die zu Kälte wird, ziehe meine Jacke erst an, als ich durchnässt bin.

Ein Schild weist auf den Monte do Gozo hin, den ‚Berg der Freude', von dem aus das erste Mal Santiago de Compostela zu sehen sein wird, doch erst passiere ich Gehöfte und Villen mit bewachsenen Gartenmauern, pflücke eine Blütendolde von einer grünen Kletterhortensie und vom Zaun gegenüber einen Stiel weißer Clematis, trage beide Blumen mit mir. Warum? Wofür? Ich denke nicht mehr.

Der Ort Monte do Gozo liegt in nebliger Stille. Wie feierlich sollte meine Ankunft an diesem außerordentlichen Platz sein. Und jetzt? Schnell in die offene Bar, um eine Banane und Schokolade zu kaufen, ich muss essen, um den Rest des Weges durchzuhalten. Im Laufen stopfe ich meinen Mund voll, lasse den Aussichtspunkt des Berges links liegen, werfe nur einen flüchtigen Blick auf das große Standbild zu Ehren der Pilgerschaft, möchte endlich Santiago sehen. Aber die Stadt ist unten im Tal nur zu ahnen, dicke Wolken liegen davor. Nur noch wenige Kilometer.

19 Uhr. Vielleicht schaffe ich es, zur Abendmesse in der Kathedrale zu sein. Aber erst muss ich noch den Berg hinunter und an einem ausgedehnten Herbergenkomplex vorbei – da liegt das Häusermeer vor mir! Einige Dutzend Stufen haste ich zwischen weißen Ziegen hinunter auf die erste Straße der Stadt und auf eine Brücke mit dem Ortsschild ‹Santiago de Compostela›.

„Ich habe es geschafft!" Reiße die Arme hoch, schreie, jubele: „Ich habe es geschafft!" Von den Pyrenäen hierher, mehr als 750 Kilometer. Bin angekommen!

Wieder muss ich weinen. Diesmal vor Glück. Kann es mit niemandem teilen, weil die Straßen leer sind. Nur ein Autofahrer sieht mich so verzückt, schade, ich könnte die Welt umarmen, heule und heule, habe keine Taschentücher mehr, stürze furchtlos in die nächste Bar, ignoriere die Männer vor einem Fernseher, greife mir eine Handvoll Servietten, um mich zu schnäuzen, und laufe wieder hinaus.

Weiter. Noch bin ich nicht in der Altstadt. Muss scheinbar endlose Ausfallstraßen entlang, bis ich auf die ersten Menschen treffe. Sie strömen in eine kleine Kirche am Straßenrand, deren Glocken läuten. Auch ich muss hinein, ein kurzes Dankgebet sprechen, und dann weiterlaufen. Wieder eine endlose Straße mit Mietshäusern. Wann bin ich endlich da? Es beginnt zu dämmern, links fallen die Straßen ab, da unten sind grüne Parks, doch wo sind die Türme der Kathedrale?

Unvermittelt wird der Verkehr dichter, reißen mich die vielen geschäftigen Menschen in den Einkaufstraßen aus meiner Isolation, es kann nicht mehr weit ins Zentrum sein. Hier sind schon die ersten alten Häuser, vereinzelt leuchten Pensionsschilder. Sollte ich mir merken wo, damit ich für heute Nacht ein Bett finde? Ach was, ich weiß ja nicht mal, wo ich bin. Doch, hier ist die Porta de Camino, der Eingang zur Altstadt – meine Erregung steigt, gleich werde ich da sein! Schmale Gassen, zwei Plätze und dann stehe ich vor dem unspektakulären Nordeingang der Kathedrale –

Nass und kalt und weinend öffne ich die große, schwere Kirchentür. Es ist kurz vor 20 Uhr. Die Messe hat begonnen. Touristen stehen in Grüppchen auf der Treppe, die in den Kirchenraum führt, treten beiseite, lassen mich hinunter steigen. Ich bin tatsächlich angekommen.

Nie in meinem Leben werde ich dieses Gefühl der Rührung und des Glücks vergessen.

Stehe erschöpft im Geschehen, schaue mich um, nehme den Raum, die anwesenden Menschen und die Zeremonie wahr und kann mich dann zur Gemeinde setzen, um meine Messe mit ihnen zu begehen. Ja, es ist meine Messe. Mir ist, als würde alles, was stattfindet, nur für mich passieren. Mit meinen Blumen in der Hand gehe ich zur Kommunion, euphorisch und erschüttert.

Nur langsam werde ich ruhiger und erinnere mich an die wichtigsten Pilgerrituale. Steige hinter dem Hauptaltar einige Stufen zur lebensgroßen Figur des Heiligen Jakobus hinauf, um ihn zu umarmen und mit ihm Zwiesprache zu halten. „Danke Jakobus für den Weg und die Klarheit, die ich gewonnen habe. Ich lege zwei Blumen hinter dich. Eine grüne für meinen Vater und eine weiße für meine Mutter. Lass mich frei von Hass und Verzweiflung sein, denn sie haben getan, was ihnen möglich war, und mach mich frei von der Abhängigkeit, gebraucht und geliebt zu werden. Bitte nimm meine Lasten, ich möchte sie bei dir lassen, gib mir dafür Liebe und Zuversicht." Irgendwo lege ich die Blumen ab, fühle mich erleichtert, als hätte ich vergeben und mich versöhnt, steige dann zitternd in die Krypta unter dem Altar, zum Schrein mit den Gebeinen des Heiligen, vor dem ich auf die Knie falle. Demütig und unendlich hingegeben, denn in diesem Moment überfällt mich der Gedanke, dass Jakobus wirklich Jesus erlebt hat. Mit ihm gelebt hat. Jesus, den ich anbete, weil er für mich die Liebe verkörpert.

Die Situation ist unwirklich und unfassbar.

Nach einem letzten Gebet verlasse ich das mittlerweile fast leere Gotteshaus. Ich kann nicht mehr –

Dann stehe ich auf der dunklen, regennassen Straße. Wo kann ich jetzt hin? Eine Gruppe Frauen unter Regenschirmen geht vorbei. Ich spreche sie an, frage nach einem Hotel, einer Pension. Eine von ihnen nimmt mich an die Hand, spricht spanisch auf mich ein, bringt mich zur nächsten Straßenecke und zeigt in eine enge Gasse. Unsicher gehe ich in die leere Dunkelheit. Ein älteres Paar fragt mich auf Englisch: „Wohin wollen Sie?" Ich zucke die Schultern, „In ein Hotel". „Kommen Sie mit zu unserer Pension, vielleicht ist dort ein Zimmer frei." Es sind nur ein paar Schritte bis zu einer hellen, warmen Gaststube. „Buonas noches, hay una cama para mí?" Der Wirt nickt: „Kommen Sie mit", und zeigt mir ein kleines Zimmer im zweiten Stock. Ja, das gefällt mir, doch jetzt brauche ich ein Bier, muss noch einmal hinunter in die Gaststube, und schier hysterisch durch all die übermächtigen Gefühle überfalle ich das freundliche Paar von vorhin mit dem Wunsch, sie umarmen zu dürfen, will meine Freude teilen, dass ich nach 40 Tagen angekommen bin. Und diese wunderbaren Menschen, die mich lange in ihren Armen halten und mir wünschen „nimm dir Zeit, zu verstehen, was mit dir passiert ist“, schenken mir Aufmerksamkeit und Liebe, obwohl sie keine Pilger, sondern Autotouristen sind, fragen und hören zu, und ich antworte, rauche, trinke Bier, esse vom Wirt geschenkte Linsensuppe, bin aufgedreht und übermütig, bis mir alles zu viel wird und ich nur noch Ruhe möchte.

Ich habe ein Zimmer für mich allein. Ein schönes Bett. Muss nie mehr meinen Schlafsack auspacken. Muss nicht mehr weitergehen. Muss nie mehr gehen! Mein Gott, bin ich froh! Aber ich kann nicht schlafen, alles in mir ist in Bewegung. Nach einer Stunde hole ich meine Schlafmatte, dann meinen Schlafsack, richte mir mein gewohntes Lager, lege die kribbelnden Beine an der Wand hoch, mache Entspannungsübungen.

Irgendwann gegen Morgen schlafe ich ein.

Santiago de Compostela

Santiago. Ich erwache in Santiago. Es ist also wahr. Ich bin am Ziel meiner langen Reise.

Benommen und müde versuche ich, zu mir zu kommen.

Ich liege in einem richtigen Bett, es ist neun Uhr und ich kann liegen bleiben, so lange ich mag, muss nicht packen, muss nichts. Ich werde zu Hause anrufen, meine Pilgerurkunde holen und um zwölf Uhr in die Pilgermesse gehen. Sonst nichts. Ich brauche nichts mehr zu tun.

Frohen Herzens trete ich auf die Straße, finde ein Telefon, sprudele überschwänglich „Ich habe es geschafft“ in den

Hörer – und bin schlagartig wieder in der Realität. „Meine Mutter hat Krebs, sie wird morgen operiert. Eigentlich wollte ich dir das gar nicht erzählen, aber vielleicht kannst du für sie beten." Batsch. Augenblicklich falle ich von meiner Wolke. Wo sind Mitfreude und Anteilnahme? Warum macht er das? Warum lässt er nicht meiner Freude ihren Raum? Zwar tut mir meine Schwiegermutter Leid, doch dies sollte nur mein Moment sein. „Muss ich denn jetzt gleich zurückkommen?" Erschrocken und unsicher erwarte ich Max' Urteil. „Nein, lass dir die Zeit, die du brauchst." Na, wenigstens das.

Bedrückt suche ich den Weg ins Pilgerbüro. Die Sonne scheint über der grauen Stadt und die erste Bar auf meinem Weg liegt wunderschön zwischen Kathedrale und einem Kloster, oberhalb einer mächtigen Treppe, über einem Platz. Hier bleibe ich zum Frühstücken und beschließe, mir die Freude über meine Ankunft nicht trüben zu lassen.

Tatsächlich wird sie größer, denn als ich der jungen, lächelnden Frau im Pilgerbüro mein voll gestempeltes Credencial über den hohen Tresen reiche, ist das einer der aufregendsten Momente meines Lebens; und als sie mir meine Pilgerurkunde Compostela gibt, platze ich fast vor Stolz, trage das Papier blöde lächelnd vor mir her nach draußen. Ich habe eine Großtat vollbracht! Schade, dass ich den lateinischen Text nicht lesen kann, nur meinen ulkig klingenden, latinisierten Namen ‚Ioannam Eleonoram'.

Traurig, dass niemand hier ist, der sich mit mir freut. Plötzlich fühle ich mich verloren, habe Sehnsucht nach vertrauten Menschen, möchte gerade nicht allein sein; trete halb glücklich, halb traurig aus dem alten Palast auf die schmale, zwischen hohe, graue Häuser eingezwängte Gasse ins Touristengewusel – und stehe unvermittelt vor Kristin und Christian. „Oh, wie schön!" Schon ist mein Wunsch in Erfüllung gegangen, freuen wir uns miteinander, küssen und drücken uns. Die zwei sind gestern angekommen und müssen heute Abend schon wieder Richtung Madrid aufbrechen. „Leider hatten wir nur zwei Wochen Zeit, jetzt hat der Camino erst richtig angefangen. Wir werden sicher wiederkommen, doch heut müssen wir uns um unsere Rückfahrt kümmern.“ Rückfahrt? Ich will nicht daran denken. „Lasst uns nach der Messe etwas zusammen trinken.“

Langsam schlendere ich zur Kathedrale. Sie ist wunderbar anzusehen, gigantisch, mit einer verwirrenden Vielzahl von Türmen, Arkaden, Treppen, Bögen, Figuren, Säulen und Vorplätzen, aber sie erschlägt mich mit ihrem Prunk. Hier ist von allem viel zu viel. Nach der Ruhe der Wanderung und der Anstrengung und Erschütterung gestern bin ich dünnhäutig. Vielleicht finde ich bei der Pilgermesse Ruhe.

Weit gefehlt. Schon eine halbe Stunde vor Beginn gibt es keinen Sitzplatz mehr im gewaltigen Raum, drängen sich Bus- und Autotouristen zu Hunderten, gibt es kaum eine freie Lücke zum Stehen. Zwischen den sonntäglich gekleideten Spaniern sind die wenigen Wanderer leicht auszumachen, und hier und da lächeln mich bekannte Gesichter an, gelöst und heiter. Ich schlängele mich zu einer Säule, an die ich mich eingezwängt anlehne, kann mich im Kirchenraum umsehen und wahrnehmen, was ich gestern nicht sah: All die Pracht und das Gefunkel von Gold und Silber bis in die Spitze der Gewölbe, pompös und beeindruckend.

Und dazu die glockenreine Stimme einer Nonne, ihre Choräle. Und fünf Priester, die für uns die Messe in verschiedenen Sprachen halten.

Es ist sehr feierlich, aber ich kämpfe mit dem Zusammenbruch, bin schweißnass, fühle mich so sehr am Ende meiner Kräfte, dass ich kaum stehen kann. Ich sollte hinausgehen, habe meine Messe doch schon gestern Abend gefeiert. Nein, ich bleibe, halte durch. Dies ist die Pilgermesse für uns, die wir die Anstrengungen des Weges gemeistert haben, ich bleibe bei meinen Schwestern und Brüdern. Und mein Aushalten wird belohnt: Zum Ende der Zeremonie lassen acht Männer den traditionellen Weihrauchkessel, den botafumeiro, aus dem hohen Vierungsgewölbe an seinem Tau herunter, füllen ihn, und schwenken dieses riesige Gefäß über die Gläubigen hinweg, in weitem Schwung bis in die Gewölbe der Querschiffe. Ich sitze inzwischen auf dem Fußboden vor den Bankreihen und erschauere vor der Wucht der Zeremonie. Die Kinder neben mir zittern vor Aufregung und ziehen jedesmal die Köpfe ein, wenn der Kessel zischend über uns hinweg saust und seine Weihrauchschwaden uns einhüllen, doch dann pendelt er langsamer, die Männer an den Seilen springen nicht mehr so hoch, das Schauspiel geht vorbei. Was für bewegende Minuten! Andächtig verharren wir, bis auch die letzten Töne des lieblichen Gesangs der Nonne verklungen sind.

Wieder im Sonnenschein draußen bin ich überrollt von Lärm und Menschenfülle, möchte mich ins Bett verkriechen, doch ich bin verabredet. Im Café Casino, in der Atmosphäre eines Wiener Caféhauses vor 100 Jahren. Schön, so unbeschwert mit Kristin und Christian in gemütlichen, plüschigen Sofas zu sitzen und zu plaudern. Und dann kommt zufällig Hans, und wir gratulieren einander und sind selig. „So, jetzt mache ich ein offizielles Ankommensfoto von dir, schau bitte mal glücklich!“ Kristin zückt ihre Kamera. Glücklich gucken? Tue ich das nicht? Noch überlagert Anspannung mein Glücklichsein, doch sie hindert mich nicht, mich wie ein Star im Sessel zu räkeln. „Gib mir deine Adresse, damit ich dir das Bild schicken kann.“ Für einen kurzen Moment zögere ich, habe mich bisher aus dem verbreiteten Adressentauschen herausgehalten, aber warum nicht? Eigentlich toll, Fotos von mir als Wanderin erwarten zu können, ein Band zu Menschen zu behalten, die mir für kurze Zeit nahe waren und von denen ich jetzt Abschied nehme. Gerührt halten wir uns in den Armen und wünschen uns Glück für die Zukunft. Adieu. Ich werde jetzt schlafen gehen.

Aber vorher treffe ich meine lieben Bekannten, die Gruppe ‚Cola Automat‘, die mit großem Hallo freudestrahlend in die Stadt marschiert und übermütig mit mir auf der Gasse herumspringt. Bis einer von ihnen unvermittelt fragt: „Und was jetzt?“ Ja, was jetzt? Was jetzt, nach Wochen oder Monaten auf der Straße? Frei. Ohne Pflichten. Ohne Anpassung. Jeder hat sich verändert, ungewollt, unbewusst. Sind wir noch alltagskompatibel?

Eliza läuft mir als Nächste über den Weg, kommt just nach Santiago hinein. Strahlend. „Great!“ Wir verabreden, heute

Abend miteinander zu essen, doch jetzt brauche ich endlich meinen Mittagsschlaf.

Wie schön, in meinem kleinen Zimmer in meinem weichen Bett zu liegen, aber ich finde keine Ruhe. Eigentlich muss ich mein Flugticket buchen und meinen Kindern schreiben. Mich drängt es, meinen Erfolg mitzuteilen, also stehe ich wieder auf, finde ein Internetcafé, kann ohne Kreditkarte kein Ticket buchen, sende eine Siegesnachricht an meine Kinder und antworte Maja auf ihre Rundmail in meinem Briefkasten. Es ist ihr Reisebericht, sie ist etwa hundert Kilometer vor Santiago. Und dann schreibe ich Eric, weil er wissen soll, dass mich meine Beine bis hierher getragen haben, gratuliere ihm, da er ja sicherlich schon vor einigen Tagen am Ziel war, und wünsche ihm noch eine schöne Zeit, wo immer er ist.

Warum kann ich nicht in meinem Zimmer sein und schlafen oder ruhen? Keine Minute dieses einzigartigen Tages will ich versäumen, will herumlaufen, mich umsehen, habe Angst, irgendetwas zu versäumen. Aber jetzt muss ich zurück, muss in die Badewanne und Energie tanken.

Welche Wonne, im warmen Wasser zu liegen, die Muskeln werden wieder locker, meine Seele entspannt sich. Die Schatten von gestern sind fort, in mir ist nur noch Freude und Leere. Ich öle mich ein, versuche mein zotteliges Haar zu bändigen, will heute gut aussehen und freue mich auf die Verabredung. Santiago, ich komme!

Jetzt nehme ich schon deutlicher wahr, wo ich bin, kenne die Straßen ein wenig, schaue Häuser, Plätze und Geschäfte an, höre den keltischen Dudelsackspielern zu und sitze bald darauf mit Eliza und einem jungen Engländer in einem der vielen noblen Restaurants, an einem weiß gedeckten Tisch, und esse mit Silberbesteck köstlichste Paella mit Langostinos. Eliza hat Mario heute Morgen auf dem Weg kennen gelernt, ihn eben wieder getroffen und kurzerhand mitgebracht. Und wir drei fremden Menschen reden offen über Leben und Gefühle, unsere Wünsche und Frömmigkeit, stoßen auf unsere Leistung an und haben viel Spaß. Mario spricht das Englisch der Südküste, Eliza Amerikanisch, dazwischen sitze ich mit meinem unvollkommenen Schulenglisch, muss mich auf zwei verschiedene Sprachen einstellen, diene den beiden zur Belustigung und bekomme ernsthaften, gut gemeinten Rat: „Fahr noch nicht nach Haus, auch wenn dein Pflichtgefühl dich drängt. Was kannst du schon tun? Dein Platz ist noch hier, du brauchst Zeit zum Ankommen."

Ja, ihr sprecht mir aus der Seele, ich wünsche mir Zeit und Ruhe zur Besinnung, und dieser Abend war ein wunderbarer Beginn.

Santiago 2

Eigentlich müsste meine Geschichte jetzt zu Ende sein.

Aber: „Der Camino beginnt erst nach dem Camino", hat Mona gesagt. Und sie hat Recht und darum muss ich weitererzählen.

Ich bin so glücklich aufgewacht, noch glücklicher als gestern, habe meinen kleinen roten Rucksack in der Ecke angesehen und gedacht, dass ich heute eigentlich wieder wandern kann …

Nein, ich will nur die Stadt erkunden und meine Rückfahrt buchen, doch vorher fällt mir die gehortete Banane in meinem Rucksack ein: Jetzt kann ich sie essen, brauche nicht mehr daran zu denken, ob ich irgendwo eine neue oder irgendetwas anderes zu essen bekomme, kann alles aufessen! Und lache, weil ein Caminotrauma sich aufgelöst hat.

Mache mich hübsch mit meinen angegrauten Kleidern, fühle mich leicht, wie neu geboren, schwebe zur Kathedrale, bete in der Marienkapelle für uns alle, schwebe weiter durch die Gassen des alten Santiago, vorbei an eleganten Geschäften, verrückten Bars und Souvenirshops unter Arkaden. Lasse mich im Gedränge aus Touristen, Pilgern, Studenten und Hausfrauen treiben, genieße den Sonnenschein, lächele über alles. Staune über Skulpturen aus Meeresfrüchten und Pulpos in den Fenstern der Restaurants, setze mich in eines der vielen Straßencafés. Finde ein Reisebüro, in dem ich nichts erreiche, und stehe plötzlich vor einer Parfümerie. Muss hinein, greife gierig nach Deo, Shampoo, Lippenstift und Augen-Make-up, und male mich gleich hier vor dem nächsten Spiegel an. Mit Lust. Das erste Mal seit sechs Wochen bin ich eitel, oberflächlich, dekorativ. Und dann kaufe ich mir neue Ohrringe.

Rainer findet sie hübsch. Er sitzt an eine warme Hauswand gelehnt beim Bier und freut sich auf zu Hause, fährt heute Nacht nach München zurück. Schön, mit ihm zu plaudern, er ist so wohltuend sanft. Als wir uns verabschieden und ich aufschaue sehe ich – Nicole und Fred, das französische Ehepaar aus León. Verrückt, wieso kommen die später als ich?

Nirgendwo auf der Welt kann es diese besondere Wiedersehensfreude geben, wie hier in Santiago. Aufleuchtende Gesichter, aus denen augenblicklich die Erschöpfung weicht, strahlende Augen und lachende Münder. Kein Wunder, dass die Stadt so sympathisch ist! Wir freuen uns unbändig uns zu treffen und verabreden uns zum Abendessen bei ‚Manolo', dem Pilgertreff.

Aber jetzt auf zum Schuhekaufen, jetzt ist die einzige Gelegenheit. Morgen möchte ich mit dem Bus nach Finisterre fahren, eine Nacht dort bleiben und am Donnerstag nach Bilbao, zum Guggenheim-Museum. Das wird meine Belohnung, mein Geschenk an mich, die Erfüllung eines jahrelangen Traumes, und von dort werde ich nach Hause fliegen.

Am Vormittag hatte ich nette Schuhgeschäfte gesehen, doch jetzt finde ich sie nicht wieder, irre durch die vielen engen, krummen Gassen in diesem Winkel der Altstadt, durch ein verwirrendes Gemisch aus Konditoreien, Strumpfläden, Bodegas und Boutiquen. So schmal sind diese autofreien Straßen, dass die hohen Häuser kaum Licht nach unten in das Gewirr der Menschen lassen. Wo waren denn nur diese Läden? Die Gasse öffnet sich auf einen Platz, hier war ich doch schon mal? Ah, dort sind die Telefone, und von rechts kommt der Jakobsweg und führt zur Kathedrale. Ich stehe und versuche, mich zu orientieren, und schaue um mich und sehe – Eric. Unvermittelt taucht er im Strom der Einkäufer auf, verschwitzt, zerzaust, den Rucksack auf dem Rücken und seinen Wanderstock in der Hand. Bleibt stehen und lässt seinen Blick über die Menschen wandern.

Ich bin erstarrt. Oh nein, nicht schon wieder! Aber da hat er mich entdeckt, grinst, kommt zu mir und umarmt mich wie selbstverständlich. „Ah, da bist du ja. Ich wusste, dass du die Erste sein wirst, die mir in Santiago über den Weg läuft." Und ich stottere verdattert, „hab gedacht Du bist in Finisterre oder längst ganz woanders", weiß nicht, ob ich mich über den netten Menschen freuen oder vor der nervigen Person flüchten soll, doch ich ahne, dass sich jetzt zeigen wird, ob ich dazugelernt habe. „Ich hab gestern in Arzúa deine E-Mail bekommen und bin heut 40 Kilometer gegangen. Wenn du so was tust, kann ich es auch. Aber jetzt möchte ich mein Credencial holen, und dann lass uns irgendwo etwas trinken." Schlecht, dass ich Antialkoholikerin bin, jetzt könnte ich einen Schnaps gebrauchen. Oder zwei. Denn er geht in den nächsten Blumenladen und kommt mit einer langstieligen Rose heraus: „Für meine Lehrerin."

Ich begleite ihn, doch meine Befangenheit weicht nur langsam. Und als uns Janet begegnet, mich zur Seite nimmt und fragt: „Wer ist denn dieser schöne Junge? Vergiss nicht, dass du zu Hause einen Ehemann hast!", kann ich sie beruhigen. Ich kenne diesen Herren gut genug, um das nicht vergessen zu wollen.

Da kommt Eric schon mit seiner Urkunde, ebenso stolz wie ich gestern und hört mit Begeisterung, dass ich mit Fred und Nicole essen gehen werde. „Grandios, da will ich mit, aber zuerst brauch ich eine Unterkunft. Ist bei dir noch Platz?" Noch mal das Gleiche? Zwei Stockwerke Distanz zwischen uns werden genügen, und während er duscht, denke ich nach.

Ist es klug, mich mit ihm abzugeben? Haben wir uns nicht schon in León die Laune verdorben? Wir sind uns so ähnlich, dass wir uns auf die Nerven gehen, und ich will mir meine außergewöhnliche Zeit hier nicht trüben. Jedoch, wenn ich gut auf mich achte und mich gehörig abgrenze, müsste es klappen. Ich probiere es einfach. Immerhin können wir auch fröhlich miteinander sein und haben uns viel zu sagen. Okay, auf ins neue Abenteuer.

Nicole und Fred treffen wir schon auf der Straße. Wie schön, wieder zusammen zu sein, wie schön, dass wir den Weg gegangen und angekommen sind. Wir vier sind richtig happy und knüpfen bruchlos da an, wo wir in León aufgehört haben. Nur etwas ist anders: Fred traut sich, sein Englisch auszukramen, wir können uns ohne Umweg über Eric verständigen. Es wird ein wunderbarer Abend. Essen und Wein bei ‚Manolo' sind köstlich, die drei stoßen mit allen Rotweinsorten an, und wie vor zwei Wochen drehen sich unsere Gespräche um Bewusstheit und die Wege zum inneren Wachstum; unser Hochgefühl bleibt, wir sind unbeschwert, fröhlich, leicht. Frolian und seine Freunde am Nebentisch wundern sich mit großen Augen: „Du einmal nicht allein und so vergnügt?!"

Erst, als das Restaurant schließt, gehen wir. In die nächste Kneipe. Ein Irish Pub, in dem der Discjockey gerade mein Lieblingslied ‚Chan Chan' spielt, was mich total übermütig macht. Wir singen mit, lachen und scherzen, trinken und diskutieren. Rechts am Tisch sprechen Nicole und Eric französisch, daneben sprechen Fred und ich englisch, jetzt kommt ein junger Mann zu uns und spricht mit Eric englisch und mit mir deutsch, und Fred spricht mit Eric französisch und Eric spricht mit mir englisch und Nicole spricht manchmal ein paar deutsche Worte mit mir. Nennt mich „Annlorr", was mich in Verzückung versetzt. Jetzt hält sie Eric schon wieder einen langen Vortrag über seinen Umgang mit Gefühlen – das tut aber der Stimmung keinen Abbruch. Immer wieder kommen Menschen, die uns unterwegs begegnet sind, an unseren Tisch, immer wieder gibt es großes „Hola" und eine neue Runde. „Habt ihr Lust, mit uns auf eine queimada in die Schokoladenfabrik zu kommen?" Anisa sucht Mittrinker. „Nein, wir bleiben hier, es geht uns so gut!" Ein Mann fragt mich unvermittelt auf Deutsch: „Wo ist denn deine Freundin geblieben?" „Hey, kennen wir uns?", ich kann mich nicht an ihn erinnern. „Ja, irgendwo vor Burgos habt ihr vor einer Herberge gestritten." Upps. „Warst du etwa der Typ in Atapuerca, der die Frauen an seinem Tisch fragte: ‚Ist es bei euch auch schon so weit'?" Er war es. „Weißt du eigentlich, was du damit ausgelöst hast? Nach deinem Satz hat es in meinem Kopf ‚pling' gemacht, und ich hab begonnen wahrzunehmen, was ich tue und mit mir machen lasse. Danke, du bist ein Schatz." Er kann sich nicht gegen meine Küsse wehren und bekommt ein frisches Bier in die Hand. „Ich will heut nicht so viel trinken, weil ich morgen früh meinen Zug nicht verpassen darf, das ist mir heut schon passiert. Ich mochte nicht aus Finisterre zurückkommen, aber muss morgen nach Hause. Leider." Er bleibt ebenso wenig nüchtern wie die anderen, doch auch die Stimmung steigt parallel zum Alkoholpegel. Was für ein Fest! Erst als der Morgen schon graut, verlasse ich die schönste Party meines Lebens.

Der Bus nach Finisterre wird heute ohne mich fahren.

Bilbao

Jetzt sitze ich auf dem Flughafen von Bilbao und nehme Abschied von meiner einzigartigen Zeit. Von der überwältigenden Natur und den unbeschreiblichen Gefühlen bei Sonnenaufgängen und in Hitze und Kälte. Von den prächtigen Städten und meinen geliebten Dörfern. Von den Gefühlen des Dazugehörens und der Einsamkeit, von Schmerzen des Erkennens und des Körpers, vom Glück der Begegnungen und des Miteinanders. Von Freundschaft und den gastfreundlichen Spaniern.

Es war gut, noch in Finisterre gewesen zu sein, die Weite des Ozeans zu sehen, Wehmut und Abschiedschmerz zu empfinden und zu erkennen, dass ich wieder nach Haus möchte.

Als eine Frau mit Selbstachtung und Würde, die sogar von Eric mit Respekt und Achtung behandelt wurde. Die letzten

Tage waren eine gute Übung. Ich habe getan, was ich wollte, ohne Kompromisse, konnte mir Raum verschaffen und Distanz halten, weil ich mich jetzt stark und wertvoll fühle. Ich werde noch aufmerksam üben müssen, doch nie mehr wie vor dieser Reise sein.

Maja traf ich gestern Morgen am Busbahnhof, auf dem Weg nach Hause. Auch sie ist angekommen. Gesund und zufrieden. Ich freue mich für sie. Jetzt sitzt sie im Bus nach Deutschland. Fährt auch an einem Stück unseres langen Weges entlang. Ob sie genauso sehnsüchtig zurückgeschaut hat?

Dann habe ich mich noch einmal wie im Abenteuer gefühlt, als ich im dunklen, fremden Bilbao im Chaos am Busbahnhof stand, ohne gelbe Pfeile und Mitwanderer. Doch auch hier wurde mir wieder geholfen, von Beatriz aus Santander, die mich zum Flughafen brachte; und von den Angestellten dort, als es fast aussichtslos schien, einen Flug zu ergattern.

Jetzt ist alles gut. Wie immer wenn ich die Dinge geschehen lasse.

Der Tag hier war herrlich, das Museum wunderbar, und danach hab ich Schuhe gekauft. Ein Paar für mich und ein Paar für Max.

Mein Flug wird aufgerufen.

Adieu, schönes Spanien. Und danke allen, die mir geholfen haben, die zu werden, die ich jetzt bin. Ich denke in Liebe an euch zurück. Gott behüte euch.

Zu Hause

Vier Tage bin ich nun zu Hause.

Seit fünf Uhr morgens sitze ich hier, erschöpft, mit dem Gedanken ‚wo bleib ich'? Alles dreht sich um Max und sein Bedürfnis nach Sicherheit, um seine Angst, um unsere Beziehung. Mein Camino wird reduziert auf meine Erfahrungen, die für unsere Ehe wichtig sind. Aber ich bin mehr. Ich bin in erster Linie ich, mit vielen Facetten, vielen Optionen für die Zukunft. Habe keine Angst mehr, allein zu sein, keine Angst mehr, verlassen zu werden, obwohl ich es mir natürlich auch nicht vorstellen möchte. Aber es hat die Macht über mich verloren. Ich möchte ein eigenständiger Mensch sein, will mich aus dieser lebenslangen Abhängigkeit von Anerkennung und Liebessucht lösen, will mein Leben nicht mehr auf einen Bruchteil der Möglichkeiten reduzieren und jetzt bitte nicht belagert werden.

Er tut mir ja leid in seiner Hilflosigkeit, weiß nichts mit mir anzufangen, möchte, dass alles ist wie früher. Aber ich brauche Zeit anzukommen, möchte nur allein sein und meine Erfahrungen verarbeiten, die er nicht verstehen kann. Ich möchte schreien, abhauen, meine Sachen packen, werde ihm heute Morgen sagen, dass ich weggehen werde, wenn er mich nicht endlich in Ruhe lässt – ich muss jetzt an mich denken, muss es schaffen, so aufmerksam zu bleiben, dass ich nicht wieder über das hinweggehe, was ich wirklich will und brauche.

Ich kann ihm nicht helfen.

Drei Tage später:

Heute haben wir seine Reiseutensilien eingekauft! Meine Entschiedenheit am Mittwoch hat ihn in Bewegung gesetzt, Donnerstag hatte er die Idee und am Freitag war er entschlossen, den Camino selbst zu gehen. Meine Frauenrunde gestern Abend war begeistert: „Besser kann er seine Liebe nicht zeigen", aber auch: „Er hat begriffen, wenn er sich jetzt nicht in Bewegung setzt, bist du weg."

Und das stimmt. Nicht mehr dieses unrealistische Gerede von Veränderung, ohne zu sagen, wie. Ich bin froh, erleichtert, hatte kurz eifersüchtige Gefühle, aber die sind vorbei.

Zwei Tage danach:
Ich habe ihn zum Bahnhof gebracht, er fährt die gleiche Strecke, will den selben Weg gehen. Es ist gut, dass er weg ist, nun habe ich Zeit, ganz in Ruhe wieder hier anzukommen.

Eine Woche später:
Es war schön, heute mit meiner Mutter zu reden, nichts steht zwischen uns, mein Prozess des Fühlenlernens ist unabhängig von ihr und unserer gemeinsamen Vergangenheit.

Zwei Wochen später:
Ich fühle mich schlecht.
Letzte Nacht habe ich gespürt, dass meine Anspannung zum großen Teil daher kommt, dass ich glaube, Erwartungen erfüllen zu müssen, auch solche, die es gar nicht gibt. Jetzt, wo Max weg ist, merke ich, welchen Druck ich mir damit antue! Wenn ich mich davon befreien kann, wird es mir besser gehen. Vielleicht resultiert ein Teil meiner Unzufriedenheit daher?

Am nächsten Tag:
Max sagte mir am Telefon, dass er schon 400 Kilometer gegangen ist und bei sich angekommen, auch seine Reisegefährten würden ihn als ganz weich im Gesicht wahrnehmen. Er will zukünftig langsam gehen, weil er nicht so schnell in Santiago sein will.

Und du, liebe Freundin, hast mir zwei wunderschöne Glockenblumen gebracht. Hauchzarte orange Glöckchen an nadelfeinen Stängeln, der Stiel mit Lilienblättern besetzt.
„Sie sind so zart wie du." Danke Wiebke, Du hast mir eine große Freude mit Deinen Worten und den Blumen gemacht.
Es dauert auch nicht mehr lange, bis ich mein Skript fertig habe!

Drei Tage später:
Max hat aus Triacastela angerufen, bat mich, ihm einen Rückflug am Freitag zu buchen, ich riet ihm, erst am Sonntag zu fliegen, er soll sich bloß Zeit lassen! Hatte kurz die Idee, ihn aus Bilbao abzuholen, aber ich bin so weit entfernt von ihm. So weit. Was soll ich mit ihm anfangen, wenn er wieder hier ist, was will ich von ihm?

Eine Woche danach:
Wie gut, dass ich so kluge Freundinnen habe! Sie haben mir den Kopf zurechtgerückt, und ich habe einiges verstanden: Ich darf meine Positionen vertreten, muss ihm aber Freiraum lassen und auch mal über meine Erwartungen an ihn nachdenken! Hauptsache, ich lasse mir nicht wieder eine Lebensform überstülpen, die nicht meine ist, nur um zu gefallen!
Bleibe stark und gerade bleibe stark und gerade bleibe stark und gerade bleibe stark und gerade bleibe stark und gerade bleibe stark und gerade bleibe stark und gerade.

Will ich überhaupt einen starken Mann neben mir, kann ich es wirklich ertragen, wenn Glanz auf ihn fällt, oder will ich vielleicht Rache an den Männern, sie klein machen?

Eine Woche später:
Max ist zurück. Abgemagert und weich. Und voll Verständnis. Und ich verstehe ihn, lasse ihn in Ruhe. Er ist selbstsicher und stark, weil er weiß, dass er alles schaffen kann!
Schon am Flughafen hat er mir meine Zigarettendose in die Hand gelegt …

Sechs Monate später:
Morgen kommt Mona.
Den ganzen April über war sie Hospitalera in La Faba, hat am Telefon begeistert und kritisch darüber erzählt und sich für einige Tage hier angemeldet, auf Durchreise in die Altmark, wo sie sich ein alternatives Gemeinschaftswohnprojekt anschauen wird. Max hat Santiago-Torte gebacken, denn Hans und seine Frau werden auch kommen!
Ich bin sehr aufgeregt, weil ich ihnen die Neuigkeit erzählen werde.
Unsere Neuigkeit:
Max und ich wollen ein neues Leben beginnen, werden unser Haus verkaufen und in eine ökologische Dorfgemeinschaft ziehen; gleich hier um die Ecke, an einen Platz, den ich schon immer besonders schön fand, zu zweihundert anderen jungen und alten Menschen, um zusammen zu leben, zu arbeiten, zu feiern und zu lernen.
Da gehen wir hin. Erstmals wir beide ganz allein, ohne Kinder, ohne Schwiegermutter. Um wieder in Gemeinschaft zu sein, in Kontakt mit Lebendigkeit zu bleiben und bereichert unsere Zukunft zu genießen.
Wir haben stark gerungen in den vergangenen Monaten, jeder für sich und miteinander, sind voneinander weg- und wieder zusammengerückt, haben geredet und geschwiegen, bis wir unsere Positionen gefunden haben. Hängen nicht mehr aneinander fest, stehen jeder auf eigenen Füßen, und wenn es noch manchmal hakt, geben wir nicht auf, bleiben zuversichtlich, weil wir wissen, dass wir da ankommen, wo wir hin möchten – wie auf dem Camino.

Jetzt bin ich am Ziel meines, unseres Camino …

Wirklich?